Richard Hahn und Martin Schippan

Rechtsfragen im Verlag

Akademie des Deutschen Buchhandels
Praxiswissen Verlag

Herausgegeben von Tina Findeiß und Bernd Zanetti

Richard Hahn und Martin Schippan

Rechtsfragen im Verlag

Urheberrecht, Verlagsrecht & Co.

DE GRUYTER

ISBN 978-3-11-030381-0
e-ISBN 978-3-11-030401-5
EPUB-ISBN 978-3-11-034115-7
ISSN 2196-1484

Libary of Congress Cataloging-in-Publication Data
A CIP catalog record for this book has been applied for at the Libary of Congress.

Bibliografische Information der Deutschen Nationalbibliothek
Die Deutsche Nationalbibliothek verzeichnet diese Publikation in der Deutschen Nationalbibliothek; detaillierte bibliografische Daten sind im Internet über http://dnb.dnb.de abrufbar

Zeichnungen: Angela Holzmann, aha Design, München; Oliver Köjer, Duisburg
Satz: le-tex, Leipzig
Druck und Bindung: Strauss GmbH, Mörlenbach
♾ Gedruckt auf säurefreiem Papier
Printed in Germany

www.degruyter.com

Inhalt

1 Einleitung – worum es geht

Dieses Buch ist kein Handbuch für versierte Verlagsjuristen. Es ist ein Buch für all diejenigen, die in ihrem beruflichen Alltag immer wieder auf juristische Grundkenntnisse im Urheber- und Verlagsrecht zurückgreifen müssen oder wollen. Es vermittelt praxisnahe Grundlagen, ohne sich dabei in Einzelheiten zu verstricken und sich in den vielen Grauzonen juristischer Für und Wider zu verlieren. Das Buch ist einfach geschrieben, wir arbeiten mit plakativen Beispielsfällen und scheuen uns nicht, vereinfachende und dafür aber klare Regeln aufzustellen. Wer also die Vielfalt rechtlicher Meinungen und die Präzision gerichtlicher Einzelfallentscheidungen sucht, der sollte sich lieber direkt auf Gesetzeskommentare, Urteile, Aufsätze und Doktorarbeiten stürzen. Dem Leser dieses Handbuchs werden nur die Grundlagen des Urheber- und Verlagsrechts vermittelt. Es geht um Antworten auf die in der Praxis immer widerkehrenden Fragen und es geht um die Entwicklung eines Gespürs dafür, wann man lieber einen Experten zu Rate ziehen sollte.

1.1 Ein Beispiel

Um die Bandbreite der in diesem Buch behandelten Rechtsfragen aufzuzeigen und zugleich eine kleine „Starthilfe“ oder wenn man so will auch einen Einstufungstest zu ermöglichen, beginnen wir mit folgendem – zugegebenermaßen etwas konstruiertem – Beispiel:

Was wir gerne lesen

Eine Umfrage* hat ergeben, dass mehr als 50% aller Befragten etwas lesen, sobald sie dazu Zeit haben. Über 10% der Befragten finden Texte ohne Bilder dabei langweilig. Aber was lesen die Menschen gerne? Wir haben uns auf die Suche nach der lesenden Bevölkerung gemacht und sind fündig geworden. Martin S. verbringt seine Mittagspause selbst nach einer langen Fußballnacht bei sonnigem Wetter am liebsten unter freiem Himmel mit einer spannenden Lektüre: „Ich will immer gut informiert sein, eine Tageszeitung darf daher nicht fehlen. Ansonsten interessieren mich zeitgeschichtliche Dokumentationen und Biografien“.

Es gibt viele Gründe zu lesen und schon Johann Wolfgang von Goethe wusste je nach Interesse und Bedürfnis die richtige Wahl zu treffen: „Es ist ein großer Unterschied, ob ich lese zu Genuß und Belebung oder zu Erkenntnis und Belehrung.“

von Richard Hahn

*Quelle: IfD Allensbach, © Statista 2013

Abb. 1: Einführendes Beispiel – Aufgabenstellung

Angenommen Sie wollen diesen kleinen Artikel samt Foto veröffentlichen, z.B. in einer Zeitschrift oder auch auf einer Website. Sie wollen dabei keinesfalls irgendwelche Rechte verletzen und alle gegebenenfalls betroffenen Rechte sorgfältig prüfen. Woran müssen Sie denken? Nehmen Sie sich fünf Minuten Zeit und machen Sie sich eine Liste mit vielleicht betroffenen Rechten, bevor Sie umblättern.

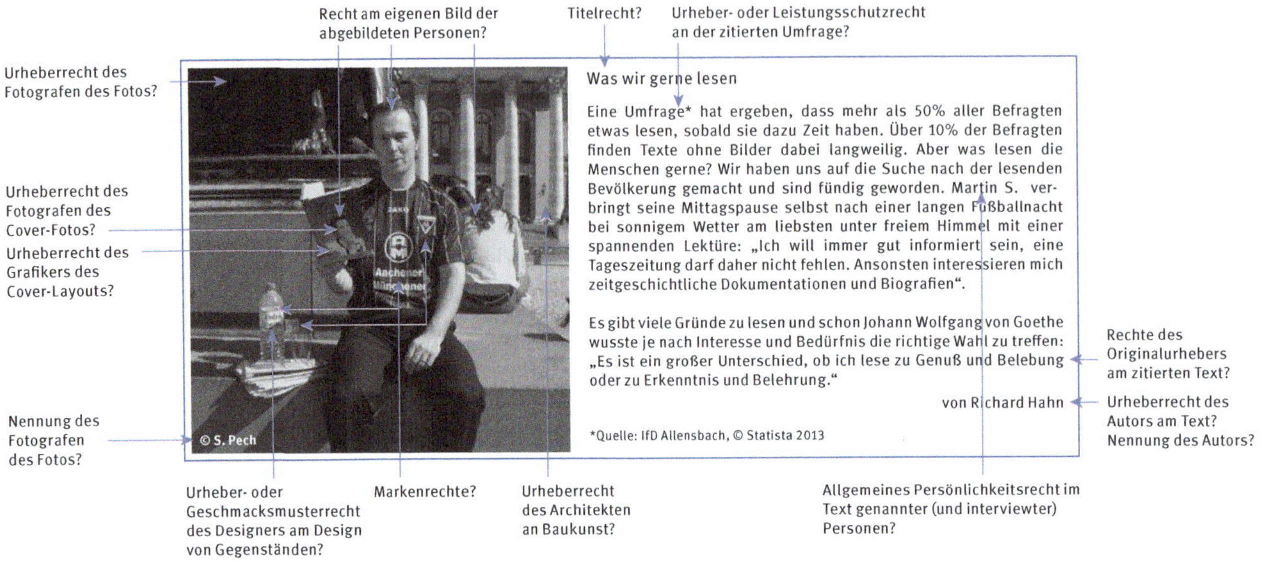

Abb. 2: Einführendes Beispiel – Lösung

Hätten Sie an alles gedacht?

Nicht dass all die Rechte in letzter Konsequenz geklärt werden müssen. Aber man muss wissen, dass es diese Rechte gibt und nur, wer diese Rechte in der Praxis bei der Verwendung von Texten und Bildern erkennt, kann prüfen, ob eine Klärung notwendig ist oder nicht.

1.2 Im Überblick: Rechteinhaber, Rechtevermittler und Rechteverwerter

Das Beispiel hat es in sich. Es zeigt, dass die Bandbreite betroffener Rechtsgebiete groß ist und vom Urheberrecht über das Persönlichkeitsrecht sogar bis hin zum Geschmacksmuster- und Markenrecht geht. Originäre Rechteinhaber sind dabei Urheber- und Leistungsschutzberechtigte (im Beispiel Autoren, Fotografen, Architekten, (Grafik-) Designer, Datenbankhersteller), abgebildete oder im Text genannte Personen oder eben Inhaber von Markenrechten. Als Rechtevermittler, also nicht originäre Rechteinhaber, aber eben Vermittler oder auch Lizenzgeber von Rechten kommen z.B. andere Verlage (z.B. wegen der Abbildung des Buchcovers im Beispiel), Bildagenturen (Bildeinkauf), Agenten (Text) oder in bestimmten Fällen auch Verwertungsgesellschaften in Betracht.

Von allen relevanten Rechteinhabern und Rechtevermittlern muss der Verlag Nutzungsrechte erwerben, um die geschützten Materialien - sei es Text, Bild oder bei Multimediaprodukten auch Musik oder Film - nutzen zu können. Der Verlag ist also Verwerter von Nutzungsrechten. Diese Nutzung kann in unterschiedlichen Formen erfolgen. Zum einen kann der Verlag selber nutzen (verlagseigene Verwertung). Das sind neben „Print“-Ausgaben (Hardcover, Taschenbuch, etc.) auch körperlich elektronische „Offline“-Ausgaben auf Datenträgern (CD-ROM, USB-Sticks, etc.) oder unkörperlich elektronische „Online“-Ausgaben (E-Books, Abruf auf Website, etc.). Die Nutzungsformen Print, Offline und Online kann man heute als die drei Säulen bezeichnen, auf denen ein Verlag steht. Zum anderen kann der Verlag aber auch Formen der Nutzung an andere weiterlizenzieren (verlagsfremde Verwertung). Das können

Lizenzen im Print-, Offline, oder Online Bereich sein. Es können aber auch Lizenzen anderer Nutzungsformen wie z.B. Verfilmung, Bühne oder Merchandising sein. Die Möglichkeiten sind mannigfaltig – vorausgesetzt der Verlag hat all diese Nutzungsrechte zuvor erworben, und zwar von allen Rechteinhabern in identischem Umfang.

Dieses System von Rechteinhabern, Rechtevermittlern und Rechteverwertern zeigt folgende Übersicht, auf die im Weiteren immer wieder einmal Bezug genommen werden soll:

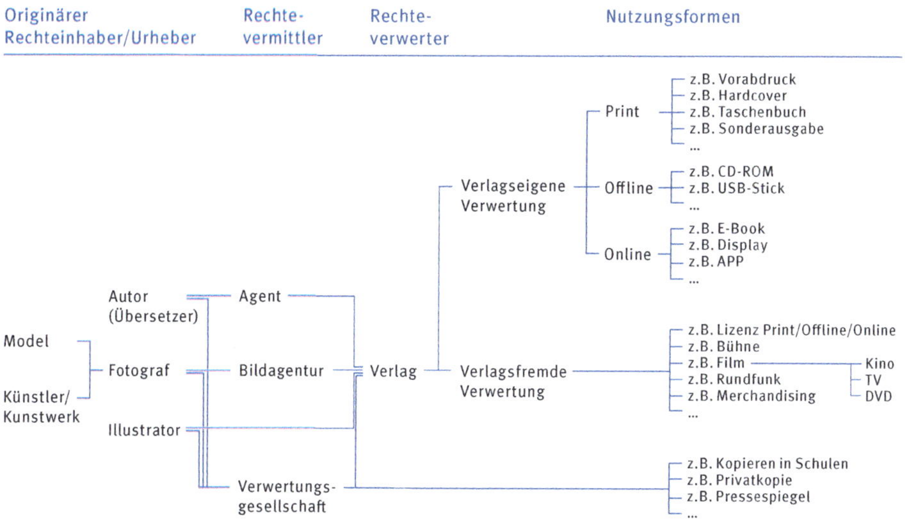

Abb. 3: Rechteinhaber, Rechtevermittler, Rechteverwerter

2 Die Basis – Das Urheberrecht

Wer verdient mit was auf welcher Grundlage welches Geld? Oder auch: Wie kann ein Verlag einen lektorierten Text als E-Book über eine Plattform im Internet anbieten und welche Vergütung kann er dafür verlangen? Um diese und ähnliche Fragestellungen in zufriedenstellender Weise zu beantworten, muss man sich zunächst der Basis des Urheberrechts nähern. Es stellt sich also die Frage: Welche Werke und welche Leistungen sind überhaupt nach dem deutschen Urheberrechtsgesetz geschützt, so dass man in den Anwendungsbereich dieses Gesetzes gelangt? Kommt man zu dem Ergebnis, dass ein bestimmter Roman, ein bestimmtes Gedicht oder ein bestimmter Zeitungsartikel nicht nach den Maßgaben des Urheberrechtsgesetzes geschützt ist, so bedeutet dies noch lange nicht, dass für diese Arbeitsergebnisse grundsätzlich kein Schutz nach der Rechtsordnung besteht. Es kann hier durchaus auch ein markenrechtlicher-, geschmacksmusterrechtlicher-, wettbewerbsrechtlicher oder ähnlicher Schutz in Betracht kommen, der jedoch anderen Voraussetzungen unterliegt. Vorliegend geht es aber allein um das Urheberrecht.

2.1 Was ist alles geschützt?

Das Ziel des Urheberrechtsgesetzes ist es, die Erstellung, die Produktion und die Darbietung von kreativen Werken und Leistungen zu schützen. Die Schutzgegenstände lassen sich dabei in zwei Bereiche untergliedern – zum einen das originäre Urheberecht und zum anderen die Leistungsschutzrechte: Während das Urheberrecht die unmittelbare, die kreative, die eigenschöpferische Leistung schützt, also jemanden der einen Werbetext verfasst, ein Theaterstück schreibt oder eine Liedzeile textet, werden mit dem Leistungsschutz all diejenigen Personen und Unternehmen geschützt, die sich um die Erstellung, die Verbreitung und die Darbietung des entsprechenden Werkes verdient machen. Diese Personengruppen – wie etwa Schauspieler, Nachrichtensprecher, Orchestermusiker, Filmproduktionsunternehmen oder Musiklabels – sind zwar nicht unmittelbar kreativ tätig, in dem sie sich nicht etwas Neues, Eigenschöpferisches ausdenken, sie tragen aber dazu bei, dass die schöpferischen Leistungen anderer einem Publikum dargebracht werden. Während das Urheberrecht also die unmittelbar kreative Leistung, das eigenschöpferische Schaffen schützt, dienen die Leistungsschutzrechte dem Schutz der nachschaffenden Leistung der ausübenden Künstler wie Sänger oder Schauspieler und der unternehmerischen Leistung in Form von Investitionsschutz. Der Filmproduzent, der die organisatorische und wirtschaftliche Leistung für die Erstellung eines Films schafft, verfügt neben dem Drehbuchautor, dem Regisseur und weiteren unmittelbaren Urhebern somit über ein eigenes Schutzrecht. Dies schafft den Anreiz für seine Investition.

Es lässt sich also zunächst festhalten, dass sowohl Werke als auch Leistungen nach dem Urheberrechtsgesetz in sehr ähnlicher Art und Weise geschützt sind. Der maßgebliche Unterschied besteht allerdings in der Schutzdauer:

Während die Werke des Urhebers immer bis 70 Jahre nach seinem Tod geschützt sind, beträgt die Laufzeit der Leistungsschutzrechte in der Regel zwischen 25 und 70 Jahren (dazu näher unter Kapitel 2.8.).

Die Schutzgegenstände des Urheberrechtsgesetzes lassen sich somit wie folgt gegenüberstellen:

Urheberrecht	Leistungsschutzrechte
Werke = jede persönliche geistige Schöpfung → keine abschließende Aufzählung im Gesetz	Leistungen = Leistungen künstlerischer oder wirtschaftlich-organisatorischer Art → Abschließende Aufzählung im Gesetz, z. B.: – Lichtbildner – Ausübende Künstler – Veranstalter (nur von Darbietungen von Künstlern) – Tonträgerhersteller – Sendeunternehmen – Datenbankhersteller – Filmhersteller
Schutzdauer: 70 Jahre nach dem Tod des Urhebers	Schutzdauer unterschiedlich: 15, 25, 50 oder 70 Jahre

Abb. 4: Urheberrecht/Leistungsschutzrecht

2.1.1 Werke

Um die typischen urheberrechtlichen Fragestellungen zu veranschaulichen, sei zunächst folgender kleiner Fall vorangestellt:

Beispielfall
Der Lebensmittelkonzern „GfA“ (Gammelfleisch Adé) hat einen neuen Schokoriegel entwickelt. Da sich die GfA-Geschäftsführung in Zeiten von Rinderwahnsinn, Pferdefleisch und Geflügelskandalen einen kometenhaften Aufstieg des Konsums von Schokoriegeln verspricht, wird der Marketingchef des Unternehmens, Franz Fleißig, mit einem üppigen Budget ausgestattet, um eine Kampagne zur Bewerbung des neuen Schokoriegels zu starten.
Schon bald hat Fleißig eine zündende Idee für einen Fernsehwerbespot: Er stellt sich eine Szene auf einem Parkplatz mit Luxuskarossen vor, auf dem ein Dieb mit Strumpfmaske und Taschenlampe sein Unwesen treibt. Dieser Dieb leuchtet nun mit seiner Taschenlampe zunächst in einen Porsche, in welchem er eine Tasche mit Juwelen erblickt, anschließend schaut er in einen Rolls Royce, in dem sich ein Koffer mit Bargeld befindet und schließlich inspiziert er einen Jaguar, der sich durch eine große Uhrensammlung im Wageninneren auszeichnet. Alle ins Visier genommenen Gegenstände verschmäht der Taschendieb jedoch! Danach entdeckt er in einer rostigen Ente eine Kiste mit den neuen Schokoriegeln – augenblicklich schlägt er zu, entnimmt die Kiste und verschwindet mit einem überglücklichen Grinsen im Dunkeln!
Fleißig ist von seiner Werbespot-Idee so begeistert, dass er sie beim Mittagessen sofort einem befreundeten Kollegen eines anderen Unternehmens erzählt. Nach dem Mittagessen schreibt er mal schnell das Drehbuch zu „seinem“ Werbespot und schickt es vorab schon einmal per E-Mail an seinen Chef.
Des Weiteren ist Fleißig ein großer Miró-Fan und möchte daher die Verpackung des Schokoriegels unbedingt im Miró-Stil gestalten. Dazu macht er bereits einige konkrete Skizzen, die kein bestimmtes Werk Mirós imitieren, jedoch seinen Malstil verfolgen.
Zur Untermalung des Fernsehwerbespots stellt sich Fleißig eine „gelungene“ Mischung aus Klassik- und Popmusik vor, so dass er schon einmal die Ouvertüre aus der Hochzeit des Figaros und die neueste CD von Madonna aus dem Schrank nimmt.
Für die Printanzeige der Kampagne möchte sich Fleißig mit einem Gedicht von Rilke sowie einem Zitat aus einem Grisham-Roman behelfen.
Mit seinen gesammelten Materialien und Ideen geht Fleißig nun zum Unternehmensjuristen Paul Pedant und fragt diesen, ob er die Kampagne in Auftrag geben kann. Was wird Paul Pedant ihm antworten?

Der zentrale Begriff im deutschen Urheberrecht ist das Werk. Nur dann, wenn ein bestimmter Text, eine bestimmte Kollage, eine bestimmte Komposition die Anforderung an ein urheberrechtlich geschütztes Werk aufweisen, erwächst daraus auch ein urheberrechtlicher Schutz, der sodann geltend gemacht werden kann. Das Werk ist deshalb auch an zentraler Stelle in § 2 des UrhG geregelt.

§ 2 Geschützte Werke

(1) Zu den geschützten Werken der Literatur, Wissenschaft und Kunst gehören insbesondere:
1. Sprachwerke, wie Schriftwerke, Reden und Computerprogramme;
2. Werke der Musik;
3. pantomimische Werke einschließlich der Werke der Tanzkunst;
4. Werke der bildenden Künste einschließlich der Werke der Baukunst und der angewandten Kunst und Entwürfe solcher Werke;
5. Lichtbildwerke einschließlich der Werke, die ähnlich wie Lichtbildwerke geschaffen werden;
6. Filmwerke einschließlich der Werke, die ähnlich wie Filmwerke geschaffen werden;
7. Darstellungen wissenschaftlicher oder technischer Art, wie Zeichnungen, Pläne, Karten, Skizzen, Tabellen und plastische Darstellungen.

(2) Werke im Sinne dieses Gesetzes sind nur persönliche geistige Schöpfungen.

Das Gesetz führt zunächst in § 2 Abs. 1 UrhG einzelne verschiedene Werke beispielhaft auf, die allesamt zu den geschützten Werken der Literatur, Wissenschaft und Kunst gehören. Diese Aufzählung, welche Sprachwerke, Werke der Musik, pantomimische Werke, Werke der bildenden Künste usw. umfasst, ist jedoch nicht abschließend. Es handelt sich vielmehr nur um eine beispielhafte Aufzählung, um dem Richter die Vorstellung des Gesetzgebers an die Hand zu geben, was dieser unter einem urheberrechtlich geschützten Werk versteht. In etwas eigentümlicher Weise findet sich die eigentliche Definition dessen, was ein Werk im Sinne des Urheberrechtsgesetzes ist, in dem darauf folgenden Absatz 2. Dort heißt es: „Werke im Sinne dieses Gesetzes sind nur persönliche geistige Schöpfungen".

2.1.1.1 Vorliegen einer persönlichen geistigen Schöpfung

Nach der Rechtsprechung setzt das Vorliegen einer persönlichen geistigen Schöpfung einen persönlichen geistigen Gehalt, Individualität sowie eine bestimmte Form des Werkes voraus.

Persönliche Schöpfung

Zunächst muss das Werk eine persönliche Schöpfung darstellen, das heißt das Werk muss von einem Menschen geschaffen sein und dessen persönliche Note tragen. Von Affen gemalte Bilder oder von einem Computerprogramm generierte, automatisch erzeugte Bilder stellen demnach keine persönliche geistige Schöpfung dar und genießen somit auch keinen urheberrechtlichen Schutz. Selbstverständlich darf sich der Mensch aber bei der Schaffung seines Werkes technischer Hilfsmittel bedienen; heute ist es – außer vielleicht im Bereich der bildenden Kunst – kaum noch denkbar, dass ein Werk ohne die Benutzung eines Personalcomputers erstellt wird. Unabhängig vom Herstellungsprozess ist die persönliche Prägung durch den Urheber entscheidend.

Geistige Schöpfung

Es reicht für das Vorliegen einer geistigen Schöpfung jedoch nicht jedes Maß an geistigem Ausdruck aus. Die Rechtsprechung verwendet für diese urheberrechtliche Hürde die Begriffe „Schöpfungshöhe" oder „Gestaltungshöhe". Die Schöpfungs- oder Gestaltungshöhe darf nicht zu hoch angesetzt werden. Grundsätzlich reichen zur Erreichung der Schöpfungshöhe bereits Werke mit einer geringen Gestaltungsintensität aus. Die Rechtsprechung spricht hier von der sogenannten „kleinen Münze". Diese Werke der „kleinen Münze" bewegen sich also geradeso über der Grenze der Schöpfungshöhe und stellen somit das erforderliche schöpferische Minimum dar.

Dass die Beantwortung der Frage, ob bei einem konkret zu beurteilenden Gegenstand die Schöpfungshöhe erreicht ist oder nicht, von den Gerichten mitunter sehr unterschiedlich beantwortet wird, liegt in der Natur der Sache. Nicht selten ist das Phänomen anzutreffen, dass drei Richter beim Landgericht die urheberrechtliche Schöpfungshöhe eines kurzen Textes ganz anders bewerten als die drei darauffolgend über die Sache befindenden Richter des Oberlandesgerichts. Der Umstand, dass man bei urheberrechtlichen Sachverhalten von der subjektiven Betrachtungsweise des Gegenübers, des gegnerischen Anwalts oder des Gerichts abhängig ist, ist bei der rechtlichen Bewertung von urheberrechtlichen Sachverhalten stets im Auge zu behalten – Rechtssicherheit gibt es hier deutlich weniger als in anderen Rechtsgebieten! Die Unsicherheit, ab wann eine urheberrechtliche Schutzfähigkeit eines konkreten Werkes vorliegt, lässt sich an einem ganz einfachen Beispiel verdeutlichen:

Strategie:
Die subjektive Komponente bei der Beantwortung urheberrechtlicher Fragestellungen führt zu einem erhöhten Maß an Rechtsunsicherheit! Daher sollte vor der Verwendung fremder Werke stets eine genaue Prüfung stattfinden!

Beispielfall

Nehmen Sie eine Gruppe von 30 jungen Richtern und drücken ihnen allen einen Text sowie einen roten Stift in die Hand. Nunmehr bitten Sie die Richter, den Text von Anfang an zu lesen und dort einen roten Strich einzufügen, wo ihrer Meinung nach der urheberrechtliche Schutz beginnt. Sodann stellen Sie den folgenden Text vor:

„Ein Mann geht in den Wald".
Dies ist sicherlich ein Allerweltsatz, dem keine urheberrechtliche Schöpfungshöhe zukommt. Und weiter:

„Ein Mann geht in den Wald, um dort Pilze zu sammeln."
Auch hier wird man sicherlich noch davon ausgehen müssen, dass es sich nicht um eine kreative, um eine schöpferischer Komposition des Textes handelt.

„Ein Mann geht in den Wald, um dort auf einer Lichtung Pilze zu sammeln, und trifft dabei eine Frau."
Nun, auch bei diesem Text wird man im Zweifel noch nicht von einer urheberrechtlichen Schutzfähigkeit sprechen können. Es zeigt sich aber, dass je länger der Text wird, umso größer das individuelle Maß an Kreativität wird.

„Ein Mann geht in den Wald, um dort auf einer Lichtung Pilze zu sammeln, und trifft dabei eine Frau, die barfuß, nur von einem wehenden Kleid umgeben, über das waldfeuchte Moos spaziert."
Nunmehr wird man wohl davon ausgehen können, dass es sich hier um ein urheberrechtlich schutzfähiges Werk handelt. Ab welchem Wort oder welcher Textpassage dies der Fall ist, lässt sich dagegen unterschiedlich beurteilen.

Sammeln Sie sodann nach dieser kurzen Übung von den 30 Jungrichtern die jeweils mit einem roten Strich gekennzeichneten Blätter ein, so kann es als einigermaßen gesicherte Erkenntnis gelten, dass Sie dort die roten Striche an zahlreichen unterschiedlichen Stellen vorfinden.

Dieses kurze Beispiel unterstreicht, dass der gesamte Bereich des Urheberrechts einer sehr subjektiven Betrachtungsweise unterliegt und man daher gut daran tut, dies in seine jeweiligen Überlegungen miteinzubeziehen.

Merke:
Der urheberrechtliche Schutz setzt das Vorliegen der folgenden Merkmale voraus:
- **persönliche Schöpfung**
- **geistige Schöpfung**
- **Individualität in Form oder Inhalt**

Individualität – Schutz von Form und Inhalt

Neben der Persönlichkeit und dem geistigen Gehalt muss das Werk zudem auch individuell sein. Dies bedeutet, dass das Werk nicht bloß die Verkörperung von etwas Banalem, etwas Durchschnittlichem, etwas Alltäglichem sein darf. Wer nur bestimmte Daten oder nur Geschehnisse in alphabetischer oder chronologischer Reihenfolge darbietet, ist nicht schöpferisch tätig. Vielmehr muss sich die Persönlichkeit des Urhebers in dem von ihm geschaffenen Werk manifestieren. Diese Individualität kann sich sowohl in der Form als auch im Inhalt seines Werkes äußern. An dieser Stelle fragt man sich unwillkürlich, ob ein Rückgriff auf geistiges Allgemeingut zulässig ist oder ob das Werk stets eine absolute Neuschöpfung sein muss. Ein Rückgriff auf geistiges Allgemeingut steht dabei einer individuellen Schöpfung grundsätzlich nicht im Wege. Das Werk muss jedoch dann zusätzlich eine kreative Gestaltungskomponente aufweisen, um bei einem solchen Rückgriff urheberrechtlichen Schutz zu erlangen. Hierbei muss nach dem Schutz der Form des Werkes und nach dem Schutz seines Inhalts unterschieden werden. Solange lediglich auf einen bereits bestehenden Inhalt zurückgegriffen wird, zum Beispiel beim zentralen Thema eines Romans eine allgemein bekannte historische Begebenheit wie den Fall der Berliner Mauer, und sich die Individualität allein durch die Ausdrucksform ergibt, genießt dann selbstverständlich nur die Form des Werkes urheberrechtlichen Schutz. Der Inhalt des Werkes ist dagegen dann geschützt, wenn er auf der Phantasie des Schöpfers beruht; wenn der Autor eines Romans sich etwa seine Geschichte komplett neu selbst ausgedacht hat. Die Individualität eines urheberrechtlich geschützten Werkes kann somit sowohl in der Form als auch in seinem Inhalt oder in beidem Ausdruck finden.

Auch im Wege der Negativabgrenzung lässt sich das Vorliegen eines urheberrechtlich geschützten Werkes näher einkreisen. Das Urheberrecht kennt grundsätzlich keinen Schutz einer bloßen Idee, die noch keine nähere Ausgestaltung oder keinerlei Verkörperung erfahren hat. Ein Romanautor, der also eine bestimmte Vorstellung von dem Ablauf seiner Handlung hat, ein Musikkomponist, der eine bestimmte Melodie im Kopf hat oder ein Maler, der ein bestimmtes Motiv bereits vor seinem geistigen Auge abgespeichert hat, kann für diese reine Idee noch keinen urheberrechtlichen Schutz beanspruchen.

Beispielfall *(S. 5), 1. Fortsetzung*

Im vorstehenden Beispielsfall ist also die Handlung des angedachten Werbespots, die bloße Idee, wie die Diebe über den Parkplatz laufen, für sich gesehen nicht geschützt. Auch wenn Franz Fleißig die Geschichte beim Mittagessen seinem befreundeten Kollegen erzählt und er dies unter Verwendung einer Allerweltsprache tut, liegt noch kein urheberrechtlich geschütztes Werk vor. Der urheberrechtliche Schutz entsteht vielmehr erst dann, wenn Franz Fleißig das Drehbuch zu seinem Werbespot schreibt, wenn er also seine Idee verkörpert und sodann mit kreativen, mit individuell schöpferischen Worten seiner Idee einen konkreten textlichen Ausdruck verleiht.

Der geistige Gehalt des Werkes muss also Ausdruck durch ein Medium gefunden haben. Für die Ausdrucksform ist es dabei gleichgültig, ob die Form flüchtig oder fest verkörpert ist. So ist eine in Stein gehauene Skulptur genauso schutzfähig wie eine künstlerisch gestaltete Sandburg oder ein aus Eis geschnitztes Kunstwerk. Auch die Erbauer der Sandburg und die Erschaffer der Eisskulptur könnten sich etwa dagegen zur Wehr setzen, dass Fotos von ihren Kunstwerken von einem Dritten verwertet werden.

Gattungen und Stilmittel

Wie sieht es mit Gattungen oder Stilmitteln aus? Auch hier kann im Wege einer Negativabgrenzung festgehalten werden, dass eine bestimmte Gattung, etwa ein Hörbuch, oder ein bestimmtes Stilmittel nicht monopolisiert und somit urheberrechtlich geschützt werden kann.

Beispielfall *(S. 5), 2. Fortsetzung*

Auch in dem vorgenannten Beispielsfall steht es Franz Fleißig daher offen, die Verpackung des geplanten Schokoriegels im Miró-Stil zu gestalten. Hier benutzt er nur ein gewisses Stilmittel, welches nicht ein einziger Maler für sich monopolisieren kann. Würde die Verpackung dagegen ein konkretes Werk von Miró zeigen, so wäre dies natürlich nur nach entsprechender Einholung einer Nutzungserlaubnis gestattet.

2.1.1.2 Beginn des urheberrechtlichen Schutzes

Wann beginnt der urheberrechtliche Schutz? Was muss ich dafür tun? Anders als etwa für die Anmeldung einer Marke, eines Gebrauchsmusters oder eines Patents ist für die Entstehung des urheberrechtlichen Schutzes keine wie auch immer geartete Eintragung oder Registrierung erforderlich. Der Schutz entsteht allein dadurch, dass das Werk, also die persönliche geistige Schöpfung des Urhebers, wahrnehmbar gemacht wird. Dessen ungeachtet tut man als Urheber natürlich gut daran, die Verkörperung und damit die Wahrnehmbarmachung seines Werkes zu dokumentieren, damit man diese gegebenenfalls später in einem urheberrechtlichen Prozess auch beweisen kann. Ins Spiel kommen kann diese Fragestellung zum Beispiel dann, wenn mehrere Autoren, etwa im wissenschaftlichen Bereich, an einem aktuellen Thema arbeiten und später ein Streit darüber entbrennt, wer zu welchem Zeitpunkt welche Werkversion erstellt hat. Hier ist es also empfehlenswert einer Person seines Vertrauens, einem Lektor, einem Universitätsprofessor oder auch einem Rechtsanwalt, zu einem bestimmten Zeitpunkt eine Version des Manuskripts zukommen zu lassen. Zwar sagt eine solche Dokumentation naturgemäß nichts darüber aus, ob es sich um ein urheberrechtlich geschütztes Werk handelt, aber der Versionsstand eines Werkes lässt sich dann zu einem bestimmten Zeitpunkt eindeutig feststellen. Daraus lassen sich in einem etwaigen Prozess unter Umständen Vorteile ableiten.

Merke:
Die Entstehung urheberrechtlichen Schutzes setzt keine Eintragung oder Registrierung voraus! Der Schutz entsteht allein dadurch, dass das Werk wahrnehmbar wird.

2.1.1.3 Sprachwerke gemäß § 2 Abs. 1 Nr. 1 UrhG

Für den Verlagsbereich von besonderer Relevanz sind naturgemäß Sprachwerke, welche gemäß §2 Abs. 1 Nr. 1 UrhG ausdrücklich geschützt sind. Ein Sprachwerk zeichnet sich dadurch aus, dass sein geistiger Gehalt über das Medium der Sprache ausgedrückt wird. Hierbei ist es unerheblich, in welcher Sprache sich der Schöpfer ausdrückt. Auch Phantasie- und Computersprachen sowie die Taubstummensprache sind hierbei ein taugliches Medium.

Der Gesetzgeber definiert als ein Unterfall der Sprachwerke die Schriftwerke. Ein Schriftwerk liegt dann vor, wenn der Schöpfer seine Gedanken durch Zeichen äußerlich erkennbar zum Ausdruck bringt. Entscheidend ist hier, dass der Gedankengehalt in dem Werk selbst verkörpert wird. Ein Formular, das erst durch das Ausfüllen seinen geistigen Gehalt erhält, ist damit kein schutzfähiges Schriftwerk. Es gibt verschiedene Arten von Schriftwerken, insbesondere literarische, wissenschaftliche, technische und praktische Schriftwerke. Die Rechtsprechung stellt je nach Art des Schriftwerks unterschiedliche Anforderungen an die Gestaltungshöhe. Es liegt in der Natur der Sache, dass sich die urheberrechtliche Schutzfähigkeit bei einem Schriftwerk umso schwieriger darlegen lässt, desto kürzer das übernommene Textwerk ist, da hier der Spielraum für eine individuelle Gedankenführung und eine schöpferische Wortwahl begrenzt ist.

Werbeslogans

Die „Klassiker“ unter den kurzen Texten sind Werbeslogans, da diese schon von ihrer Bestimmung her darauf angelegt sind, möglichst kurz und zugleich prägnant – und damit vielfach kreativ – zu sein. Zudem sind Werbeslogans besonders nachahmungsanfällig, da ein erfolgreicher Werbespruch nicht selten unmittelbar zum wirtschaftlichen Erfolg des beworbenen Produktes oder der beworbenen Dienstleistung beiträgt; sie beschäftigen daher schon seit langem die Rechtsprechung. Vielfach erreichen „normale“ Werbeslogans schon aufgrund ihrer Kürze nicht die erforderliche Schöpfungshöhe.

Beispielfall

Das Oberlandesgericht Stuttgart hat bereits 1956 den Werbespruch „Ja ja ... Jacoby“ sowie das Oberlandesgericht Düsseldorf 1978 den Werbespruch „Wir fahrn fahrn fahrn auf der Autobahn“ nicht als urheberrechtlich schutzfähiges Werk anerkannt. Verwendet dagegen der Werbetexter besondere sprachliche Stilmittel wie etwa eine Reimform oder eine Alliteration, oder gelingt es ihm, die zu tätigende Aussage in kurzer Form besonders pointiert oder witzig zu gestalten, so kann im Einzelfall eine persönliche geistige Schöpfung in Sinne § 2 Abs. 2 UrhG vorliegen. Schon 1934 hat das Oberlandesgericht Köln dem Werbespruch „Biegsam wie ein Frühlingsfalter – bin ich im Forma-Büstenhalter“ urheberrechtlichen Schutz zuerkannt. Den urheberrechtlichen Slogan „Ein Himmelbett als Handgepäck“ für einen Schlafsack hat das Oberlandesgericht Düsseldorf 1964 bejaht, der Bundesgerichtshof hat in der Folge den urheberrechtlichen Schutz dagegen offen gelassen.

Wissenschaftliche Texte

Auch im Zusammenhang mit wissenschaftlichen Werken spielt die Frage des urheberrechtlichen Schutzes von kurzen Texten im digitalen Zeitalter zunehmend eine Rolle. So stellen etwa kurze wissenschaftliche Texte – von einem Hochschullehrer verfasste Leitsätze zu einem Urteil – oder kleine Teile eines wissenschaftlichen Werkes – einzelne Randnummern eines juristischen Kommentars – zwischenzeitlich ein eigenes Wirtschaftsgut dar. Sie können bei bestimmten Recherchediensten einzeln erworben werden. Naturgemäß rückt dann auch der Schutz solch kurzer Texte in den Mittelpunkt. Dabei ist es bei der Beurteilung der Schutzfähigkeit von wissenschaftlichen Werken anerkannt, dass die wissenschaftliche Lehre und das wissenschaftliche Ergebnis frei und jedermann zugänglich sind und somit hier nicht herangezogen werden können. Lediglich dort, wo Raum für eine eigenschöpferische Darstellung ist, eine bestimmte Reihenfolge der Darstellung gewählt wird, einzelne Fakten miteinander verknüpft oder gewissen Schlussfolgerungen eigener Prägung gezogen werden, kann der Urheberrechtsschutz ansetzen. Da der Inhalt – und vielfach auch die Verwendung von bestimmten Fachbegriffen – bei wissenschaftlichen Texten stärker von der Materie her vorgegeben ist als bei anderen Texten, liegen die Anforderungen an das Bejahen eines urheberrechtlichen Schutzes bei wissenschaftlichen Texten besonders hoch.

Zeitungs- und Zeitschriftenartikel

Für Zeitungs- und Zeitschriftenartikel liegt die Grenze der urheberrechtlichen Schöpfungshöhe relativ niedrig. Hier lässt der Gesetzgeber, etwa durch seine Formulierung in § 49 Abs. 2 UrhG, erkennen, dass er grundsätzlich von einem Schutz von Zeitungs- und Zeitschriftenartikel ausgeht. In besonders prägnanter und seitdem viel zitierter Art und Weise hat dies insbesondere das Kammergericht in einem Urteil vom 30. April 2004 wie folgt zusammengefasst:

> *„Die vielfältigen Möglichkeiten, ein Thema darzustellen, die fast unerschöpfliche Vielzahl der Ausdrucksmöglichkeiten führen dazu, dass ein solcher Artikel nahezu unvermeidlich die Individualprägung seines Autors erhält. Dies gilt nicht nur für Artikel, die die eigene Meinung des Autors einschließt, wie etwa Kommentare, sondern auch für die reine Berichterstattung. Auch dort wird die Darstellung regelmäßig durch die individuelle Gedankenformung und Führung des Verfassers geprägt sein. Aber selbst soweit das nicht der Fall ist, kann sich eine individuelle Prägung immer noch aus der besonders geistvollen Form der Sammlung, Einteilung und Anordnung des dargebotenen Stoffs ergeben. Das wird insbesondere für die Tatsachenberichterstattung zu gelten haben.“*

Literarische Schriftwerke

Auch bei literarischen Schriftwerken ist bereits ein geringes Maß an Individualität ausreichend. Die Individualität kann sich auch hier sowohl aus der besonderen Sprachgestaltung als auch aus der besonderen Sammlung und Anordnung des Stoffs ergeben. In diesen Fällen ist nur die Form des Schriftwerks geschützt. Besteht die schöpferische Gestaltung jedoch in einer inhaltlich neuen Schöpfung, also in dem Erfinden einer neuen Geschichte, in der Entwicklung einer eigenen Fabel, kann auch der Inhalt des Schriftwerks geschützt sein. Allerdings ist die Rechtsprechung beim Schutz von Fabeln – die in bestimmten Genres wie etwa Liebes- oder Kriminalromanen ja häufig dem gleichen Schema folgen – in gleichem Maße zurückhaltend, wie sie bei der Annahme der sprachlichen Gestaltungshöhe großzügig ist.

2.1.1.4 Besondere Werkarten

Für bestimmte besondere Werkarten hat der Gesetzgeber einen besonderen Schutz vorgesehen. So etwa für Sammelwerke und Datenbankwerke in § 4 UrhG.

§ 4 Sammelwerke und Datenbankwerke

(1) Sammlungen von Werken, Daten oder anderen unabhängigen Elementen, die aufgrund der Auswahl oder Anordnung der Elemente eine persönliche geistige Schöpfung sind (Sammelwerke), werden, unbeschadet eines an den einzelnen Elementen gegebenenfalls bestehenden Urheberrechts oder verwandten Schutzrechts, wie selbständige Werke geschützt.

(2) Datenbankwerk im Sinne dieses Gesetzes ist ein Sammelwerk, dessen Elemente systematisch oder methodisch angeordnet und einzeln mit Hilfe elektronischer Mittel oder auf andere Weise zugänglich sind. Ein zur Schaffung des Datenbankwerkes oder zur Ermöglichung des Zugangs zu dessen Elementen verwendetes Computerprogramm (§ 69a) ist nicht Bestandteil des Datenbankwerkes.

Bei einem Sammelwerk sind nicht die einzelnen Bestandteile geschützt, sondern das gesamte Werk, sofern die Auswahl und die Anordnung der einzelnen Elemente eine persönliche geistige Schöpfung darstellt. Das klassische Beispiel für Sammelwerke ist eine Zeitschrift. Hier stellt etwa der Herausgeber in jeder einzelnen Monatsausgabe der Zeitschrift nach einer von ihm festgelegten Auswahl und Anordnung bestimmte einzelne Aufsätze, Graphiken, Tabellen usw. in einer bestimmten Reihenfolge zusammen. Ungeachtet des urheberrechtlichen Schutzes des einzelnen Beitrags erfährt der Herausgeber hier auch einen Schutz seiner schöpferischen Leistung, die in diesem Fall darin besteht, dass er bei der Auswahl und der Anordnung der Beiträge kreativ tätig ist. In diesem konkreten Fall kann sich der Herausgeber zwar nicht gegen die Übernahme einzelner Beiträge aus seiner Zeitschrift zur Wehr setzen (das könnte nur der Urheber des Beitrags oder der Verleger der Zeitschrift), der Herausgeber könnte sich aber mit Erfolg auf sein Sammelwerkrecht berufen, wenn das komplette Heft in entsprechender Art und Weise in einem anderen Verlag erscheint.

Merke:
Bei einer Zeitschrift ist neben den einzelnen Beiträgen auch die Gesamtkonzeption, also die Auswahl und Anordnung der einzelnen Beiträge geschützt.

Die „Steigerung des Sammelwerks“ ist das in § 4 Abs. 2 UrhG definierte Datenbankwerk. Ein solches genießt Schutz, wenn seine einzelnen Elemente systematisch oder methodisch angeordnet und einzeln mit Hilfe elektronischer Mittel oder auf andere Weise zugänglich sind. Auch bei einem Datenbankwerk gilt, dass wie bei einem Sammelwerk nicht der Inhalt der zusammengeführten Elemente, sondern nur die Struktur der Zusammenstellung geschützt ist. Erstellt etwa ein Juraprofessor eine Rechtsprechungsdatenbank, in welcher er bestimmte Urteile einem systematischen und methodischem System folgend aufnimmt und anordnet, so genießt er als Datenbankwerk-Urheber entsprechenden Schutz. Von diesem Datenbankwerk-Schutz abzugrenzen ist die bloße Datenbank, deren Schutz in § 87a Abs. 1 Satz 1 UrhG geregelt ist. Einer bloßen Datenbank fehlt die kreativ-schöpferische Komponente bezüglich der Auswahl und Anordnung der einzelnen Elemente.

Auch rein alphabetisch oder chronologisch angeordnete Sammlungen stellen eine Datenbank dar. Hier genießt der Ersteller einer solchen Datenbank einen bloßen Investitionsschutz dergestalt, dass er gegen die Übernahme wesentlicher Teile seiner Datenbank (§ 87b UrhG) geschützt ist. Er erfährt also einen Schutz dahingehend, dass es einem Dritten untersagt ist, unter Ersparung eigener Investitionen einen wesentlichen Teil aus der Datenbank zu entnehmen und anderweitig zu verwerten.

Amtliche Werke

Wie verhält es sich mit Gesetzen, Verordnungen, behördlichen Erlassen und Gerichtsentscheidungen? Bei derartigen „offiziellen" Texten handelt es sich um sogenannte „amtliche Werke" im Sinne von § 5 Abs. 1 UrhG. Da an ihrer Nutzung und Verbreitung ein besonderes Interesse besteht, genießen derartige Texte keinen urheberrechtlichen Schutz. Aber Vorsicht: Urheberrechtsfrei ist jeweils nur der „Rohtext" etwa eines Gesetzestextes. Möchte also der Verleger eines wissenschaftlichen Buches im Anhang einen bestimmten Gesetzestext abdrucken, so ist ihm dies grundsätzlich möglich. Allerdings muss er penibel darauf achten, dass er tatsächlich nur den rohen Gesetzestext verwendet und nicht etwa das Layout, die Überschriften oder eine besondere Form der Gestaltung aus einem bereits bestehenden Gesetzesbuch übernimmt.

Merke:
Bei Gesetzestexten ist jeweils nur der „Rohtext" urheberrechtsfrei! Vorsicht bei der Übernahme aus bestehenden Gesetzesbüchern!

2.1.2 Leistungen

Neben dem Urheberrecht (§§ 1 bis 69g UrhG) schützt das Urheberrechtsgesetz auch die verwandten Schutzrechte in den §§ 70 ff. UrhG. Wie bereits eingangs erwähnt, versteht man unter dem Begriff „Urheberrecht" die originären Rechte des Urhebers, die im ersten Teil des Urheberrechtsgesetzes niedergeschrieben sind. Neben diesen Urheberrechten kennt das Urheberrechtsgesetz seit 1965 auch noch einen anderen Schutzgegenstand: Die sogenannten „verwandten Schutzrechte" oder „Leistungsschutzrechte" (§§ 70 ff. UrhG). Diese Rechte sind im Urheberechtsgesetz geregelt, da sie entsprechend enge Beziehungen zum urheberrechtlichen Schutzgegenstand aufweisen. Diese Beziehung besteht in der Wiedergabe oder in der Realisierung urheberrechtlich geschützter Werke durch die Leistungsschutzberechtigten. Der Schauspieler bietet das Theaterstück auf der Bühne dar, der Musikproduzent organisiert die Aufnahme der neusten CD von den Toten Hosen und der Filmhersteller macht es durch seinen organisatorisch, technisch und wirtschaftlichen Einsatz möglich, dass die Harry Potter-Bücher verfilmt werden können. Die Leistungsschutzrechte schützen also künstlerische, wissenschaftliche oder unternehmerische Leistungen. Diese Leistungen sind mangels individueller geistig-schöpferischen Tätigkeiten im Sinne des § 2 Abs. 2 UrhG zwar nicht urheberrechtsrelevant, allerdings stellt auch die Entdeckung, die Wiedergabe oder die Realisierung geschützter Werke eine Leistung dar, die nach dem Willen des Gesetzgebers schützenswert ist und deshalb als Leistungsschutzrecht innerhalb des Urheberrechtsgesetzes festgeschrieben wurde.

Kein Leistungsschutzrecht für Verleger

Warum gibt es kein Leistungsschutzrecht für den Verleger? Während sämtliche anderen Verwertergruppen – zum Beispiel Tonträger-, Film- und Datenbankhersteller – über ein eigenes, gesetzlich normiertes Leistungsschutzrecht verfügen, steht dem Verleger eine solches nicht zur Seite.

Schwach ausgestaltetes Leistungsschutzrecht für Presseverleger

Lediglich durch das am 1. August 2013 in den §§ 87f und 87g UrhG eingefügte Leistungsschutzrecht für Presseverleger wurde für einen kleinen Teilbereich der Verleger ein Leistungsschutzrecht im Gesetz verankert. Dieses Leistungsschutzrecht, welches nach heftigen Querelen im Gesetzgebungsverfahren schließlich nur in sehr abgemilderter Form Gesetz geworden ist, schützt die verlegerische Leistung eines Presseverlags nur in sehr geringem Umfang. Denn entgegen der ersten Entwurfsfassung sind nunmehr „einzelne Wörter und kleinste Textausschnitte“ (§ 87f Abs. 1 Satz 1 UrhG) vom Schutzumfang ausgenommen, ohne dass allerdings klar ist, welches Volumen derartige kleinste Textausschnitte haben können. Zudem kann der Presseverleger das neue Leistungsschutzrecht nur gegen die Betreiber von Suchmaschinen und ähnlichen Diensten wie etwa Medienaggregatoren geltend machen; auch hier ist im Einzelnen unklar, gegen wen ein entsprechender Anspruch überhaupt besteht. Schließlich ist die Schutzdauer mit einem Jahr (§ 87g Abs. 2 UrhG) auch erheblich kürzer ausgefallen als bei allen anderen Leistungsschutzrechten, die das Urheberrechtsgesetz vorsieht.

Kein Leistungsschutzrecht für Buchverleger

Begründet wird der etwa für Buchverleger fehlende Leistungsschutz damit, dass es keinen konkreten Anknüpfungspunkt für eine geschützte Leistung gebe. Im Bereich der Musik und des Films ist die konkret geschützte Leistung jeweils die einzelne Aufnahme. Nach der Rechtsprechung des Bundesgerichtshofs ist jeder einzelne Ton einer Musikaufnahme und jede einzelne Sequenz einer Filmaufnahme gegen eine unautorisierte Übernahme durch Dritte geschützt, da die Aufnahmen nur durch die Tätigkeit des Musik- bzw. Filmproduzenten ermöglicht werden. Der Verleger dagegen bekommt – so vereinfacht ausgedrückt die entsprechende Argumentation – von seinem Autor „bedrucktes Papier“ in Manuskriptform und er verkauft sodann auch „bedrucktes Papier“ in Form eines Buches an seine Leser. Für eine eigene „Leistung“ und somit auch einen Leistungsschutz sei daher kein Raum. Dass dieser Befund – zumal im digitalen Zeitalter – nicht mehr aufrechterhalten werden kann, liegt in der Natur der Sache. Die Diskussionen um ein Für und Wider des Leistungsschutzrechts für Verleger sind jedoch sehr vielschichtig, interessengetrieben und umfangreich, so dass sie an dieser Stelle nicht im Einzelnen erörtert werden können und sollen.

Für den Verlagsbereich bleibt daher nur festzuhalten, dass etwa der Sprecher eines Hörbuchs und derjenige, der sich für die Erstellung der Aufnahme in organisatorischer, technischer und wirtschaftlicher Weise verantwortlich zeichnet, über ein eigenes Leistungsschutzrecht verfügt. Bei der Einräumung und Lizenzierung von Nutzungsrechten ist daher auf diese Besonderheiten ein spezielles Augenmerk zu legen.

Merke:
Der Sprecher eines Hörbuchs verfügt über ein eigenes Leistungsschutzrecht, das vertraglich erworben werden muss!

2.2 Wer ist alles Urheber?

§ 7 Urheber
Urheber ist der Schöpfer des Werkes.

So einfach und lapidar regelt der Gesetzgeber die Zuordnung des urheberrechtlichen Schutzes zu einer konkreten Person. Der Schöpfer eines Werkes und damit derjenige, dem der urheberrechtliche Schutz zukommt, kann immer nur eine natürliche Person, also ein Mensch, sein. Anders als etwa im angelsächsischen Rechtskreis kann nach deutschem Rechtsverständnis eine juristische Person wie zum Beispiel eine GmbH oder eine Aktiengesellschaft niemals Urheber eines Werkes sein. Die Urheberschaft einer

Maschine ist ebenfalls ausgeschlossen, auch wenn sich der Urheber ihrer zur Schaffung eines Werkes bedient. Der Vorgang der urheberrechtlichen Schöpfung ist ein Realakt. Dies bedeutet, dass die Schöpfung keine Rechtshandlung ist. Die Geschäftsfähigkeit des Schöpfers ist somit irrelevant, so dass auch ein Kleinkind Schöpfer eines urheberrechtlich geschützten Werkes sein kann, sofern die Schöpfungshöhe entsprechend erreicht ist. Selbst dann, wenn sich der Urheber zur Schaffung eines Werkes gegenüber einem Besteller vertraglich verpflichtet hat, verbleibt die Urheberschaft beim Schöpfer des Werkes. Der Urheber kann sich von der Urheberschaft seines Werkes nicht lossagen.

Urheber in Arbeits- oder Dienstverhältnissen

Dies gilt auch bei der Beantwortung der Fragestellung, wie sich das Urheberrecht im Arbeits- oder Dienstverhältnis verhält. Auch hier gilt, dass das Urheberrecht trotz dieses vertraglichen Verhältnisses beim Werkschaffenden, also dem Arbeitnehmer, verbleibt. Der Arbeitgeber kann sich aber selbstverständlich alle vermögensrechtlichen Befugnisse, somit also den wirtschaftlichen Wert des Schöpfungsaktes, vertraglich einräumen lassen. Hinter dem starken Schutz des Urhebers und der starken Ausgestaltung seiner Stellung steht die Ansicht, dass dem Schöpfer aufgrund der Schöpfung als naturgegebenes geistiges Eigentum die Rechte an seinem Werk unvermindert und zu jeder Zeit zustehen sollen. Dieses im Gesetz verankerte „Schöpferprinzip" prägt das gesamte Verständnis des deutschen Urheberrechts. Hierin liegt einer der wesentlichen Unterschiede zwischen dem kontinental-europäischen Urheberrecht und dem angelsächsischen Copyright-System, welches weniger den Schutz des Schöpfers und seines Werkes, als vielmehr den Schutz der getätigten Investition im Auge hat.

Strategie:
Im Anstellungsvertrag ist die Einräumung urheberrechtlicher Nutzungsrechte unbedingt in einer eigenen Klausel ausdrücklich zu regeln! Die gesetzliche Regelung ist für viele Fallkonstellationen nicht ausreichend.

2.2.1 Miturheber (§ 8 UrhG)

Wie verhält es sich, wenn es mehrere Urheber gibt? In der Praxis kommt es häufig vor, dass mehrere Personen gemeinsam ein Werk schaffen. Zwei Journalisten recherchieren gemeinsam zu einem bestimmten Thema und veröffentlichen unter gemeinsamen Namen einen Artikel, ein Autor und ein Fotograf publizieren gemeinsam einen Reiseführer, eine Kinderbuchautorin und ein Illustrator arbeiten gemeinsam an einem Bilderbuch. All diesen Fällen ist gemeinsam, dass jeder der beteiligten Personen einen eigenen kreativen schöpferischen Beitrag zur Entstehung des Gesamtwerks geleistet hat. Jeder der beteiligten Personen ist Urheber und somit gemäß § 7 UrhG Schöpfer des Werkes. Allerdings erfordert das Vorliegen mehrerer Urheber die Schaffung von Regeln in Bezug auf die gemeinsame Verwertung des Werkes, die Aufteilung der Erlöse oder die Auseinandersetzung zwischen den beteiligten Urhebern. Der Gesetzgeber unterscheidet hier zwischen Miturhebern in § 8 UrhG und Urhebern verbundener Werke in § 9 UrhG.

§ 8 Miturheber

(1) Haben mehrere ein Werk gemeinsam geschaffen, ohne dass sich ihre Anteile gesondert verwerten lassen, so sind sie Miturheber des Werkes.

(2) Das Recht zur Veröffentlichung und zur Verwertung des Werkes steht den Miturhebern zur gesamten Hand zu; Änderungen des Werkes sind nur mit Einwilligung der Miturheber zulässig. Ein Miturheber darf jedoch seine Einwilligung zur Veröffentlichung, Verwertung oder Änderung nicht wider Treu und Glauben verweigern. Jeder Miturheber ist berechtigt, Ansprüche aus Verletzungen des gemeinsamen Urheberrechts geltend zu machen; er kann jedoch nur Leistung an alle Miturheber verlangen.

(3) Die Erträgnisse aus der Nutzung des Werkes gebühren den Miturhebern nach dem Umfang ihrer Mitwirkung an der Schöpfung des Werkes, wenn nichts anderes zwischen den Miturhebern vereinbart ist.

(4) Ein Miturheber kann auf seinen Anteil an den Verwertungsrechten (§ 15) verzichten. Der Verzicht ist den anderen Miturhebern gegenüber zu erklären. Mit der Erklärung wächst der Anteil den anderen Miturhebern zu.

§ 9 Urheber verbundener Werke
Haben mehrere Urheber ihre Werke zu gemeinsamer Verwertung miteinander verbunden, so kann jeder vom anderen die Einwilligung zur Veröffentlichung, Verwertung und Änderung der verbundenen Werke verlangen, wenn die Einwilligung dem anderen nach Treu und Glauben zuzumuten ist.

Ob ein Fall der klassischen Miturheberschaft oder ein bloßer Fall der Urheberschaft verbundener Werke vorliegt, richtet sich gem. § 8 Abs. 1 UrhG danach, ob sich die Anteile der einzelnen Urheber gesondert verwerten lassen oder nicht. Nur dann wenn dies nicht der Fall ist, wenn also die beteiligten Schöpfer des Werkes einen gemeinsamen Schöpfungswillen folgend das Werk erschaffen haben, liegt eine Miturheberschaft im Sinne von § 8 UrhG vor. Dabei müssen allerdings die Arbeitsleistungen der verschiedenen Akteure eine gewisse Beitragshöhe erreichen. Bloße Hilfeleistung oder Anregungen sind für eine Miturheberschaft nicht ausreichend. Andererseits ist es aber nicht erforderlich, dass die Beiträge der Miturheber gleich groß sind. Für das Vorliegen einer Miturheberschaft ist wie erwähnt allein entscheidend, ob sich die verschiedenen Werkbestandteile gesondert verwerten lassen. Die einzelnen Werkteile dürfen keine selbständige Verkehrsfähigkeit besitzen.

Beispielfall
Schreiben etwa zwei Wissenschaftler gemeinsam ein Buch und jeder übernimmt abwechselnd ein Kapitel, so lassen sich die einzelnen Kapitel jeweils sehr gut einem Wissenschaftler zurechnen. Allerdings sind die einzelnen Kapitel dieses wissenschaftlichen Werkes gesondert nicht verkehrsfähig, es liegt somit eine Miturheberschaft vor.
Anders verhält es sich dagegen bei Musikstücken, bei denen der Text in Form eines Gedichtes und die musikalische Komposition von jeweils verschiedenen Personen stammen. Hier sind die Werkteile trennbar und auch gesondert verwertbar, es liegt keine Miturheberschaft im Sinne des § 8 Abs. 1 UrhG vor. Es handelt sich vielmehr um ein verbundenes Werk im Sinne des § 9 UrhG.

Entscheidend für die Miturheberschaft ist mithin die Tatsache, dass nur ein Werk vorliegt, an dem auch nur ein Urheberrecht bestehen kann. Dieses Urheberrecht steht den Miturhebern nach § 8 Abs. 2 Satz 1 UrhG zur „gesamten Hand" zu. Das bedeutet, dass die Miturheber nur gemeinsam über die Veröffentlichung und Verwertung ihres Werkes entscheiden können. Den Verlagsvertrag müssen also beide Miturheber eines Werkes unterschreiben. Ansprüche aus Rechtsverletzungen kann dagegen nach § 8 Abs. 2 Satz 3 UrhG jeder einzelne Urheber alleine und ohne die Zustimmung des anderen geltend machen. Allerdings kann er in einem solchen Fall die Leistung, etwa eines Schadensersatzbetrages, nicht an sich alleine, sondern nur an alle beteiligten Miturheber verlangen. Die aus der Verwertung des Werkes entspringenden Beträge stehen den Miturhebern grundsätzlich entsprechend der Höhe ihrer Schaffensbeiträge zu (§ 8 Abs. 3 UrhG). Dies gilt jedoch nur, solange nichts anderes zwischen den Miturhebern vereinbart ist. Es empfiehlt sich daher dringend, auch zwischen den Miturhebern eine entsprechende vertragliche Abrede zu treffen.

Strategie:
Sobald mehr als ein Urheber an der Erstellung eines Werkes beteiligt ist, empfiehlt sich auch für den Verlag die ausdrückliche Regelung des Verhältnisses der Urheber untereinander, etwa hinsichtlich der Nennung, der Vergütung und der Folgen beim Ausscheiden!

Das Bedürfnis einer vertraglichen Regelung der Miturheberschaft besteht jedoch nicht nur zwischen den einzelnen beteiligten Miturhebern sondern auch aus der Sicht eines Verlags, der ein von mehreren Personen gemeinschaftlich geschaffenes Werk herausgibt. Um etwa in Werken mit mehreren Herausgebern und/oder mehreren Autoren für den Fall des Ausscheidens oder Versterbens einer der beteiligten Miturheber eine Blockade des gesamten Werkes zu verhindern, ist es dringend empfehlenswert, in den Verträgen mit den einzelnen Herausgebern und Autoren entsprechende vertragliche Regelungen vorzusehen. Diese können etwa darin bestehen, dass einem ausgeschiedenen oder verstorbenen Mitwirkenden nur noch für eine Folgeauflage entsprechende Nennungs- und Beteiligungsansprüche gewährt werden.

2.2.2 Urheber verbundener Werke (§ 9 UrhG)

Eine bloße Werkverbindung liegt dagegen vor, wenn mehrere selbständige Werke zur gemeinsamen Verwertung verbunden werden. In Abgrenzung zur Miturheberschaft liegen bei verbundenen Werken zwei eigenständige Werke mit eigenständigen Urhebern vor – beim Film etwa das Regiewerk des Regisseurs und die Filmmusik des Komponisten. Es gibt keinen gemeinsamen, auf ein Werk ausgerichteten Schöpfungswillen, sondern jeder beteiligte Urheber schafft sein eigenes Werk, welches sodann mit dem Werk des oder der anderen Urheber verbunden wird. Aufgrund der Werkverbindung kann jeder Urheber vom anderen Einwilligung zur Veröffentlichung, Verwertung und Änderung der verbundenen Werke verlangen, wenn die Einwilligung dem anderen nach Treu und Glauben zuzumuten ist. Weder der Regisseur eines Films noch der Komponist der Filmmusik können daher mit überzogenen Forderungen oder entgegen den Branchengepflogenheiten die Veröffentlichung oder Verwertung ihres verbunden Werkes verhindern.

2.2.3 Vermutung der Urheberschaft (§ 10 UrhG)

Die Regelungen zur Urheber- bzw. Miturheberschaft werden von § 10 UrhG abgerundet, der Vermutungsregelungen zur Urheber- oder Rechtsinhaberschaft enthält. Wer auf einem Werk in der üblichen Weise als Urheber- bzw. Rechteinhaber bezeichnet ist, gilt bis zum Beweis des Gegenteils als Urheber dieses Werkes. Die übliche Bezeichnung kann dabei verschieden ausgestaltet sein: Mit dem wahren Namen, den Initialen, dem Deck- oder Künstlernamen, einem Künstlerzeichen oder Ähnlichem. Allerdings handelt es sich bei der Vorschrift des § 10 UrhG um eine widerlegliche Vermutung. Kann der „wahre" Urheber beweisen, dass tatsächlich er der Verfasser eines Ratgebers ist und nicht die auf dem Buch genannte Person, so ist die Vermutung widerlegt und kann nicht mehr herangezogen werden. In der Folge können auch etwa von einem „Scheinurheber" nicht gutgläubig Nutzungsrechte erworben werden.

Möchte man daher in einem etwaigen Rechtsstreit die Urheberschaft für sich in Anspruch nehmen, so empfiehlt es sich, seine Produkte ordnungsgemäß zu kennzeichnen. In der Regel wird hierfür das Copyright-Zeichen – © –, der sog. „Copyright-Vermerk", benutzt.

Die Vorschrift des § 10 Abs. 2 UrhG enthält eine abgestufte Regelung: Dort wird für den Fall, dass ein Urheber nicht genannt ist, vermutet, dass derjenige ermächtigt sein soll, die Rechte des Urhebers geltend zu machen, der auf den Vervielfältigungsstücken des Werkes als Herausgeber bezeichnet ist. Ist kein Herausgeber angegeben, so wird vermutet, dass der Verleger ermächtigt ist. Es zeigt sich also auch an dieser Stelle, dass ein besonderes Augenmerk auf die ordnungsgemäße Kennzeichnung von Verlagsprodukten zu legen ist.

2.3 Welche Rechte hat der Urheber?

Dem Urheber eines Werkes stehen in Bezug auf das von ihm geschaffene Werk zwei unterschiedliche Arten von Rechten zu: Zum einen sind dies die sogenannten „Urheberpersönlichkeitsrechte“, die die besondere Verbindung des Urhebers zu seinem Werk ausdrücken. „Das Band zwischen dem Urheber und seinem Werk kann nicht zerschnitten werden“, so lautet ein allgemein anerkannter Merksatz, der die starke Stellung des Urhebers im deutschen Urheberrecht in prägnanter Weise zum Ausdruck bringt. Diese starke Stellung ist in den Urheberpersönlichkeitsrechten der §§ 12 bis 14 UrhG niedergelegt. Nach § 12 UrhG hat der Urheber das Recht darüber zu bestimmen, ob und in welcher Form sein Werk überhaupt veröffentlicht wird. Sodann hat er nach § 13 UrhG das Recht auf Anerkennung der Urheberschaft, das heißt er kann bestimmen ob und in welcher Form er im Zusammenhang mit dem Werk genannt wird. Und schließlich steht dem Urheber wegen seiner besonderen Verbindung zu seinem Werk ein Schutz vor einer Entstellung desselben gemäß § 14 UrhG zu. Der Urheber kann also verhindern, dass sein Werk in seiner äußeren Form beeinträchtigt, diesem ein anderer Sinngehalt gegeben oder das Werk in einem nicht seinen Intentionen entsprechenden Zusammenhang dargeboten wird.

Neben diesen Urheberpersönlichkeitsrechten stehen dem Urheber auch die Verwertungsrechte zu, die ihm die wirtschaftliche Komponente der angemessenen Vergütung für die Nutzung seines Werkes sichern (dazu in Kapitel 2.4.).

Urheberpersönlichkeitsrechte	Verwertungsrechte (Beispiele)
– (Erst-)Veröffentlichungsrecht	– Vervielfältigungsrecht
– Namensnennungsrecht (Anerkennung der Urheberschaft)	– Verbreitungsrecht
– Schutz vor Entstellung des Werkes	– Ausstellungsrecht
	– Vortrags-, Aufführungs- und Vorführungsrecht
	– Senderecht
	– Recht der öffentliche Zugänglichmachung
	– Bearbeitungsrecht

Abb. 5: Urheberpersönlichkeitsrechte/Verwertungsrechte

2.3.1 Urheberpersönlichkeitsrechte

2.3.1.1 Das Veröffentlichungsrecht

§ 12 Veröffentlichungsrecht
(1) Der Urheber hat das Recht zu bestimmen, ob und wie sein Werk zu veröffentlichen ist.
(2) Dem Urheber ist es vorbehalten, den Inhalt seines Werkes öffentlich mitzuteilen oder zu beschreiben, solange weder das Werk noch der wesentliche Inhalt oder eine Beschreibung des Werkes mit seiner Zustimmung veröffentlicht ist.

Das Veröffentlichungsrecht des § 12 UrhG bringt in besonderer Weise zum Ausdruck, dass der Urheber eine besonders enge Bindung zu seinem Werk hat. Nur er kann bestimmen, ob und wie sein Werk veröffentlicht wird. In der Praxis hat die Einräumung des Veröffentlichungsrechts jedoch eine geringe Bedeutung. Während im analogen Zeitalter, in dem Korrekturfahnen noch in analoger Form auf Papier versendet wurden, das Einverständnis mit den korrigierten Fahnen mit dem sogenannten Imprimatur-Vermerk des Autors zum Druck freigegeben wurde, erfolgt dies mittlerweile meist konkludent. Erhält ein Lektor von seinem Autor per E-Mail das Manuskript in korrigierter Form zurück, so liegt darin in konkludenter Weise die Einräumung des Veröffentlichungsrechts. Praktische Relevanz hat § 12 UrhG daher heutzutage beinahe nur noch, wenn bislang unveröffentlichte Werke auftauchen. Denn in diesem Fall fehlt es ja an der Zustimmung des Autors zur Veröffentlichung. Ist der Autor, wie meist in solchen Fällen, bereits verstorben, so bedarf es der Einwilligung der Angehörigen zur Veröffentlichung des Werkes.

Veröffentlichung und Erscheinen

Wann eine Veröffentlichung vorliegt, bestimmt § 6 UrhG. Nach § 6 Abs. 1 UrhG ist ein Werk veröffentlicht, wenn es mit Zustimmung des Berechtigten der Öffentlichkeit zugänglich gemacht worden ist. Davon abzugrenzen ist das Erscheinen eines Werkes. Gemäß § 6 Abs. 2 UrhG ist ein Werk erschienen, wenn Vervielfältigungsstücke des Werkes in genügender Anzahl der Öffentlichkeit angeboten oder in Verkehr gebracht worden sind, wenn also etwa gedruckte Werkexemplare vorliegen. Zusammenfassend lässt sich also festhalten: Das Erscheinen eines Werkes beinhaltet also immer auch die Veröffentlichung, während die Veröffentlichung eines Werkes nicht gleichzeitig ein Erscheinen eines Werkes begründet. Während für die Veröffentlichung etwa auch eine mündliche Präsentation eines Buchinhalts im Rahmen einer Lesung ausreicht, erfordert das Erscheinen das Vorhandensein von Vervielfältigungsstücken, also von gedruckten Büchern, die der Öffentlichkeit in genügender Anzahl angeboten werden.

Beschränkung auf das Erstveröffentlichungsrecht

Das Veröffentlichungsrecht umfasst dabei nur das Erstveröffentlichungsrecht. Demnach sind nicht alle Veröffentlichungshandlungen gedeckt, die das Werk der Öffentlichkeit in verschiedenen Formen zugänglich machen. So bezieht sich das Veröffentlichungsrecht im Verlagsbereich etwa nur auf die erstmalige öffentliche Zugänglichmachung als Buch, Zeitschrift oder Zeitung. Sich daran anschließende Auswertungsformen wie etwa eine Ausstrahlung im Hörfunk, im Fernsehen oder in anderen Medien unterfallen nicht mehr dem Erstveröffentlichungsrecht des Urhebers. Mit der Erstveröffentlichung „verbraucht" der Urheber also gewissermaßen sein Veröffentlichungsrecht. In der Folge muss er gewisse Einschränkungen hinnehmen. Eine dieser Einschränkungen resultiert aus § 12 Abs. 2 UrhG. Danach ist es dem Urheber vorbehalten, den Inhalt seines Werkes öffentlich mitzuteilen oder zu beschreiben, solange weder das Werk noch der wesentliche Inhalt oder eine Beschreibung des Werkes mit seiner Zustimmung veröffentlicht ist. Selbstverständlich ist dieses Mitteilungsrecht grundsätzlich nur beschränkt auf den schutzfähigen, also den urheberrechtlich geschützten Inhalt oder einzelne schutzfähige Bestandteile des Werkes. Während der Urheber eines Romans also auf der Grundlage seines Veröffentlichungsrechts verhindern kann, dass eine Rezension seines Buches, in welcher auch die von ihm geschaffene Fabel Erwähnung findet, veröffentlicht wird, kann der Sachbuchautor, der das Leben und das Werk von Pablo Picasso schildert, dies nicht. Nach der Erstveröffentlichung seines Werkes kann sich der Urheber nicht mehr dagegen zur Wehr setzen, dass im Wege von Rezensionen, Abstracts oder ähnlichem über sein Werk in der Öffentlichkeit berichtet wird, solange dabei nicht einzelne von ihm geschaffene schutzfähige Bestandteile übernommen werden.

2.3.1.2 Nennung des Urhebers

§ 13 Anerkennung der Urheberschaft

Der Urheber hat das Recht auf Anerkennung seiner Urheberschaft am Werk. Er kann bestimmen, ob das Werk mit einer Urheberbezeichnung zu versehen und welche Bezeichnung zu verwenden ist.

Die starke Verbindung zwischen dem Urheber und seinem Werk findet weiterhin Ausdruck in § 13 UrhG. Danach hat der Urheber das Recht auf Anerkennung seiner Urheberschaft am Werk und kann somit bestimmen, ob und gegebenenfalls mit welcher Urheberbezeichnung das Werk versehen werden soll. Ergänzt wird dieses „Namensnennungsrecht" durch das grundsätzliche Änderungsverbot für Nutzer in § 39 Abs. 1 UrhG und die Verpflichtung zur ordnungsgemäßen Quellangabe in § 63 UrhG. Es soll also dem Urheber die Möglichkeit gegeben werden, sich jederzeit zu seiner Urheberschaft zu bekennen und seine Urheberschaft zu beweisen, wenn diese von Dritten in Frage gestellt wird. Allerdings betrifft § 13 UrhG immer nur das eigene Werk des Urhebers. Das Namensnennungsrecht aus § 13 UrhG schützt den Urheber dagegen nicht davor, dass ein fremdes Werk als sein Werk ausgegeben wird. Dies wäre beispielsweise der Fall, wenn ein unbekannter Autor seinen Roman mit den Namen eines Bestseller-Schriftstellers signiert; sich also eine Urheberschaft anmaßt. In einem solchen Fall fehlt es für die urheberrechtlichen Ansprüche an dem Urheberrecht für das fremde Werk, welches ja gerade von dem Dritten geschaffen wurde. Ein Unterlassungsanspruch kann damit nur auf eine Verletzung des allgemeinen Persönlichkeitsrechts aus Artikel 1 Abs. 1 Grundgesetz (GG) in Verbindung mit Artikel 2 Abs. 1 GG oder auf eine Verletzung des Namensrechts aus § 12 BGB gestützt werden. Die Urheberbezeichnung ist nicht nur auf dem Originalwerk, sondern auch auf allen Vervielfältigungsstücken des Werkes anzubringen. Das Namensnennungsrecht steht dabei jedem Urheber oder Miturheber zu, solange und soweit er schöpferisch tätig war.

Bestimmung der Ausgestaltung der Nennung durch den Urheber

Nach § 13 Satz 2 UrhG kann der Urheber bestimmen, ob das Werk mit einer Urheberbezeichnung zu versehen und welche Bezeichnung zu verwenden ist. Der Urheber kann sich also mit Vor- und Zunamen, mit seinem Künstlernamen, seinem Pseudonym oder mit einem Künstlerzeichnen benennen lassen. Des Weiteren hat er einen Anspruch darauf, dass die Art seiner schöpferischen Tätigkeit genannt wird, also beispielsweise die Tätigkeit als Autor oder Übersetzer. Zudem muss die Namensnennung dergestalt erfolgen, dass eine eindeutige Zuordnung des Urhebers zu seinem Werk möglich ist. So ist der Urheber einer Fotografie beispielsweise direkt neben oder auf dem Foto zu benennen oder – wenn mehrere Fotos auf einer Seite abgebildet sind – muss der Fotonachweis die genaue Position der verschiedenen Werke mit den dazugehörigen Urhebern benennen, um dem Namensnennungsrecht aus § 13 UrhG Genüge zu tun. Das Namensnennungsrecht hat auch eine passive Seite. Der Urheber kann von seinem Verwerter auch verlangen, dass er auf den Vervielfältigungsstücken seines Werkes gerade nicht bezeichnet wird. Ein solches Interesse des Urhebers kann etwa vorliegen, wenn er mit bestimmten Aussagen oder schöpferischen Leistungen aus seinem Werk nicht in Verbindung gebracht werden, sondern lieber anonym bleiben möchte.

Das Namensnennungsrecht als Verhandlungsposten

Das Namensnennungsrecht aus § 13 UrhG hat in der Praxis erhebliche Bedeutung. Zum einen ist es dem Urheber möglich, auf sein Recht auf Namensnennung zu verzichten oder es nur in abgeschwächter Form auszuüben. Mit anderen Worten: Der Verleger und der Autor, Übersetzer, Illustrator oder Fotograf können einen Vertrag über die Art und Weise, über das Ob und Wie einer Urheberbezeichnung schließen. Dies führt dazu, dass das Namensnennungsrecht einen wirtschaftlichen Wert erfährt. Ein Autor mag auf einen gewissen Teil seines Honorars verzichten, wenn er in besonderer, exponierter Art und Weise erwähnt wird. In umgekehrter Richtung mag er auf sein Namensnennungsrecht verzichten, wenn er dafür vom Verlag höher entlohnt wird.

Unterlassene Namensnennung als eigener Verletzungstatbestand

Zudem hat § 13 UrhG eine weitere, vielfach in der Praxis vorkommende Auswirkung – die fehlende Nennung des Namens des Urhebers verdoppelt im Zweifelsfall die zu leistende Schadensersatzzahlung! Da das Unterlassen der Nennung des Namens des Urhebers einen eigenen Verletzungstatbestand darstellt, ist es in der Rechtsprechung anerkannt, dass dafür ein eigener Schadensersatzbetrag zu zahlen ist.

Beispielfall

Wurden in einer Zeitschrift versehentlich drei Fotos eines Fotografen abgedruckt, da es versäumt worden war, sich von ihm ordnungsgemäß die Nutzungsrechte einräumen zu lassen, so liegt in dem unautorisierten Abdruck der erste Verletzungstatbestand. Nach der sogenannten „Lizenzanalogie" steht dem Fotografen gegen den Verlag dann ein Anspruch in der Höhe zu, welche verständige Vertragsparteien für den Abdruck des Fotos miteinander vereinbart hätten. Verfügt der Fotograf etwa über eine Preisliste und kann er nachweisen, dass er üblicher Weise für derartige Fotos 200,00 EUR für einen entsprechenden Abdruck erhält, so würde er im Beispielsfall grundsätzlich 600,00 EUR (3 x 200,00 EUR) erhalten. Hat der Verleger es zusätzlich zum unautorisierten Abdruck versäumt, den Namen des Fotografen in eindeutig zuordenbarer Weise zu nennen, so stellt dies einen eigenen Verletzungstatbestand dar. Dies würde in dem vorgenannten Beispielsfall dazu führen, dass sich der zu zahlende Betrag verdoppelt und dem Fotografen ein Betrag von 1.200,00 EUR statt von 600,00 EUR zu zahlen wäre.

Strategie:
Namensnennung unbedingt beachten – Fehler kosten bares Geld!

Es zeigt sich also, dass die Verletzung des § 13 UrhG durchaus finanzielle Auswirkungen haben kann und die Beachtung dieser Namensnennungsvorschrift daher bares Geld wert ist!

2.3.1.3 Entstellung

§ 14 Entstellung des Werkes

Der Urheber hat das Recht, eine Entstellung oder eine andere Beeinträchtigung seines Werkes zu verbieten, die geeignet ist, seine berechtigten geistigen oder persönlichen Interessen am Werk zu gefährden.

Gemäß § 14 UrhG hat der Urheber das Recht, eine Entstellung oder eine andere Beeinträchtigung seines Werkes zu verbieten, die geeignet ist, seine berechtigten geistigen oder persönlichen Interessen am Werk zu gefährden. Das Recht gegen Entstellungen soll dem Urheber den Bestand des Werkes in seiner konkreten Form sichern, um die geistig schöpferische Individualität des Werkes zu wahren. Durch § 14 UrhG sollen sowohl das allgemeine Persönlichkeitsrecht des Künstlers also auch die besondere persönliche Bindung des Urhebers zu seinem Werk geschützt werden.

Keine bzw. geringfügige Änderungsbefugnis des Verwerters

Die Integrität des Werkes ist dabei grundsätzlich auch von solchen Nutzern zu wahren, denen vom Urheber bestimmte Nutzungsrechte eingeräumt wurden (§ 39 Abs. 1 UrhG). Allerdings sind gemäß § 39 Abs. 2 UrhG solche Änderungen durch den Nutzer zulässig, zu denen der Urheber seine Einwilligung nach Treu und Glauben nicht versagen kann. Darunter fallen zum einen solche Änderungen, die im Verkehr als unwesentlich angesehen werden oder die im Verkehr üblich sind.

Beispielfall

Eine derartige Änderung ist beispielsweise die Berichtigung eines Druckfehlers in einem Buch oder die digitale Vergrößerung einer Fotografie. Auch redaktionelle Vorgaben können dazu führen, dass das Recht des Autors zurücktritt und die Interessen des Verlages überwiegen. Liefert etwa ein freier Mitarbeiter für eine Zeitschrift einen Beitrag ab, der zweispaltig gesetzt werden soll, aber eine Überschrift aufweist, die sodann zu einem siebenzeiligen Titel führen würde, so ist davon auszugehen, dass dem Lektorat das Recht zusteht, die Überschrift entsprechend zu kürzen, ohne dass dabei der Sinn entstellt wird.

Zur Vermeidung entsprechender Auseinandersetzungen ist es aber unbedingt empfehlenswert, sich im Verlagsvertrag mit dem Autor ein umfassendes Bearbeitungsrecht einräumen zu lassen.

Strategie:
Die Einräumung eines umfassenden Bearbeitungsrechts vermeidet Diskussionen!

Schutz vor Entstellung

§ 14 UrhG umfasst den Schutz des Urhebers vor Entstellung und sonstigen Beeinträchtigungen. Eine Entstellung ist ein besonders schwerer Fall der Beeinträchtigung, eine genaue Einordnung ist nicht relevant. Dabei kann eine Beeinträchtigung sowohl die Verletzung der Sachsubstanz des Werkes als auch die Stellung des Werkes in einen anderen Sachzusammenhang darstellen.

Beispielfall

Ein Eingriff in die Sachsubstanz liegt beispielsweise vor, wenn der Lektor eines Romans in die Handlung des Autors eingreift, die Protagonisten verändert oder aus einem Happy End einen dramatischen Schicksalsschlag konstruiert. Anders wäre es dagegen, wenn der Roman zwar nicht in seiner Sachsubstanz verändert werden würde, wenn der Verlag ihn aber als Fortsetzungsroman in einer Boulevard-Illustrierten abdrucken würde. In diesem Fall würde wie gesagt keine Substanzverletzung vorliegen, das Werk würde aber in einen anderen Sachzusammenhang gestellt, so dass die geistig schöpferische Individualität des Werkes gefährdet wird.

Ob das Werk durch die Beeinträchtigung verbessert oder verschlechtert wird, ist belanglos. Das Recht gegen Entstellung soll nicht nur vor Verschlechterungen schützen, selbst wenn eine Beeinträchtigung des Werkes objektiv das Werk verbessert, liegt eine Beeinträchtigung vor. Es steht vielmehr die Wahrung der Integrität des Werkes in seiner konkreten Gestalt im Vordergrund: Auch an dieser Stelle kommt wieder die enge Bindung zwischen dem Autor und seinem Werk in besonderer Art und Weise zum Ausdruck. Zudem muss die Beeinträchtigung oder Entstellung dazu geeignet sein, die berechtigten geistigen oder persönlichen Interessen des Urhebers zu gefährden. Hier liegen die Hürden aber nicht besonders hoch. Ist objektiv eine nachweisbare Änderung des Werkes gegeben, so reicht dies aus, um eine Gefährdung der Urheberinteressen anzunehmen.

2.3.1.4 Bearbeitung und freie Benutzung

Betrachtet man die starke Stellung, die das Urheberrechtsgesetz dem Urheber als dem Schöpfer des Werkes zugesteht, und führt man sich die stark ausgeprägten Urheberpersönlichkeitsrechte des Urhebers vor Augen, so stellt sich zwangsläufig die Frage, wie es sich mit Bearbeitungen des Werkes verhält, die keine Entstellung im Sinne des § 14 UrhG darstellen. Wie ist also etwa die Übersetzung eines Textes, die Zusammenfassung eines längeren Textes in Form eines Abstracts oder die Kürzung oder Bearbeitung eines Textes aus Layout-Gründen rechtlich zu beurteilen?

Bearbeiterurheberrecht

Zunächst ist darauf hinzuweisen, dass der Bearbeiter ein eigenes sogenanntes „Bearbeiterurheberrecht“ erwirbt.

§ 3 Bearbeitungen

Übersetzungen und andere Bearbeitungen eines Werkes, die persönliche geistige Schöpfungen des Bearbeiters sind, werden unbeschadet des Urheberrechts am bearbeiteten Werk wie selbständige Werke geschützt. Die nur unwesentliche Bearbeitung eines nicht geschützten Werkes der Musik wird nicht als selbständiges Werk geschützt.

Die Vorschrift des § 3 UrhG gewährt dem Bearbeiterurheber an dem von ihm geschaffenen, bearbeiteten Werk ein eigenes Urheberrecht, das sogenannte „Bearbeiterurheberrecht", sofern die Form seiner Bearbeitung für sich gesehen eine persönliche geistige Schöpfung im Sinne von § 2 Abs. 2 UrhG darstellt. Dieses Bearbeiterurheberrecht entsteht zunächst völlig unabhängig von der Frage, ob der Bearbeiter zu einer entsprechenden Bearbeitung des Originalwerks autorisiert war oder nicht. Der Übersetzer, der den neuesten Roman von Henning Mankell aus dem Schwedischen ins Deutsche übersetzt, erhält an seiner Übersetzung ein eigenes Bearbeiterurheberrecht. Gegen die bloße Anfertigung der Übersetzung kann sich Hennig Mankell oder von diesem abgeleitet sein Verlag zunächst nicht zur Wehr setzen. Nur dann, wenn der Übersetzer das bearbeitete Werk veröffentlicht oder verwertet, können die Urheber und Rechteinhaber dagegen vorgehen. Es entsteht durch die Übersetzung also ein zweites Werk, dass ebenso wie das Originalwerk und neben diesem für sich gesehen urheberrechtlich geschützt ist. Ob der bearbeitende Urheber das Werk sodann vervielfältigen und verbreiten darf, richtet sich nach den Vorschriften der §§ 23, 24 UrhG. Um in den Genuss des Bearbeiterurheberrechts gemäß § 3 UrhG zu kommen, ist jedoch stets – wie bei dem Vorliegen eines „normalen urheberrechtlich geschützten Werkes" auch – das Vorliegen einer persönlichen geistigen Schöpfung erforderlich: Nur dann, wenn die Übersetzung für sich gesehen eigenschöpferisch und kreativ ist, wenn derjenige, der einen wissenschaftlichen Text in einem Abstract zusammenfasst, selbst ebenfalls gestalterisch tätig ist, entsteht ein eigenes Bearbeiterurheberrecht gemäß § 3 UrhG. In der Praxis sind diese Rechte am Originalwerk sowie am bearbeiteten Werk in aller Regel gleichlaufend, da üblicherweise Bearbeitungen nur nach einer vorherigen Autorisierung durch den Urheber oder den Rechteinhaber erfolgen. Selbst in einem solchen Fall können sich Abweichungen aber dann ergeben, wenn etwa das Originalwerk gemeinfrei wird.

Beispielfall

Möchte ein Verleger etwa den Roman „Hans im Glück" des dänischen Schriftstellers Henrik Pontoppidan im Jahr 2014 veröffentlichen, so kann er dies nur in dänischer Sprache tun oder selbst eine Übersetzung anfertigen. Denn die Werke des 1943 verstorbenen dänischen Nobelpreisträgers werden am 1. Januar 2014 gemeinfrei. Dies gilt aber selbstverständlich nicht für die deutsche Übersetzung des Romans, welche 1982 angefertigt worden ist. Denn an der Übersetzung hält der Übersetzer ein eigenes Bearbeiterurheberrecht; die Übersetzung wird erst 70 Jahre nach dem Tod des Übersetzers gemeinfrei.

Die Frage, ob der Bearbeiter überhaupt dazu befugt ist, seine Bearbeitung des Originalwerkes zu veröffentlichen oder zu verwerten, hängt davon ab, ob es sich um eine unfreie Bearbeitung gemäß § 23 UrhG oder eine freie Benutzung im Sinne von § 24 UrhG handelt.

§ 23 Bearbeitungen und Umgestaltungen

Bearbeitungen oder andere Umgestaltungen des Werkes dürfen nur mit Einwilligung des Urhebers des bearbeiteten oder umgestalteten Werkes veröffentlicht oder verwertet werden. Handelt es sich um eine Verfilmung des Werkes, um die Ausführung von Plänen und Entwürfen eines Werkes der bildenden Künste, um den Nachbau eines Werkes der Baukunst oder um die Bearbeitung oder Umgestaltung eines Datenbankwerkes, so bedarf bereits das Herstellen der Bearbeitung oder Umgestaltung der Einwilligung des Urhebers.

§ 24 Freie Benutzung

(1) Ein selbständiges Werk, das in freier Benutzung des Werkes eines anderen geschaffen worden ist, darf ohne Zustimmung des Urhebers des benutzten Werkes veröffentlicht und verwertet werden.
(2) Absatz 1 gilt nicht für die Benutzung eines Werkes der Musik, durch welche eine Melodie erkennbar dem Werk entnommen und einem neuen Werk zugrunde gelegt wird.

Fußend auf der starken Stellung des Urhebers im deutschen Urheberrechtsgesetz stellt § 23 Satz 1 UrhG zunächst klar, dass Bearbeitung oder andere Umgestaltungen des Werkes nur mit Einwilligung des Urhebers des bearbeiteten oder umgestalteten Werkes veröffentlicht oder verwertet werden dürfen. Grundsätzlich bedarf es hier also immer der Zustimmung des Originalurhebers. Es liegt somit grundsätzlich eine Abhängigkeit des bearbeiteten vom ursprünglich benutzten Originalwerk vor. In aller Regel „dienen“ die Bearbeitungen dabei dem Originalwerk. Dies geschieht üblicherweise durch Übersetzung, durch Verfilmung oder durch Dramatisierung. Da es sich jedoch im Bereich von Literatur, Wissenschaft und Kunst seit jeher so verhält, dass das Schaffen bestimmter Künstler oder Künstlergruppen sich inspirierend auf das Werkschaffen anderer Künstler auswirkt, sieht die Vorschrift des § 24 UrhG in bestimmten Einzelfällen vor, dass die Einwilligung des Urhebers entbehrlich ist und das bearbeitete Werk ohne die Zustimmung des Urhebers veröffentlicht oder verwertet werden darf. Dies ist dann der Fall, wenn keine Abhängigkeit des bearbeiteten von dem Originalwerk mehr besteht, insbesondere das bearbeitete Werk keine dienende Funktion gegenüber dem Originalwerk hat wie etwa eine Übersetzung, sondern das benutzte Werk lediglich als Anregung, als Inspiration für die Schaffung des neuen Werkes hergenommen wurde. Es liegt in der Natur der Sache, dass die Abgrenzung im Einzelfall äußerst schwierig ist und die subjektive Betrachtungsweise des erkennenden Gerichts hier vielfach den Ausschlag gibt.

Verblasst das alte Werk im neuen?

Der Bundesgerichtshof, der sich vielfach mit der schwierigen Abgrenzung zwischen § 23 UrhG und § 24 UrhG zu befassen hatte, hat daher die sogenannte „Verblassenstheorie“ entwickelt. Er fragt also, ob die charakteristischen Züge des Originalwerks in dem bearbeitenden Werk verblassen oder nicht. Nun stellt dieser Begriff des Verblassens wiederum einen wertenden Begriff dar, der je nach Vorkenntnis und Standpunkt des Betrachters durchaus unterschiedlich ausfallen kann. Im Einzelfall ist eine Festlegung auf eine unfreie Bearbeitung oder eine freie Benutzung nur schwer möglich.

Perlentaucher-Verfahren

Mit dieser schwierigen Abgrenzung hatte sich der Bundesgerichtshof im Textbereich zuletzt in den sogenannten „Perlentaucher-Fällen“ zu befassen.

Beispielfall

Dort ging es darum, dass das Literaturportal „Perlentaucher“ Buchrezensionen aus den deutschen Tageszeitungen Frankfurter Allgemeine Zeitung und Süddeutsche Zeitung im Wege sogenannter „Abstracts“ zusammengefasst und diese Abstracts unter anderem an Internetbuchhändler verkauft hatte. Gegen diese Praxis setzten sich die betroffenen Zeitungsverlage zur Wehr.

Im urheberrechtlichen Teil seiner Entscheidung hatte der Bundesgerichtshof im Jahr 2010 darüber zu entscheiden, ob in den von dem Dienst Perlentaucher erstellten Abstracts die Originalrezensionen, welche in den Zeitungen erschienen waren, verblassen oder nicht. Es ging in diesem Verfahren also nicht um die Beurteilung einer unmittelbaren 1:1-Übernahme eines Teils aus einem Textwerk, sondern um die Beurteilung, ob die Verwertung eines im weitesten Sinne das ursprüngliche Werk komprimierenden Textes mit oder ohne die Einwilligung des Urhebers bzw. Rechteinhabers des Originalwerks zulässig ist.

Merke:
Die ungefragte Zusammenfassung eines bestehenden Textes bedarf einer eigenen schöpferischen Leistung, eine bloße Kürzung ist nicht ausreichend!

Ausgehend von der Prämisse, dass die urheberrechtlich geschützte, schöpferische Eigenart einer Buchrezension in aller Regel nicht in ihrem Inhalt, sondern in ihrer Form und insbesondere in ihren Formulierungen liege, kommt es nach der Ansicht des Bundesgerichtshofs bei der Prüfung, ob eine abhängige Bearbeitung oder eine freie Benutzung vorliege, nicht auf den inneren Abstand zwischen Rezension und Abstract, sondern vielmehr darauf an, ob das Abstract trotz etwaiger Übereinstimmungen in der Gesamtschau einen so großen äußeren Abstand zur Rezension einhalte, dass es als ein selbständiges Werk anzusehen sei. Dabei müsse ein Abstract aber den Inhalt der Originalrezension nicht zwangsläufig in einer Weise mitteilen, dass die Eigenheiten der Originalrezension erkennbar bleiben. Diesbezüglich stellt der Bundesgerichtshof fest, dass auch der Umstand, welchen Anteil die aus den Rezensionen übernommenen Stellen an den einzelnen Abstracts haben, Berücksichtigung finden müsse. Weiterhin sei der Grad der Übernahme von ausdrucksstarken Passagen aus der Rezension in das Abstract, die Beurteilung, ob es sich um eine Zusammenfassung in eigenen Worten oder um eine bloße Verkürzung der Rezension durch eine Praxis des Weg- und Stehenlassens handele, sowie die Feststellung eines abweichenden oder ähnlichen Aufbaus von Abstract und Rezension maßgeblich. Für die vom Bundesgerichtshof aufgeworfene Frage, ob ein in Rede stehendes Abstract jeweils den geforderten „äußeren Abstand" zur benutzten Rezension einhält oder nicht, ob also eine freie Benutzung oder eine abhängige Bearbeitung vorliegt, sind somit die folgenden vier Kriterien maßgeblich:

- Anteil der aus der Rezension übernommenen Stellen an dem Abstract
- Übernahme von „ausdrucksstarken" Passagen aus der Rezension
- Zusammenfassung in eigenen Worten oder Verkürzung der Rezension
- Abweichender oder ähnlicher Aufbau von Abstract und Rezension

Es liegt in der Natur der Sache, dass solche Fragestellungen nicht abstrakt für einen Dienst wie den Perlentaucher, sondern nur konkret für jedes einzelne Abstract gesondert im Vergleich mit der jeweiligen Rezension beantwortet werden können. In der Folge hat das Oberlandesgericht Frankfurt am Main, an welches die Verfahren zurückverwiesen worden waren, sodann neun von zehn Rezensionen aus der Frankfurter Allgemeinen Zeitung sowie vier von zehn Rezensionen aus der Süddeutschen Zeitung als abhängige Bearbeitungen im Sinne des § 23 UrhG und somit als genehmigungspflichtig eingestuft.

Das Perlentaucher-Urteil des Bundesgerichtshofs stärkt also den Schutz kurzer Textwerke, verlangt es doch von einem Abstract-Verfasser eine eigene schöpferische Leistung unter Verwendung eigener Worte und einem abweichenden Aufbau und verhindert so ein bloßes Kopieren unter Weglassung bestimmter Satzteile, Sätze oder Abschnitte bei gleichzeitigem Stehenlassen der ausdrucksstarken Passagen.

Strategie:
Bei der Verwertung von bearbeiteten Werken im Zweifel stets eine Vereinbarung mit dem Urheber des Originalwerks treffen!

Die Unterscheidung zwischen dem Vorliegen einer unfreien Bearbeitung gemäß § 23 UrhG und einer freien Benutzung im Sinne des § 24 UrhG stellt eine der schwierigsten Abgrenzungsfragen im gesamten Bereich des Urheberrechts dar. In der Praxis erscheint es daher risikobehaftet, sich bei der Verwertung von bearbeiteten Werken auf das Vorliegen der Ausnahme des § 24 UrhG (freie Benutzung) zu verlassen. Es empfiehlt sich daher, im Zweifel mit dem Urheber oder Rechteinhaber des Originalwerks vor der Veröffentlichung oder Verwertung eine entsprechende Abrede zu treffen.

2.3.2 Verwertungsrechte

Nachdem vorstehend dargelegt wurde, welche starke Stellung der Urheber nach dem deutschen Urheberrechtsgesetz inne hat und welche starke Bindung zwischen ihm und seinem Werk besteht, ist nun der Frage nachzugehen, wie denn der Urheber mit seinem Werk auch Geld verdienen kann! Es geht also um die Übertragbarkeit von Urheberrechtspositionen. Gemäß § 29 Abs. 1 UrhG ist das Urheberrecht nicht übertragbar. Diese Regelung bekräftigt die dem Urheberrechtsgesetz zugrundeliegende Überlegung, dass das Werk von seinem Schöpfer untrennbar ist. Der Urheber kann sein Urheberrecht weder vollständig noch in Teilen übertragen. Ein Ausnahme stellt die Möglichkeit der Vererbung des Urheberrechts dar (§ 28 Abs. 1 UrhG). So geht das Urheberrecht nach dem Tode des Urhebers auf seine Erben über. Um seine persönlichen Interessen bestmöglich durchzusetzen, kann er sich der erbrechtlichen Befugnisse aus dem Bürgerlichen Gesetzbuch bedienen. Damit hat der Urheber beispielsweise die Möglichkeit durch Testament eine bestimmte Person zum Erben seines Urheberrechts zu bestimmen. Der Erbe tritt sodann vollständig in die Rechtstellung ein und kann die dem Urheber zustehenden Rechte für sich in Anspruch nehmen (§ 30 UrhG).

§ 28 Vererbung des Urheberrechts
(1) Das Urheberrecht ist vererblich.
(2) Der Urheber kann durch letztwillige Verfügung die Ausübung des Urheberrechts einem Testamentsvollstrecker übertragen. § 2210 des Bürgerlichen Gesetzbuchs ist nicht anzuwenden.

§ 29 Rechtsgeschäfte über das Urheberrecht
(1) Das Urheberrecht ist nicht übertragbar, es sei denn, es wird in Erfüllung einer Verfügung von Todes wegen oder an Miterben im Wege der Erbauseinandersetzung übertragen.
(2) Zulässig sind die Einräumung von Nutzungsrechten (§ 31), schuldrechtliche Einwilligungen und Vereinbarungen zu Verwertungsrechten sowie die in § 39 geregelten Rechtsgeschäfte über Urheberpersönlichkeitsrechte.

§ 30 Rechtsnachfolger des Urhebers
Der Rechtsnachfolger des Urhebers hat die dem Urheber nach diesem Gesetz zustehenden Rechte, soweit nichts anderes bestimmt ist.

Aus der engen Bindung des Urhebers zu seinem Werk folgt auch, dass sich der Urheber nicht von dem Urheberrecht an seinem Werk lösen kann. Das Urheberrecht ist damit unverzichtbar. Auch demjenigen Schriftsteller, der sich von bestimmten Auswüchsen seines Frühwerks lossagen möchte, ist dies verwehrt. Das Urheberrecht ist und bleibt untrennbar mit der Person des Urhebers verbunden.

2.4 Wie werden die Rechte des Urhebers „gehandelt“?

Geht man strikt von dem Grundsatz aus, dass das Urheberrecht nicht übertragbar ist, wäre dies für die Praxis sehr unpraktikabel: Der Urheber wäre dann gezwungen, die ihm zustehenden Rechte stets selbst auszuüben. Ein Buchautor müsste beispielsweise das Buch selbst drucken, ein Zeitungsjournalist die Ausgabe mit seinem Beitrag selbst vertreiben, da nur die Urheber die dafür erforderlichen Vervielfältigungs- und Verbreitungsrechte innehaben. Um die aus dem Urheberrecht fließenden Rechte jedoch verkehrsfähig zu machen, gibt der Gesetzgeber dem Urheber das Instrument der Nutzungsrechte (§§ 31 ff. UrhG) an die Hand. Dadurch wird es dem Urheber ermöglicht, einem Dritten die Nutzung seines Werkes zu erlauben. Er hat damit etwa die Möglichkeit, einem Verlag Vervielfältigungsrechte, einem Theater das Aufführungsrecht oder einem Online-Dienst das Recht der öffentlichen Zugänglichmachung an seinem Werk einzuräumen.

2.4.1 Einräumung von Nutzungsrechten im Allgemeinen

In welchem Umfang der Urheber dem Dritten Nutzungsrechte einräumt, kann er selbst bestimmen – alle Macht geht vom Urheber aus. So kann er das Nutzungsrecht als einfaches (nicht-exklusives) oder ausschließliches (exklusives) Nutzungsrecht ausgestalten oder die Nutzung räumlich, zeitlich oder inhaltlich beschränken (§ 31 Abs. 1 Satz 2 UrhG). Begrifflich werden die Nutzungsrechte auch als Lizenzen bezeichnet: Derjenige, der das Recht einräumt wird als Lizenzgeber und sein Vertragspartner, welcher die Rechte erwirbt, als Lizenznehmer bezeichnet.

2.4.1.1 Exklusive und nicht-exklusive Nutzungsrechte

Strategie:
Bei jedem Rechteerwerb sollte zur Vermeidung unnötiger Kosten kurz hinterfragt werden, ob eine Exklusivität im Einzelfall tatsächlich erforderlich ist!

Sowohl für den Lizenzgeber als auch für den Lizenznehmer stellt es in aller Regel die wichtigste Frage dar, ob das Nutzungsrecht exklusiv oder nicht-exklusiv eingeräumt wird. So ist es für den deutschen Verleger des neusten Romans von John Grisham selbstverständlich von essentieller Bedeutung, dass er über die exklusiven, also die ausschließlichen Nutzungsrechte im deutschsprachigen Raum verfügt. Nur durch diese Exklusivität kann es ihm gelingen, den teuren Einkauf der Rechte zu refinanzieren. Auf der anderen Seite kann es bei der Abbildung eines Landschaftsfotos in einem Bildband durchaus sinnvoll sein, auf die Exklusivität zu verzichten, um auf diese Weise erhebliche Kosten zu sparen. Ob das gleiche Foto in einem anderen Buch oder in einer anderen Zeitung ebenfalls noch einmal erscheint, ist in diesem Fall von untergeordneter Bedeutung.

Der Gesetzgeber hat die Einräumung von Nutzungsrechten in der Vorschrift des § 31 UrhG geregelt.

§ 31 Einräumung von Nutzungsrechten

(1) Der Urheber kann einem anderen das Recht einräumen, das Werk auf einzelne oder alle Nutzungsarten zu nutzen (Nutzungsrecht). Das Nutzungsrecht kann als einfaches oder ausschließliches Recht sowie räumlich, zeitlich oder inhaltlich beschränkt eingeräumt werden.

(2) Das einfache Nutzungsrecht berechtigt den Inhaber, das Werk auf die erlaubte Art zu nutzen, ohne dass eine Nutzung durch andere ausgeschlossen ist.

(3) Das ausschließliche Nutzungsrecht berechtigt den Inhaber, das Werk unter Ausschluss aller anderen Personen auf die ihm erlaubte Art zu nutzen und Nutzungsrechte einzuräumen. Es kann bestimmt werden, dass die Nutzung durch den Urheber vorbehalten bleibt. § 35 bleibt unberührt.

(4) (weggefallen)

(5) Sind bei der Einräumung eines Nutzungsrechts die Nutzungsarten nicht ausdrücklich einzeln bezeichnet, so bestimmt sich nach dem von beiden Partnern zugrunde gelegten Vertragszweck, auf welche Nutzungsarten es sich erstreckt. Entsprechendes gilt für die Frage, ob ein Nutzungsrecht eingeräumt wird, ob es sich um ein einfaches oder ausschließliches Nutzungsrecht handelt, wie weit Nutzungsrecht und Verbotsrecht reichen und welchen Einschränkungen das Nutzungsrecht unterliegt.

Gemäß § 31 Abs. 2 UrhG liegt ein einfaches Nutzungsrecht (nicht-exklusive Lizenz) vor, wenn der Lizenznehmer berechtigt ist, das Werk auf die erlaubte Art zu nutzen, ohne dass aber die Nutzung durch andere ausgeschlossen ist. Dadurch ist der Lizenznehmer lediglich berechtigt, das Werk auf die lizensierte Art zu nutzen, er kann aber andere nicht von dieser Nutzungsart ausschließen. Die einfache Lizenz gewährt dem Lizenznehmer damit keine Abwehrbefugnisse gegen die Nutzung des Werkes durch den Urheber oder Dritte, die das Werk auf gleiche Weise nutzen. Wenn der Urheber also beispielsweise verschiedenen Verlagen das Vervielfältigungs- und Verbreitungsrecht an seinem Manuskript in Form von einfachen Nutzungsrechten einräumt, können sich die verschiedenen Verlage nicht gegenseitig die Nutzung verbieten.

Ein ausschließliches Nutzungsrecht (exklusive Lizenz) liegt dagegen gemäß § 31 Abs. 3 UrhG dann vor, wenn der Inhaber berechtigt ist, das Werk unter Ausschluss aller anderen Personen auf die ihm erlaubte Art zu nutzen und Nutzungsrechte einzuräumen. Dem Lizenznehmer steht bei einer ausschließlichen Lizenz also sowohl das Recht zu, das Werk auf die ihm eingeräumte Art zu nutzen, als auch das Recht alle anderen Personen von jeglicher Einwirkung auszuschließen. In dem entscheidenden zweiten Punkt geht das ausschließliche Nutzungsrecht also über das einfache Nutzungsrecht hinaus. Da der Lizenznehmer in diesem Fall sowohl Dritte, als auch den Urheber selbst von der Nutzung ausschließen kann, wird das ausschließliche Nutzungsrecht auch als „Exklusivrecht" bezeichnet. Möchte sich der Urheber dagegen vorbehalten, zwar ein exklusives Nutzungsrecht einzuräumen, selbst aber weiterhin zur Nutzung berechtigt zu sein, so kann dies gemäß § 31 Abs. 3 Satz 2 UrhG im Lizenzvertrag bestimmt werden. In einem solchen Fall spricht man dann von einer eingeschränkten Exklusivität des Nutzungsrechts.

2.4.1.2 Räumliche, zeitliche und inhaltliche Beschränkung von Nutzungsrechten

Gemäß § 31 Abs. 1 Satz 2 UrhG kann ein Nutzungsrecht räumlich, zeitlich oder inhaltlich beschränkt werden. Diese Beschränkung von Nutzungsrechten ermöglicht es dem Urheber, seine Rechte bestmöglich seinen Interessen und Verwertungsmöglichkeiten anzupassen. Er ist der „Herr der Lizenzierung" – derjenige, von dem alle Macht der Verwertung ausgeht, so dass auch nur er bestimmen kann, in welcher Art und Weise Nutzungsrechte beschränkt vergeben werden.

Zunächst ist es dem Urheber vorbehalten, die Nutzungsrechte inhaltlich zu beschränken. Dies bedeutet, dass der Urheber die einzelnen Verwertungsrechte aufspalten und sie verschiedenen Personen übertragen kann. Ein Autor kann so beispielsweise das Vervielfältigungs- und Verbreitungsrecht einem Verleger übertragen und das Senderecht einer Verwertungsgesellschaft. Diese einzelnen Verwertungsbefugnisse können ihrerseits wiederum gespalten übertragen werden, wenn beispielsweise das Vervielfältigungs- und Verbreitungsrecht für Taschenbuch- und Buchgemeinschaftsausgaben getrennt vergeben werden. So entsteht dann durch die einzelnen Aufspaltungen eine sogenannte „Rechtekette":

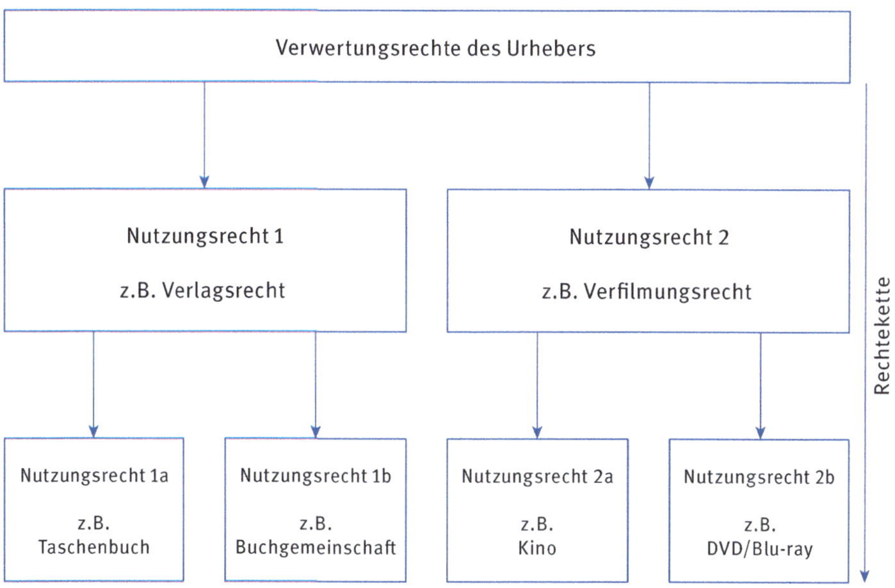

Abb. 6: Rechtekette

Merke:
Jedes Nutzungsrecht kann räumlich, zeitlich oder inhaltlich beschränkt werden!

Allerdings sind dieser Möglichkeit der Aufspaltung der Nutzungsrechte auch Grenzen gesetzt: So kann zum Schutze des Rechtsverkehrs ein Nutzungsrecht nur insoweit aufgespalten werden, als dass die abgespaltene Nutzungsart als wirtschaftlich selbstständig angesehen wird, sie also einen eigenständigen Markt anspricht. Diese wirtschaftliche Selbstständigkeit ist beispielsweise dann gegeben, wenn ein Textwerk zur Nutzung als Hörbuch lizenziert wird. Eine weitere Grenze der inhaltlichen Einschränkbarkeit liegt darin, dass ein Nutzungsrecht nur auf eine solche Nutzungsart beschränkt werden kann, die auch zum Inhalt des Urheberrechts gehört. So kann das Verbreitungsrecht an Büchern demnach beispielsweise nicht dahingehend beschränkt werden, dass das Buch etwa nur in Buchhandlungen mit einer grünen Eingangstür vertrieben werden darf.

Neben den inhaltlichen Beschränkungen stehen dem Urheber noch zeitliche Beschränkungen der Nutzungsrechte zur Verfügung. Er kann das Nutzungsrecht beispielsweise nur bis zu einem bestimmten Datum oder für eine bestimmte Zahl von Veranstaltungen einräumen und auf diese Weise die Verwertung seines Werkes in bestmöglicher Art und Weise planen.

Die örtliche Beschränkung des Nutzungsrechts ermöglicht es dem Urheber schließlich, eine Lizenz nur beispielsweise innerhalb bestimmter Sprachräume, Länder oder Regionen einzuräumen.

2.4.1.3 Im Zweifel für den Urheber: Zweckübertragung

Die sogenannte „Zweckübertragungsregel“ ist grundsätzlich eine Auslegungsregel für Lizenzverträge, bei denen der Urheber einem Lizenznehmer Rechte einräumt. Nach § 31 Abs. 5 Satz 1 UrhG bestimmen sich die eingeräumten Nutzungsarten nach dem Vertragszweck, wenn die Nutzungsarten nicht ausdrücklich einzeln bezeichnet sind. Besteht also in einem konkreten Fall Uneinigkeit über den Inhalt des Vertrages und damit über die einzelnen Nutzungsarten, so muss zunächst ermittelt werden, welcher Vertragszweck verfolgt wird und welche Rechte dem Lizenznehmer zur Erreichung dieses Vertragszwecks eingeräumt werden sollten.

Beispielfall

Haben sich der Verleger einer wissenschaftlichen Zeitung und ein Forscher auf einem Kongress mündlich darauf geeinigt, dass der Forscher einen Beitrag für die nächste Ausgabe der wissenschaftlichen Zeitung verfasst, so liegt der Vertragszweck in der Veröffentlichung eines wissenschaftlichen Beitrags in der Fachzeitschrift. In diesem Fall wird der wissenschaftliche Verleger ohne weitere vertragliche Rechteeinräumungen nicht für jeden Zweifelsfall darlegen können, dass ihm etwa auch die Rechte für eine Onlinenutzung, eine CD-ROM-Nutzung oder für die Zurverfügungstellung auf mobilen Endgeräten eingeräumt worden sind.

Merke:
Das Urheberrecht hat die Tendenz, so weit wie möglich beim Urheber zu verbleiben!

Denn im Zweifel muss der Lizenznehmer beweisen, dass die von ihm beanspruchten Nutzungsarten vom Vertragszweck gedeckt sind. Der Urheber räumt dabei niemals weitergehende Nutzungsrechte ein, als es der Vertragszweck erfordert: Das Urheberrecht hat die Tendenz, so weit wie möglich beim Urheber zu verbleiben! Gelingt dem Lizenznehmer der Beweis bei bestimmten Nutzungsarten also nicht, verbleiben die Rechte beim Urheber.

§ 31 Abs. 5 UrhG und die darin niedergelegte Zweckübertragungsregel gelten jedoch nur dann, wenn in der vertraglichen Vereinbarung die Bezeichnung der Nutzungsarten nicht ausdrücklich erfolgt ist. Der Lizenznehmer, in aller Regel also der Verlag im Verhältnis zu seinem Autor, hat es also selbst in der Hand, durch entsprechende vertragliche Gestaltung die Auslegungsregel des § 31 Abs. 5 UrhG zu umgehen bzw. ins Leere laufen zu lassen.

Dies ist der Grund dafür, dass man in zahlreichen Lizenzverträgen sehr umfangreiche und mit vielen technischen Spezifikationen angehäufte Rechtekataloge findet: Dasjenige, was ausdrücklich im Vertrag eingeräumt und dort schriftlich dokumentiert ist, kann der Lizenznehmer im Streitfall auch beweisen, so dass durch eine umfassende und ordnungsgemäße Abfassung des Rechtekatalogs eine spätere Unsicherheit über den Bestand der eingeräumten Nutzungsrechte vermieden werden kann. Der Lizenznehmer sollte also bei der Vertragsformulierung sicher gehen, dass auch alle von ihm gewünschten und benötigten Nutzungsarten explizit genannt sind, um nicht im Zweifel aufgrund von § 31 Abs. 5 UrhG auf bestimmte Nutzungsrechte zu verzichten oder sich darüber mit dem Urheber streiten zu müssen.

Strategie:
Sämtliche benötigten Nutzungsarten sollten – auch unter Verwendung technischer Spezifikationen – in der Rechteeinräumungsklausel immer eindeutig beschrieben werden, egal ob man einen Vertrag direkt mit dem Urheber oder einem anderen Lizenzgeber abschließt.

Die Zweckübertragungsregel gilt übrigens auch innerhalb einer Lizenzkette. Im Verhältnis eines Lizenzgebers zu einem Lizenznehmer bleiben daher nicht ausdrücklich im Vertrag beschriebene Nutzungsarten im Zweifel ebenfalls beim Lizenzgeber und damit „näher“ beim Urheber. Jeder Lizenznehmer muss daher darauf achten, dass alle gewünschten Nutzungsarten im Lizenzvertrag genau bezeichnet sind, egal ob er die Rechte vom Urheber selbst oder z.B. von einem Verlag oder einer Bildagentur als Lizenzgeber erwirbt.

2.4.2 Einräumung von Nutzungsrechten im Besonderen

Für bestimmte Konstellationen hat der Gesetzgeber spezielle Regelungen zur Einräumung von Nutzungsrechten vorgesehen.

2.4.2.1 Zeitungen und Zeitschriften

Für den Zeitungs- und Zeitschriftenbereich hat der Gesetzgeber in § 38 UrhG eine Zweifelsregelung vorgesehen, die immer dann greift, wenn die Parteien nichts anderes miteinander vereinbart haben.

§ 38 Beiträge zu Sammlungen

(1) Gestattet der Urheber die Aufnahme des Werkes in eine periodisch erscheinende Sammlung, so erwirbt der Verleger oder Herausgeber im Zweifel ein ausschließliches Nutzungsrecht zur Vervielfältigung und Verbreitung. Jedoch darf der Urheber das Werk nach Ablauf eines Jahres seit Erscheinen anderweit vervielfältigen und verbreiten, wenn nichts anderes vereinbart ist.

(2) Absatz 1 Satz 2 gilt auch für einen Beitrag zu einer nicht periodisch erscheinenden Sammlung, für dessen Überlassung dem Urheber kein Anspruch auf Vergütung zusteht.

(3) Wird der Beitrag einer Zeitung überlassen, so erwirbt der Verleger oder Herausgeber ein einfaches Nutzungsrecht, wenn nichts anderes vereinbart ist. Räumt der Urheber ein ausschließliches Nutzungsrecht ein, so ist er sogleich nach Erscheinen des Beitrags berechtigt, ihn anderweit zu vervielfältigen und zu verbreiten, wenn nichts anderes vereinbart ist.

In § 38 Abs. 1 UrhG behandelt der Gesetzgeber zunächst den Zeitschriftenbereich. Im Gesetzesjargon ist eine Zeitschrift eine „periodisch erscheinende Sammlung“. Wenn zwischen den Parteien nichts anderes vereinbart ist, so erwirbt der Verleger „im Zweifel“ ein ausschließliches Nutzungsrecht zur Vervielfältigung und Verbreitung. Hier sieht der Gesetzgeber also den Regelfall eines Exklusivrechts vor. Es handelt sich jedoch um eine zeitlich begrenzte Exklusivität. Denn nach § 38 Abs. 1 Satz 2 UrhG darf der Urheber das Werk nach Ablauf eines Jahres seit Erscheinen anderweitig vervielfältigen und verbreiten, wenn nichts anderes vereinbart ist. Bei dem einfachen Fall einer Überlassung eines Beitrags an eine Zeitschrift, bei der die Parteien keinen ausdrücklichen Vertrag miteinander schließen, besteht also die Exklusivität des Verlegers nur für ein Jahr, danach kann der Urheber auch einem anderen Verlag entsprechende

Merke:
Ohne vertragliche Vereinbarung erhält der Verleger einer Zeitschrift ein Exklusivrecht, das auf ein Jahr beschränkt ist!

Nutzungsrechte einräumen. Selbstverständlich steht es den Parteien eines solchen Vertrags über die Verwertung eines Zeitschriftenbeitrages offen, andere vertragliche Regelungen miteinander zu treffen. So kann etwa abweichend von § 38 Abs. 1 Satz 1 UrhG auch nur ein einfaches, also nicht-exklusives Nutzungsrecht vereinbart werden. Es kann bestimmt werden, dass der Autor auch bei ansonsten erfolgender Überlassung im Wege eines Exklusivrechts selbst befugt ist, den Beitrag in anderen Formen als dem Verlagslayout etwa auf seiner eigenen Webseite zu verwerten oder die Jahresfrist des § 38 Abs. 1 Satz 2 UrhG kann verlängert oder verkürzt werden.

Merke:
Ohne vertragliche Vereinbarung erhält der Verleger einer Zeitung nur ein einfaches, also nicht-exklusives Nutzungsrecht!

Die Vorschrift des § 38 Abs. 3 UrhG enthält die korrespondierende Vorschrift für den Zeitungsbereich. Hier ist es allerdings genau andersherum: Ist nichts anderes vereinbart, so erwirbt der Zeitungsverleger nur ein einfaches Nutzungsrecht (§ 38 Abs. 3 Satz 1 UrhG). Dass jedoch die Einräumung eines ausschließlichen Nutzungsrechts möglich ist, zeigt Satz 2: Dieser sieht vor, dass bei dem Einräumen eines ausschließlichen Nutzungsrechts der Autor sogleich nach Erscheinen des Beitrags berechtigt ist, diesen anderweitig zu vervielfältigen und zu verbreiten, hier also im Regelfall ein Exklusivrecht nur für die unmittelbare Erstveröffentlichung besteht. Aber auch hier haben die Vertragsparteien wiederum die Möglichkeit abweichend von der gesetzlichen Regelung ihr Vertragsverhältnis zu gestalten. Die Parteien können also etwa vereinbaren, dass auch der Zeitungsverleger ein exklusives Nutzungsrecht erhält und dieses erst nach einem gewissen Zeitraum, zum Beispiel drei oder sechs Monate, an den Autor dergestalt zurückfällt, dass er den Beitrag auch anderweitig vervielfältigen und verbreiten kann. Ebenso ist es möglich, dass Verlag und Autor miteinander eine echte zeitlich unbeschränkte Exklusivität vereinbaren und somit gar kein Rechterückfall an den Autor erfolgt.

Strategie:
Das Rechtsverhältnis zwischen einem Zeitschriften- oder Zeitungsverleger und seinen Autoren sollte stets – zumindest kurz – schriftlich fixiert werden.

In jedem Fall empfiehlt es sich, das Rechtsverhältnis zwischen einem Zeitschriften- oder Zeitungsverleger und ihren Autoren – zumindest kurz – schriftlich zu fixieren, um hier Rechtsicherheit für alle Beteiligten zu schaffen. Bei „Einmal-Autoren“ wie etwa den Einsendern von Beiträgen für eine wissenschaftliche Zeitschrift lässt sich dies recht einfach durch einen kurzen, in aller Regel einseitigen „Rechterevers“ bewerkstelligen, welchen der Autor bei der Korrektur der Druckfahnen unterschrieben zurücksendet. Bei freien Mitarbeitern, die Beiträge für Zeitungen verfassen, können Honorar- und Nutzungsrechtsregelungen eingesetzt werden, die sodann gegenüber allen freien Mitarbeitern zum Einsatz kommen. Im Mai 2012 hatte der Bundesgerichtshof entschieden, dass der Einsatz derartiger Honorar- und Nutzungsrechtsregelungen keinen grundsätzlichen urheberrechtlichen Bedenken begegnet, allerdings bei ihrer Formulierung größtmögliches Augenmerk auf Klarheit und Transparenz zu legen ist.

2.4.2.2 Urheber im Arbeitsverhältnis

Der Urheber ist der Schöpfer des Werkes (§ 7 UrhG). Sein Urheberecht ist nicht übertragbar (§ 29 Abs. 1 UrhG). Diese absolute Zuweisung der Rechtspositionen aus der Urheberschaft stößt naturgemäß bei angestellten Urhebern in Arbeits- oder Dienstverhältnissen an gewisse Grenzen. Denn wenn der Zweck der Tätigkeit im Angestelltenverhältnis gerade in dem Schaffen urheberrechtlich geschützter Werke besteht, muss es dem Arbeitgeber ja auch möglich sein, die Früchte des von ihm bezahlten Urhebers zu ernten. Dessen ungeachtet bringt § 43 UrhG zum Ausdruck, dass die Regeln des Urheberechts grundsätzlich auch auf Personen Anwendung finden, die sich in einem Arbeits- oder Dienstverhältnis befinden. Danach bleibt – der Systematik des Urheberrechtsgesetzes folgend – auch der angestellte Redakteur, der in Erfüllung seiner Aufgaben für den Arbeitgeber ein urheberrechtlich geschütztes Werk erstellt, der Urheber des Werkes.

§ 43 Urheber in Arbeits- oder Dienstverhältnissen
Die Vorschriften dieses Unterabschnitts sind auch anzuwenden, wenn der Urheber das Werk in Erfüllung seiner Verpflichtungen aus einem Arbeits- oder Dienstverhältnis geschaffen hat, soweit sich aus dem Inhalt oder dem Wesen des Arbeits- oder Dienstverhältnisses nichts anderes ergibt.

Um jedoch die Verkehrsfähigkeit des in einem Anstellungsverhältnis geschaffenen urheberechtlich geschützten Werkes sicherzustellen, bietet das Gesetz auch die Möglichkeit, im Anstellungsvertrag die näheren Umstände einer Rechteeinräumung vom angestellten Urheber auf seinen Arbeitgeber bzw. seinen Dienstherrn vertraglich zu regeln. Es empfiehlt sich also bei der Beschäftigung von angestellten Urhebern besondere Sorgfalt auf die Ausgestaltung derjenigen Klausel zu legen, mit welcher der angestellte Urheber die Nutzungsrechte an den von ihm erschaffenen Werken auf seinen Arbeitgeber bzw. Dienstherren überträgt. Wichtig ist, dass auch dabei der Angestellte stets der Urheber des Werkes bleibt, der Arbeitgeber bzw. Dienstherr dagegen zur größtmöglichen Auswertung der Befugnisse aus den urheberrechtlich geschützten Werken ermächtigt wird. Jeder Vertrag mit einem angestellten Urheber hat somit auch einen lizenzrechtlichen Teil, dessen sorgfältige Ausgestaltung sichergestellt werden sollte.

Strategie:
Im Anstellungsvertrag ist die Einräumung urheberrechtlicher Nutzungsrechte unbedingt in einer eigenen Klausel ausdrücklich zu regeln! Die gesetzliche Regelung ist für viele Fallkonstellationen nicht ausreichend.

2.4.3 Übertragung und Weiterlizenzierung von Nutzungsrechten

Die urheberrechtlichen Nutzungsrechte stellen ein Wirtschaftsgut dar, welches auch an Dritte weiterübertragen werden kann. Die Weiterübertragung des Nutzungsrechts ist jedoch nach § 34 Abs. 1 UrhG grundsätzlich an die Zustimmung des Urhebers gebunden. Denn schließlich hat der Urheber aufgrund seiner starken Stellung im Urheberrechtsgesetz ein berechtigtes Interesse daran mitzubestimmen, wer in Zukunft sein Werk nutzt. Um jedoch auch die berechtigten Belange des Verwerters zu schützen, bestimmt § 34 Abs. 1 Satz 2 UrhG, dass der Urheber die Zustimmung zur Weiterübertragung der Nutzungsrechte nicht wider Treu und Glauben verweigern darf. Handelt es sich also um eine normale Verwertungshandlung und kann der Urheber keine in seinem Urheberrecht wurzelnden besondere Umstände geltend machen – wie etwa die Weiterübertragung der Nutzungsrechte an einen Verlag, der eine völlig andere Haltung in weltanschaulichen, politischen oder religiösen Fragen an den Tag legt – so kann er sich gegen eine Weiterübertragung des Nutzungsrechts nicht zur Wehr setzen.

§ 34 Übertragung von Nutzungsrechten
(1) Ein Nutzungsrecht kann nur mit Zustimmung des Urhebers übertragen werden. Der Urheber darf die Zustimmung nicht wider Treu und Glauben verweigern.
(2) Werden mit dem Nutzungsrecht an einem Sammelwerk (§ 4) Nutzungsrechte an den in das Sammelwerk aufgenommenen einzelnen Werken übertragen, so genügt die Zustimmung des Urhebers des Sammelwerkes.
(3) Ein Nutzungsrecht kann ohne Zustimmung des Urhebers übertragen werden, wenn die Übertragung im Rahmen der Gesamtveräußerung eines Unternehmens oder der Veräußerung von Teilen eines Unternehmens geschieht. Der Urheber kann das Nutzungsrecht zurückrufen, wenn ihm die Ausübung des Nutzungsrechts durch den Erwerber nach Treu und Glauben nicht zuzumuten ist. Satz 2 findet auch dann Anwendung, wenn sich die Beteiligungsverhältnisse am Unternehmen des Inhabers des Nutzungsrechts wesentlich ändern.

Nach § 34 Abs. 3 Satz 1 UrhG bedarf es der Zustimmung des Urhebers zur Weiterübertragung von Nutzungsrechten dann nicht, wenn die Übertragung im Rahmen der Gesamtveräußerung eines Unternehmens oder der Veräußerung von Teilen eines Unternehmens geschieht. Möchte also ein Verleger seinen gesamten Verlag mit allen dazugehörigen Rechten an einen Dritten verkaufen, so können die einzelnen Urheber der bei ihm verlegten Werke dies grundsätzlich nicht verhindern. An dieser Stelle gewichtet der Gesetzgeber also die Verkehrsfähigkeit der Nutzungsrechte höher als das individuelle Interesse des einzelnen Urhebers. Allerdings ist der einzelne Urheber auch im Falle einer Gesamtveräußerung eines Unternehmens nicht schutzlos gestellt. Denn nach § 34 Abs. 3 Satz 2 UrhG kann der Urheber das Nutzungsrecht zurückrufen, wenn ihm die Ausübung des Nutzungsrechts durch den Erwerber nach Treu und Glauben nicht zuzumuten ist. Auch hierin kommt wieder die enge Bindung des Urhebers zu seinem Werk zum Ausdruck. Was dem Urheber im Sinne dieser Vorschrift zuzumuten ist, ist im Einzelnen umstritten. In jedem Fall wird man von einem Widerrufsrecht des Autors ausgehen müssen, wenn sich die grundsätzliche Ausrichtung des übernehmenden Verlages wesentlich von derjenigen des Bestandsverlages unterscheidet.

Beispielfall

Verkauft ein religiöser Programmverleger seinen Verlag an einen amerikanischen Verlagskonzern, dem es erwiesenermaßen in erster Linie um die maximale Steigerung der Produktivität geht, so wird man hier dem Urheber – und zwar jedem Urheber – ein entsprechendes Rückrufsrecht zubilligen müssen.

Strategie:
Bei der Veräußerung eines Verlages ist stets besonderes Augenmerk auf eine etwaige erforderliche Einwilligung der Autoren zu legen!

Dies lässt sich auch daran ablesen, dass eine solches Rückrufrecht gemäß § 34 Abs. 3 Satz 3 UrhG auch dann gewährt wird, wenn sich die Beteiligungsverhältnisse am Unternehmen des Inhabers des Nutzungsrechts wesentlich ändern. Verkauft in dem genannten Beispiel der religiöse Verleger also nicht seinen gesamten Verlag, wird aber der amerikanische Verlagskonzern Mehrheitsgesellschafter, so steht dem Urheber ebenfalls ein Rückrufsrecht zu. Da in diesem Bereich vieles im Einzelnen umstritten ist, empfiehlt es sich, bei der Veräußerung eines Verlagsunternehmens oder Veräußerung von wesentlichen Geschäftsanteilen an einem solchen stets besonderes Augenmerk auf die etwaige Notwenigkeit der Beteiligung der betroffenen Urheber zu legen.

Während § 34 UrhG die vollständige Übertragung von Nutzungsrechten behandelt, geht es in § 35 UrhG um die Abspaltung von Nutzungsrechten. Grundsätzlich ist es nur dem Inhaber eines ausschließlichen Nutzungsrechts möglich, weitere Nutzungsrechte an dem Werk einzuräumen (§ 31 Abs. 3 Satz 1 UrhG). Es werden einem Dritten vom Lizenznehmer also Nutzungsrechte eingeräumt, die sich im Rahmen der ausschließlichen Lizenz des Lizenznehmers bewegen. Es bleibt damit eine Verbindung zwischen dem Lizenznehmer und dem Dritten bestehen, da er sein ausschließliches Nutzungsrecht nicht vollständig überträgt. Der Verleger, der ausschließlich Nutzungsrechte an einem Text erworben hat, lizenziert also etwa die Hörbuchrechte an eine dritte Gesellschaft weiter. Vom Urheber aus betrachtet stehen diese vom Lizenznehmer eingeräumten Rechte auf einer weiteren Stufe der Rechteeinräumung und werden daher auch als „Enkelrechte" bezeichnet. Auch bei einer solchen Weitereinräumung von Nutzungsrechten sind die Interessen des Urhebers tangiert, weshalb es zur Weitereinräumung von Nutzungsrechten ebenfalls grundsätzlich der Zustimmung des Urhebers bedarf (§ 35 Abs. 1 Satz 1 UrhG). Die Zustimmung ist jedoch dann nicht erforderlich, wenn das ausschließliche Nutzungsrecht nur der Wahrnehmung der Belange des Urhebers dient (§ 35 Abs. 1 Satz 2 UrhG).

2.4.4 Verträge über unbekannte Nutzungsarten

Einen weiteren – komplexen – Anwendungsfall des „Handels mit Nutzungsrechten" stellen Verträge über sogenannte unbekannte Nutzungsarten dar.

Bis zum 31. Dezember 2007 waren Verträge über die Einräumung von Nutzungsrechten für unbekannte Nutzungsarten unwirksam. Das heißt selbst dann, wenn sich ein Verleger und ein Autor auf die Einräumung solch unbekannter Nutzungsarten geeinigt hatten, konnte sich der Verleger im Nachhinein nicht auf einen wirksamen Rechteerwerb berufen. Denn das Gesetz erklärte entsprechende Rechteeinräumungen nach der alten Vorschrift des §31 Abs. 4 UrhG (Geltung bis zum 31. Dezember 2007) für absolut unwirksam. Die gesetzgeberische Motivation hinter diesem Totalverbot bestand darin, den in aller Regel schwächeren Urheber gegenüber dem stärkeren Verwerter zu schützen. Es war einem Autor und einem Verlag nicht gestattet, einen Lizenzvertrag etwa über die Nutzung des vom Autor verfassten Manuskripts „auf dem Mond" zu schließen, da die Nutzung urheberrechtlich geschützter Werke auf dem Mond derzeit eine unbekannte Nutzungsart ist. Der Autor sollte somit davor geschützt werden, dass ihm zum einen die technischen Möglichkeiten der Verwertung seines Manuskripts auf dem Mond und zum anderen die damit verbundenen wirtschaftlichen Implikationen zum Zeitpunkt des Vertragsschlusses nicht bekannt waren. Mit anderen Worten sollte er davor geschützt werden, sich bestimmter Rechte zu begeben, deren technische Reichweite und vor allem deren wirtschaftlichen Wert er beim Vertragsschluss nicht ermessen konnte. Dieses Verbot der Einräumung von Rechten an unbekannten Nutzungsarten führte jedoch dazu, dass mit der Einführung der digitalen Technologie und neuer Nutzungsarten – wie etwa der CD, der CD-ROM oder des Internets – zahlreiche, auch für das kulturelle Erbe wertvolle Archivschätze nicht genutzt werden konnten, ohne die entsprechenden Rechte jeweils bei den beteiligten Urhebern nachzuerwerben.

Beispielfall

Der SPIEGEL musste sämtliche Rechte an den Fotos, die vor 1990 erschienen waren, für die Herausgabe einer CD-ROM seiner alten Jahrgänge nacherwerben. Denn vor dem Jahr 1990 galt die CD-ROM als eine unbekannte Nutzungsart mit der Folge, dass nach dem alten §31 Abs. 4 UrhG der SPIEGEL von seinen Fotografen nicht wirksam Nutzungsrechte für die noch unbekannte Nutzungsart CD-ROM erwerben konnte.

Zum 1. Januar 2008 hat der Gesetzgeber jedoch den Vertragsschluss über unbekannten Nutzungsarten in §31a UrhG zugelassen und geregelt. Gemäß §31a Abs. 1 Satz 1 UrhG kann der Urheber nunmehr Lizenzen für unbekannte Nutzungsarten erteilen. Als neue Nutzungsart ist dabei jede wirtschaftlich oder technisch eigenständige und innovative Verwertungsform zu verstehen. Neu ist die Nutzungsform dann, wenn für sie ein neuer Verbraucherkreis entstanden ist. Eine solche Nutzungsart war vor einigen Jahren beispielsweise die Verwendung von Musik als Handyklingelton oder die Onlinenutzung von Musik, Film und Texten. Zum Schutz des Urhebers bedürfen solche Verträge über unbekannte Nutzungsarten grundsätzlich der Schriftform (§31a Abs. 1 Satz 1 UrhG). Eine Ausnahme von dem Schriftformerfordernis wird gemäß §31a Abs. 1 Satz 2 UrhG dann gemacht, wenn der Urheber eine unentgeltliche einfache Lizenz an jedermann einräumt (z.B. sog. „Open-Source-Lizenz"). Bei dieser Nutzungsform soll gerade jedermann ungehindert auf die Inhalte zugreifen können; es widerspräche damit der Natur der Open-Source-Lizenz, bei unbekannten Nutzungsarten ein Schriftformerfordernis vorzuschreiben. Eine weitere Schutzvorrichtung zugunsten des Urhebers besteht in der Einräumung eines Widerrufsrechts (§31a Abs. 1 Satz 3 UrhG). Der Urheber kann seine Lizenz über die unbekannte Nutzungsart innerhalb

einer Frist von drei Monaten widerrufen, sobald der Lizenznehmer dem Urheber die Aufnahme der unbekannten Nutzungsart angezeigt hat (§31a Abs. 1 Satz 4 UrhG). Vertragsparteien tun also gut daran, die Einräumung von Rechten an unbekannten Nutzungsraten nunmehr in jedem Vertrag kurz schriftlich niederzulegen. Dies kann im Verlagsvertrag etwa mit der folgenden Klausel geschehen:

„Der Autor räumt dem Verlag die (ausschließlichen, zeitlich, räumlich und inhaltlich unbeschränkten und übertragbaren) Rechte für die im Zeitpunkt des Vertragsschlusses unbekannten Nutzungsarten ein."

Da der Vertragspartner den Urheber vorab informieren muss, wenn er eine neue Nutzungsart aufnehmen will, damit der Urheber gegebenenfalls sein Widerrufsrecht ausüben kann (§31a Abs. 1 Satz 3 UrhG), ist es für den Vertragspartner von entscheidender Bedeutung, immer eine aktuelle Adresse vom Urheber zu besitzen und nicht zu umfassenden Adress-Recherchen verpflichtet zu sein. Auch diesen Punkt sollte man vertraglich regeln, z.B. im Verlagsvertrag wie folgt:

„Der Autor trägt dafür Sorge, dass dem Verlag ständig eine aktuelle Anschrift des Autors vorliegt. Der Autor ist verpflichtet, den Verlag schriftlich über etwaige Änderungen seiner Anschrift zu informieren. Der Autor befreit den Verlag von der Recherche einer aktuell gültigen Adresse z.B. bei der VG Wort."

Der maßgebliche Zweck des §31a UrhG besteht darin, dem Urheber eine gesonderte Vergütung für die Verwertung seines Werkes in zum Vertragsschluss noch unbekannten Nutzungsarten zu garantierten. Für diesen Preis wird ihm gewissermaßen sein Recht „abgekauft", eine Nutzung des Werkes in der neuen Nutzungsart zu verbieten. Konsequenterweise erlischt das Widerrufsrecht des Urhebers aus §31a Abs. 1 Satz 3 UrhG auch dann, wenn der Urheber mit seinem Vertragspartner eine gesonderte Vergütung für die unbekannte Nutzungsart vereinbart hat (§32c Abs. 1 UrhG). Denn in diesem Fall ist seinem Schutz durch Vergütung in ausreichendem Maße Genüge getan. Dasselbe gilt nach §31 Abs. 2 Satz 2 UrhG, wenn die Vertragsparteien die Vergütung aufgrund einer gemeinsamen Vergütungsregel im Sinne des §36 UrhG (etwa eines Tarifvertrages) vereinbart haben.

Übergangsvorschrift zur „Öffnung der Archive"

Während neue Nutzungsarten, die von §31a UrhG erfasst sind und regelmäßig noch in der Zukunft liegen, in der aktuellen Rechtsanwendung eher eine untergeordnete Rolle spielen, hat die ebenfalls am 1. Januar 2008 eingeführte Übergangsvorschrift des §137l UrhG erhöhte praktische Bedeutung. Hier hat der Gesetzgeber eine – kompliziert ausgestaltete – gesetzliche Fiktion vorgesehen, mit welcher eine „Öffnung der Archive" und somit eine „Hebung der Archivschätze" bewerkstelligt werden sollte: Danach gelten – vereinfacht ausgedrückt – demjenigen, dem im analogen Zeitalter alle wesentlichen Nutzungsrechte ausschließlich sowie räumlich und zeitlich unbegrenzt eingeräumt worden waren, auch die Rechte für die zum Zeitpunkt des Vertragsschlusses noch unbekannten Nutzungsarten als eingeräumt.

Beispielfall

Hat ein Verlag vor dem Jahr 1995 – dem Zeitpunkt des Bekanntwerdens der Nutzungsart Internet – im Verlagsvertrag vom Autor alle wesentlichen Nutzungsrechte zur Buchverwertung ausschließlich sowie räumlich und zeitlich unbegrenzt erworben, so gilt das Internetrecht (Recht der öffentlichen Zugänglichmachung, §19a UrhG) nunmehr als ebenfalls dem Verlag eingeräumt. Er kann also den Text auf der Grundlage des §137l UrhG jetzt auch im Internet verwerten.

Dieser fingierten, also bei Vorliegen der Voraussetzungen automatisch erfolgenden Rechteeinräumung konnten alle Urheber innerhalb eines Jahres seit Inkrafttreten der gesetzlichen Neuregelung, also bis zum 31. Dezember 2008, widersprechen. Von dieser Widerspruchsmöglichkeit haben jedoch Autoren in der Verlagspraxis nur sehr vereinzelt Gebrauch gemacht.

Möchte man sich für den Rechteerwerb auf die Übertragungsfiktion des § 137l UrhG berufen, so bedarf es jedoch vorher einer eingehenden Analyse der bestehenden Lizenzverträge, denn in zahlreichen Fällen verhält es sich nach den tatsächlich getroffenen vertraglichen Regelungen so, dass eben nicht alle wesentlichen Nutzungsrechte ausschließlich sowie räumlich und zeitlich unbegrenzt eingeräumt worden sind, wie es der Gesetzestext fordert. Bei einer strikten Anwendung des Wortlauts des § 137l UrhG würde dies dazu führen, dass die vom Gesetzgeber beabsichtigte Fiktion der Rechteeinräumung für unbekannte Nutzungsarten in einer Vielzahl von Fällen nicht zur Anwendung gelangen und die damit bezweckte „Öffnung der Archive“ somit ins Leere laufen würde. Die Gerichtspraxis ist aber noch „zu jung“ – und die Zahl der streitigen Fälle auch zu gering –, als dass man hier eine großzügige oder aber eine penible Auslegung durch die Rechtsprechung feststellen könnte.

Strategie:
Vor der Nutzung von Werken in neuen Nutzungsarten unter Berufung auf die gesetzliche Fiktion des § 137l UrhG ist unbedingt eine Analyse der Bestandsverträge erforderlich!

Liegen die Voraussetzungen des § 137l UrhG vor, so wird der Nachweis der fingierten Rechteeinräumung im Prozess dergestalt geführt, dass man den bestehenden Altvertrag vorlegt und den Justitiar oder den Personalverantwortlichen als Zeugen für den Umstand benennt, dass bis zum 31. Dezember 2008 kein Widerspruch des Autors erfolgt ist.

Tarif der Verwertungsgesellschaft Wort

Für die Nutzung seines Werkes in der neuen Nutzungsart erhält der Urheber gemäß § 137l Abs. 5 UrhG eine angemessene Vergütung, welche grundsätzlich nur durch eine Verwertungsgesellschaft geltend gemacht werden kann. Hier hat die Verwertungsgesellschaft Wort in ihrer „Bekanntmachung über die Festsetzung eines Tarifs zur Regelung der Vergütung von Ansprüchen nach § 137l Abs. 5 Satz 1 UrhG für zuvor in gedruckter Form verlegte Sprachwerke“ vom 29. Dezember 2010 ein entsprechendes Regelwerk aufgestellt, welches rückwirkend ab dem Zeitpunkt des Inkrafttretens der Gesetzesnovelle am 1. Januar 2008 gilt. Danach erhält der Autor für eine Nutzung seines Werks online, als E-Book, als CD-ROM oder als DVD im Bereich der Belletristik sowie der Kinder- und Jugendliteratur 17 bis 20 Prozent des Nettoverlagserlöses, im Bereich der wissenschaftlichen und Fachliteratur 10 bis 20 Prozent des Nettoverlagserlöses. Nimmt der Verlag die Nutzung nicht selbst vor, sondern lizenziert er das Werk des Autors für eine digitale Textnutzung, so betragen die an den Autor zu zahlenden Vergütungssätze 60 Prozent des Nettoverlagserlöses im Bereich der Belletristik sowie der Kinder- und Jugendliteratur und 50 Prozent des Nettoverlagserlöses im Bereich der wissenschaftlichen und Fachliteratur.

Merke:
Für zuvor in Printform erschienene Werke hat die VG Wort einen eigenen Tarif für die Vergütung der Autoren aufgestellt!

Es zeigt sich also, dass aufgrund der immensen Unterschiede in der Vergütungshöhe zwischen einer eigenen Verlagsverwertung und einer Lizenzierung an Dritte bei der Verwertung als digitale Textnutzung besonderes Augenmerk auf die Vertragsgestaltung gelegt werden sollte. Insbesondere bei nicht eindeutig zuordenbaren Vertriebsformen – wie etwa über eine Plattform mehrerer zusammengeschlossener Verlage – ist es empfehlenswert, durch die entsprechende Ausgestaltung der Vertragsklauseln sicherzustellen, dass eine eigene Verlagsauswertung nicht als eine Lizenzierung angesehen werden kann mit der Folge, dass an einen Kinderbuchautor 60 statt 17 Prozent des Nettoverlagserlöses zu entrichten sind.

Strategie:
Bei Plattformverträgen ist im Hinblick auf die an den Autor zu zahlende Vergütung besonderes Augenmerk auf die Vertragsgestaltung zu legen!

Obwohl die Vorschrift des § 137l Abs. 5 UrhG die Geltendmachung durch eine Verwertungsgesellschaft – im Textbereich die VG Wort – vorsieht, sind individuelle

Vereinbarungen unmittelbar zwischen dem Verlag und dem Autor gegenüber dem Tarif vorrangig, so dass dann keine Meldung und keine Abrechnung über die VG Wort erfolgt.

2.4.5 Checkliste zur Einräumung von Nutzungsrechten

Strategie:
Checkliste zur Einräumung von Nutzungsrechten beachten!

Die folgende Checkliste fasst die wichtigsten Punkte im Zusammenhang mit der Einräumung von Nutzungsrechten noch einmal schlagwortartig zusammen. Sie sollte bei der Einholung oder Lizenzierung von Rechten immer – zumindest gedanklich – abgehakt werden:

Checkliste:

1. Exklusives (= ausschließliches) oder nicht exklusives (= einfaches) Nutzungsrecht?
2. Räumlich beschränktes oder weltweites Nutzungsrecht?
3. Zeitlich beschränktes oder zeitlich unbeschränktes Nutzungsrecht?
4. Inhaltlich beschränktes oder inhaltlich unbeschränktes Nutzungsrecht, also nur einzelne oder alle Nutzungsarten inklusive der noch unbekannten Nutzungsarten?
5. Bearbeitungsrecht?
6. Weiterübertragungs-/Weiterlizenzierungsrecht?
7. Welche Nennung/Quellenangabe?

Abb. 7: Checkliste

2.5 Wie ist der Urheber zu vergüten?

Es ist ein grundsätzliches Ziel des Urheberrechts, dem Urheber für die Werknutzung eine angemessene Vergütung zu sichern. Dieser Grundsatz kommt ganz zentral in § 11 des Urheberrechtsgesetzes zum Ausdruck, wenn es heißt:

§ 11 Allgemeines
Das Urheberrecht schützt den Urheber in seinen geistigen und persönlichen Beziehungen zum Werk und in der Nutzung des Werkes. Es dient zugleich der Sicherung einer angemessenen Vergütung für die Nutzung des Werkes.

Hinter diesem Grundsatz steht die Ausgangsüberlegung, dass die Urheber den Verwertern wirtschaftlich, juristisch und organisatorisch in aller Regel unterlegen sind und somit bei der Vertragsgestaltung regelmäßig eine schwächere Verhandlungsposition haben. Um diesem Ungleichgewicht zwischen starkem und schwachem Vertragspartner entgegenzuwirken, sieht das Urheberrechtsgesetz bestimmte Normen vor, die dem Urheber eine angemessene Vergütung sichern sollen und ihm gegebenenfalls ein Nachforderungsrecht zuweisen.

2.5.1 Angemessene Vergütung zum Zeitpunkt des Vertragsschlusses

§ 32 UrhG bestimmt, dass dem Urheber für die Einräumung seiner Nutzungsrechte eine angemessene Vergütung zu bezahlen ist. Ob die Vergütung angemessen ist, bestimmt sich dabei nach dem Zeitpunkt des Vertragsschlusses. Die Angemessenheit der Vergütung gemäß § 32 UrhG hat demnach mit dem tatsächlichen Verkaufserfolg des Werkes, für das die Rechte eingeräumt werden, nichts zu tun. Einen Anspruch auf eine weitere Beteiligung als „Fairnessausgleich" z.B. im Fall eines Bestsellers gewährt dagegen unter bestimmten Voraussetzungen der „Bestsellerparagraph" § 32 a UrhG.

Die Vorschrift des § 32 UrhG stellt einen starken Eingriff in die Privatautonomie dar. Nach der unmittelbar aus dem Grundgesetz abgeleiteten Privatautonomie steht es jedermann grundsätzlich offen, sich selbst einen Vertragspartner auszusuchen und mit diesem inhaltlich zu vereinbaren, worauf die Parteien sich eben einigen können. In wenigen bestimmten Fällen, in denen der Gesetzgeber eine der typischen Vertragsparteien für wesentlich schutzwürdiger erachtet als die andere Vertragspartei, greift der Gesetzgeber in diese Privatautonomie ein und setzt bestimmte Mindeststandards, die von den Parteien nicht unterschritten werden dürfen. So verhält es sich auch hier: § 32 UrhG beschränkt die Gestaltungsfreiheit etwa zwischen einem Verleger und seinem Autor, zwischen einer Zeitungsredaktion und ihren Fotografen oder zwischen einem Zeitschriftenverlag und seinem Grafiker. Denn die Vorschrift des § 32 UrhG sieht einen Korrekturmodus vor: Ist die vereinbarte Vergütung nicht angemessen, so kann der Urheber gemäß § 32 Abs. 1 Satz 3 UrhG von seinem Vertragspartner die Einwilligung in die Änderung des Vertrages verlangen, durch die dem Urheber die angemessene Vergütung gewährt wird. Mit anderen Worten: Hat der Urheber seine Nutzungsrechte an den Verwerter „unter Wert verkauft", weil die vertraglich vereinbarte Vergütung nicht branchenüblich und/oder nicht redlich ist, so kann der Urheber jenseits des vertraglich Vereinbarten zu einem späteren Zeitpunkt eine Korrektur der Vergütung zu seinen Gunsten verlangen. Von diesem Recht, welches am 1. Juli 2002 in das Urheberrechtsgesetz eingefügt worden ist, haben neben anderen Urhebern insbesondere die Übersetzer regen Gebrauch gemacht. In zahlreichen Verfahren haben sie von den Verlagen, die ihre Übersetzungen verlegt haben, die Einwilligung in eine Vertragsänderung verlangt, mit welcher den Übersetzern ein höheres Honorar zugewiesen werden sollte. In zwei für die Verlagsbranche richtungweisenden Urteilen hat der Bundesgerichtshof festgelegt, welche Vergütung seiner Ansicht nach ein Übersetzer im Belletristik- und Sachbuchbereich grundsätzlich „üblicher- und redlicherweise" erhalten muss:

- Ein „übliches" Normseitenhonorar (je nach Schwierigkeit der Übersetzung erfahrungsgemäß zwischen 12 und 30 Euro).
- Zusätzlich eine Beteiligung am Nettoladenverkaufspreis in Höhe von 0,8% bei Hardcover- und von 0,4% bei Taschenbuchausgaben, allerdings jeweils erst ab dem 5.000. verkauften Exemplar.
- Zusätzlich eine Beteiligung an Lizenzerlösen in Höhe von 1/5 des Autorenanteils, wobei der Anteil des Übersetzers nicht höher sein darf als der Anteil des Verlages (erhält der Autor zum Beispiel 60% der Lizenzerlöse, erhält der Übersetzer 12% und dem Verlag verbleiben 28%; erhält der Autor hingegen 80% der Lizenzerlöse, erhalten Übersetzer und Verlag jeweils 10%).

Auch diese Vorgaben des Bundesgerichtshofes sind nicht für alle Fälle zwingend. So schreibt der Bundesgerichtshof selbst in seinen Urteilen, dass Abweichungen nach unten und oben in Einzelfällen gerechtfertigt sein können. Außerdem ist das letzte

Wort dazu auch von den Gerichten noch nicht gesprochen, denn dem Bundesverfassungsgericht liegt eine Verfassungsbeschwerde zur Entscheidung vor, mit der die dargestellten „Tarife“ des Bundesgerichtshofes für Übersetzer als verfassungswidrig angegriffen werden.

Ein grundsätzliches Ziel des Gesetzgebers und auch der Rechtsprechung war und ist es, Urheber – wo immer dies möglich, sinnvoll und redlich ist – an den Verwertungserlösen zu beteiligen, und sei es auch nur mit einem noch so geringen Prozentsatz. Damit wäre gewährleistet, dass die Urheber bei jeder Verwertung des Werkes und bei steigendem Verkaufserfolg stets mitverdienen. Zugleich haben Gesetzgeber und die Rechtsprechung aber auch immer wieder betont, dass eine Beteiligung am Absatz weder in allen Fällen erforderlich noch in allen Fällen möglich ist, so z.B. wenn eine Vielzahl von Urhebern an der Erstellung eines Werkes mit kleinen Beiträgen beteiligt sind. Pauschalhonorare, also Einmalzahlungen, sind daher nicht per se unzulässig.

Merke:
Gerade im Buchverlagsbereich ist es zwar üblich, die Urheber (z.B. Autoren, Übersetzer, Illustratoren) prozentual am Absatz zu beteiligen. Pauschalhonorare sind aber deshalb nicht per se unzulässig.

Beispielfall

Ein Verlag schließt mit einem unbekannten Autor einen Verlagsvertrag über sein Erstlingswerk ab, einen zeitgenössischen Roman, der als Hardcoverausgabe erscheint. Der Autor braucht dringend Geld, der Verlag ist risikobereit, da er große Hoffnungen in den Autor setzt. Verlag und Autor einigen sich deshalb auf eine einmalige Pauschalvergütung in Höhe von 10.000 Euro. Der Autor verzichtet dafür auf eine Beteiligung am Absatz. Schon kurz nach dem Verkaufsstart wird der Autor mit Preisen überhäuft und hoch gelobt. Er bereut das Geschäft und verlangt vom Verlag eine Änderung des Verlagsvertrages. Er möchte eine mit der Pauschalvergütung verrechenbare Beteiligung in Höhe von 8% vom Nettoladenverkaufspreis. Hat er einen Anspruch darauf?

Ein Anspruch auf Änderung des Vertrages besteht dann, wenn eine Pauschalvergütung von 10.000 Euro keine angemessene Vergütung darstellt. Tatsächlich ist diese Form der Vergütung für den Autor eines Romans weder üblich noch redlich. Denn auch bei einer stattlichen Pauschalzahlung ist es nicht gerechtfertigt, dem Autor auf Dauer eine Beteiligung an den Verkaufserlösen vorzuenthalten, zumal die Pauschale hier wie ein Vorschuss mit der geforderten Absatzbeteiligung verrechnet werden soll. Auch das ist bei Belletristik-Autoren üblich. Sie erhalten sogar in der Regel einen verrechenbaren Vorschuss. Der Verlag muss also erst dann wieder etwas zahlen, wenn der Vorschuss „aufgebraucht“, also vollständig gegengerechnet ist. Auch die vom Autor geforderten 8 % Beteiligung sind durchaus im Rahmen des Branchenüblichen, für einen Roman sogar eher niedrig angesetzt. Es spricht also alles dafür, dass die Forderung des Autors begründet ist und der Anspruch auf Änderung des Vertrages besteht.

Tarifverträge und Gemeinsame Vergütungsregeln

Gelegentlich finden sich Regelungen zur Vergütung eines Urhebers auch in Tarifverträgen, so z.B. für Redakteure an Zeitschriften (Manteltarifvertrag für Redakteurinnen und Redakteure an Zeitschriften vom 4. November 2011, Gehaltstarifvertrag für Redakteurinnen und Redakteure an Zeitschriften gültig ab 1. August 2010). Eine tarifvertraglich geregelte Vergütung gilt stets als angemessen, so dass ein Anspruch auf Änderung des Vertrages nach § 32 Abs. 1 UrhG ausscheidet (§ 32 Abs. 4 UrhG).

Außerdem besteht nach § 36 UrhG die Möglichkeit, dass sich Vereinigungen von Urhebern mit Werknutzern zusammensetzen und sogenannte gemeinsame Vergütungsregeln aufstellen. Auch die in gemeinsamen Vergütungsregeln festgelegte Vergütung für die Nutzung der Werke von Urhebern gilt stets als angemessen (§ 32 Abs. 2 S. 1 UrhG). Um langwierige gerichtliche Auseinandersetzungen zur Frage der Angemessenheit der Vergütung in Einzelfällen zu vermeiden, ist das Aufstellen von gemeinsamen Vergütungsregeln durchaus sinnvoll. Allerdings gestaltet sich das in der Praxis gar nicht so leicht, denn die Vorstellungen der Urheber und der Verwerter von der Angemessenheit liegen oft sehr weit auseinander und regelmäßig ziehen sich die Verhandlungen über einen sehr langen Zeitraum, um dann auch noch meistens

Merke:
Gemeinsame Vergütungsregeln zwischen Urhebern und Werkverwertern legen eine angemessene Vergütung verbindlich fest, so z. B. die Vergütungsregeln für Autoren belletristischer Werke in deutscher Sprache. Es gibt bisher aber nur sehr wenige solcher gemeinsamen Vergütungsregeln.

zu scheitern. Im Verlagsbereich gibt es daher bisher nur zwei relevante gemeinsame Vergütungsregeln:

Das sind zum einen die „Gemeinsamen Vergütungsregeln für Autoren belletristischer Werke in deutscher Sprache", gültig seit dem 1. Juli 2005, abgeschlossen zwischen dem Verband Deutscher Schriftsteller in ver.di und einer Reihe von großen deutschen Verlagen. Diese Vergütungsregeln legen die ohnehin für Belletristik-Autoren branchenübliche Vergütung fest und sehen dabei auch einen gewissen Spielraum für Sonderfälle vor. Der Abschluss dieser Vergütungsregeln war daher nicht problematisch, zeigte sich in der Folge aber von größerer Bedeutung als ursprünglich gedacht. Denn bei der Ermittlung der Angemessenheit der Vergütung von Übersetzern orientierte sich der Bundesgerichtshof an diesen gemeinsamen Vergütungsregeln für Autoren und nahm für Übersetzer als nachschaffende Bearbeiterurheber Abschläge vor.

Zum anderen gibt es sehr detaillierte „Gemeinsame Vergütungsregeln aufgestellt für freie hauptberufliche Journalistinnen und Journalisten an Tageszeitungen", gültig seit dem 1. Januar 2010, abgeschlossen zwischen dem Bundesverband Deutscher Zeitungsverleger e. V. und dem Deutschen Journalisten-Verband e. V./ver.di. Diese Vergütungsregeln sind das Ergebnis intensiver Verhandlungen.

Beispielfall

Bleiben wir bei dem oben dargestellten Ausgangsfall, nur dieses Mal verlangt der Autor des Romans eine Änderung des Verlagsvertrages entsprechend den Vorgaben der Gemeinsamen Vergütungsregeln für Autoren belletristischer Werke in deutscher Sprache. Nach diesen Regeln liegt der Richtwert für eine Absatzbeteiligung bei Hardcoverausgaben bei 10 % des um die Mehrwertsteuer reduzierten Ladenverkaufspreises (Nettoladenverkaufspreis), wobei unter besonderen Umständen – wie z.B. bei einem Erstlingswerk – auch nur 8–10 % gerechtfertigt sein können. Ferner sehen die Vergütungsregeln eine mit steigenden Verkaufszahlen auch steigende Absatzbeteiligung bei Taschenbuchausgaben in Höhe von 5–8% vor. Schließlich hat der Autor nach den Vergütungsregeln auch einen Anspruch auf eine Beteiligung von 50 % an buchnahen (z.B. Hörbuchrecht) bzw. 60% an buchfernen (z.B. Verfilmungs- oder Bühnenrechte) Lizenzerlösen. Der Autor kann mithin eine Änderung des Verlagsvertrages im dargestellten Rahmen fordern. Das Pauschalhonorar wird als Vorschuss verrechnet.

2.5.2 Weitere Beteiligung als Fairnessausgleich (Bestseller)

Über den Anspruch auf Vereinbarung einer angemessenen Vergütung hinaus gewährt die Vorschrift des § 32a UrhG dem Urheber eine weitere angemessene Beteiligung in Form einer Erfolgsbeteiligung für den Fall, dass sich das von ihm geschaffene Werk ungewöhnlich gut verkauft. Die heutzutage als Fairnessausgleich beschriebene Regelung wurde früher vielfach auch als „Bestseller-Paragraph" bezeichnet. Erforderlich für einen Anspruch auf einen solchen Fairnessausgleich ist das Vorliegen eines „auffälligen Missverhältnisses" zwischen der mit dem Urheber vereinbarten Gegenleistung und den tatsächlich erzielten Erträgen und Vorteilen aus der Nutzung des Werkes. Wann genau von einem solchen auffälligen Missverhältnis auszugehen ist, ist eine Frage des Einzelfalles. Als Faustformel hat die Rechtsprechung jedoch festgelegt, dass ein auffälliges Missverhältnis jedenfalls dann vorliegt, wenn der Urheber weniger als die Hälfte des ihm eigentlich zustehenden angemessenen Honorars erhalten hat, wenn das eigentlich Geschuldete von dem tatsächlich gezahlten Honorar somit um 100% abweicht. Gerade in den Fällen, in denen dem Urheber nur ein eimaliges Pauschalhonorar gezahlt wird und keine laufende Absatzbeteiligung, kann es bei Longsellern oder eben auch Bestsellern durchaus zu so einem Missverhältnis im Nachhinein kommen. Entscheidend ist also nicht die Vorstellungen der Vertragsparteien zum Zeitpunkt des Vertragsschlusses (das regelt der Anspruch auf angemessene

Vergütung gemäß § 32 UrhG), sondern die spätere Entwicklung der Verwertung des Werkes. Dabei kann es auch vorkommen, dass der eigentliche Vertragspartner des Urhebers bestimmte Rechte zur Verwertung an einen Dritten weiterlizenziert hat und dieser Dritte hohe Gewinne mit der Verwertung erzielt. Dann kann der Urheber sich auch direkt an diesen Dritten wenden und von diesem eine weitere Beteiligung fordern (§ 32 a Abs. 2 UrhG).

Beispielfall

Noch ein letztes Mal zum Ausgangsfall: Schon vor dem Erscheinen des Romans vergibt der Verlag für 3.000 Euro eine Taschenbuchlizenz an einen Taschenbuchverlag und für 1.000 Euro eine Hörbuchlizenz an einen Hörbuchverlag. Der Autor erhält neben der Beteiligung von 8% an der Hardcoverausgabe 50% von den Lizenzerlösen, also 2.000 Euro.

Drei Jahre später erweist sich der Roman als Bestseller mit über 150.000 verkauften Hardcoverausgaben, über 600.000 Taschenbüchern und selbst das Hörbuch hat sich mehr als 350.000 Mal verkauft. Der Vorschuss des Autors in Höhe von 10.000 Euro ist längst verrechnet und außer den 8% Absatzbeteiligung am Hardcover hat der Autor von den Verkaufserfolgen herzlich wenig.

Hier greift nun § 32a UrhG ein. Der Autor kann sich nicht nur an seinen Verlag, also seinen unmittelbaren Vertragspartner, sondern auch direkt an den Taschenbuchverlag und den Hörbuchverlag wenden und eine weitere Beteiligung verlangen, wenn ein „auffälliges Missverhältnis“ zwischen dem besteht, was der Autor tatsächlich bekommen hat und dem, was mit der Verwertung erzielt wurde. Jedenfalls in Bezug auf die Taschenbuch- und auch die Hörbuchverwertung liegt das auffällige Missverhältnis auf der Hand. Auch ohne groß zu rechnen (was man in solchen Fällen natürlich tun muss) ist absehbar, dass das eigentlich angemessene Honorar von dem tatsächlich gezahlten Honorar (1.500 Euro für das Taschenbuch und 500 Euro für das Hörbuch) um mehr als 100 % abweicht.

Strategie:
Streitigkeiten um eine angemessene Vergütung oder weitere Beteiligung (Fairnessausgleich) sind seit Jahren ein Brennpunkt im Urheberrecht. Wer sich nicht in langwierige Prozesse verstricken will, muss Geduld und Kompromissbereitschaft zeigen.

2.6 Wann kann der Urheber seine Rechte zurückrufen?

Die starke Stellung des Urhebers im deutschen Urheberrechtsgesetz bringt es mit sich, dass die persönliche Bindung des Urhebers zu seinem Werk stets bestehen bleibt und damit naturgemäß ein Interesse des Urhebers an einer entsprechenden Verwertung seines Werkes besteht. Diese Bindung und Interessenlage werden auch dann aufrechterhalten, wenn der Urheber einem Dritten Nutzungsrechte an seinem Werk einräumt und es somit nicht selbst verwertet. Falls eine Beeinträchtigung der persönlichen Interessen des Urhebers droht, kann er das eingeräumte Nutzungsrecht unter bestimmten Umständen zurückrufen. Das Gesetz sieht hier zwei Regelfälle vor: Den Rückruf wegen Nichtausübung (§ 41 UrhG) und den Rückruf wegen gewandelter Überzeugung (§ 42 UrhG).

2.6.1 Rückrufsrecht wegen Nichtausübung

Gemäß § 41 Abs. 1 UrhG kann der Urheber ein ausschließliches Nutzungsrecht zurückrufen, wenn der Lizenznehmer das Recht nicht oder nur unzureichend ausübt und dadurch berechtigte Interessen des Urhebers erheblich verletzt werden. Den Lizenznehmer trifft beim Erwerb eines ausschließlichen Nutzungsrechts eine gewisse Ausübungspflicht. Denn auf der Grundlage des § 31 Abs. 3 Satz 1 UrhG wird der Urheber bei der Einräumung ausschließlicher Nutzungsrechte an einen Dritten im Zweifel nicht berechtigt sein, sein Werk selbst zu verwerten. Kann er es aber selbst nicht verwerten und bleibt sein Verwerter tatenlos, so findet keine Werkverwertung statt und der Vertrieb des Werkes ist vielmehr blockiert. Zur Erzielung von Einkünften – und zur Ausübung seines „Wirkungsrechts“ der öffentlichen Mitteilung und Verwertung seines Werkes – ist der Urheber somit auf die Ausübung des Rechts durch den Lizenznehmer angewiesen. Daher sieht das Gesetz zum Schutz des Urhebers ein Rückrufsrecht wegen Nichtausübung vor. Dieses kann der Urheber nicht nur gegenüber dem Inhaber des ausschließlichen Nutzungsrechts, sondern auch gegenüber allen, die ein Nutzungsrecht vom Inhaber der ausschließlichen Lizenz aus §§ 34, 35 UrhG erworben haben, geltend machen.

Wann der Verwerter sein Recht „nicht oder nur unzureichend ausübt“, ist in starkem Maße von den Besonderheiten des jeweiligen Einzelfalls abhängig. Es dürfte aber in jedem Fall nicht ausreichen, nur die vereinbarten Exemplare zu drucken und diese im Börsenblatt oder Buchreport anzuzeigen. Vielmehr sind in aller Regel auch bestimmte Werbemaßnahmen oder Vermarktungsaktivitäten geschuldet, die sich nach der Absatzlage des jeweiligen Werkes bestimmen. Dabei ist anerkannt, dass die Werbeaktivitäten sich auf die Zeit unmittelbar nach Erscheinen eines Buches konzentrieren und nicht den gesamten Vertragszeitraum über mit der gleichen Intensität aufrecht erhalten werden müssen.

Der Urheber kann aber nicht willkürlich sein Rückrufsrecht ausüben, da auch die Interessen des Lizenznehmers angemessen berücksichtigt werden müssen. So kann der Urheber einerseits frühestens zwei Jahre nach Einräumung des Nutzungsrechts von seinem Rückrufsrecht Gebrauch machen (§ 41 Abs. 2 Satz 1 UrhG). Darüber hinaus ist er verpflichtet, dem Lizenznehmer eine „angemessene“ Nachfrist zu setzen, binnen derer der Lizenznehmer sein Nutzungsrecht hinreichend ausüben kann (§ 41 Abs. 3 Satz 1 UrhG), um die Ausübung des Rückrufsrechts durch den Urheber abzuwenden. Die Frage, wie lange eine solche angemessene Frist betragen muss, lässt sich wiederum nicht abstrakt, sondern nur für den Einzelfall beurteilen. Klar ist, dass eine solche Nachfristsetzung ausreichende Planungs- und Realisierungszeiträume enthalten und auf die Besonderheiten der jeweiligen Branche zugeschnitten sein muss. Neben der reinen Zeitspanne ist auch das Enddatum der gesetzten Frist mit Bedacht auf die Branchenbesonderheiten zu wählen. So kann etwa ein Erscheinen der Neuauflage eines vergriffenen Werkes in aller Regel nicht zum Weihnachtsgeschäft gefordert werden, sondern nur entweder zur Leipziger Buchmesse im Frühjahr oder zur Frankfurter Buchmesse im Herbst.

Merke:
Der Verleger kann durch eigene Tätigkeit die Geltendmachung eines Rückrufsrechts wegen Nichtausübung verhindern!

Schließlich muss das Interesse des Urhebers mit dem Interesse des Lizenznehmers dergestalt abgewogen werden, dass ein Rückruf nur dann zulässig ist, wenn durch das Verhalten des Lizenznehmers das berechtigte Interesse des Urhebers erheblich verletzt wird. Aufgrund des großen ideellen Interesses des Urhebers wird aber durch die Nichtausübung unabhängig von wirtschaftlichen Interessen eine erhebliche Verletzung regelmäßig impliziert. Sogar dann, wenn der Urheber angemessen vergütet wird, kann also aufgrund einer Verletzung des ideellen Interesses ein Rückrufsgrund gegeben sein. Gegebenenfalls kann der Rückruf allerdings zu einer Entschädigungspflicht für den Urheber führen, wenn und soweit dies der Billigkeit entspricht (§ 41 Abs. 6 UrhG).

2.6.2 Rückrufsrecht wegen gewandelter Überzeugung

Nach § 42 Abs. 1 Satz 1 UrhG kann der Urheber ein Nutzungsrecht gegenüber dem Lizenznehmer zurückrufen, wenn das Werk nicht mehr der Überzeugung des Urhebers entspricht und ihm deshalb die Verwertung des Werkes nicht mehr zugemutet werden kann. Eine solche gewandelte Überzeugung kann beispielsweise in Bezug auf wissenschaftliche, politische, weltanschauliche oder religiöse Grundanschauungen vorliegen.

Beispielfall
Einem Autor ist es grundsätzlich möglich, die weitere Verwertung seiner „radikalen Jugendthesen" trotz eines bestehenden Verlagsvertrages zu stoppen, wenn er darlegen kann, dass sein Ursprungswerk seiner Überzeugung nunmehr nicht mehr entspricht und ihm zudem deshalb die Verwertung des Werkes nicht mehr zugemutet werden kann. Etwa weil er zwischenzeitlich ein öffentliches Amt bekleidet, mit welchem die „radikalen Jugendthesen" nicht zu vereinbaren sind.

Im Falle des Vorliegens eines Rückrufsrechts wegen gewandelter Überzeugung sind allein die ideellen Interessen schutzwürdig, weshalb der Urheber sowohl einfache als auch ausschließliche Lizenzen zurückrufen kann, um eine Verwertung des Werkes zu verhindern. Die Vorschrift des § 42 UrhG ist in Ergänzung zum Veröffentlichungsrecht des § 12 UrhG zu sehen; sie gehört damit zu den urheberpersönlichkeitsrechtlichen Befugnissen des Urhebers.

Merke:
Die Geltendmachung eines Rückrufsrechts wegen gewandelter Überzeugung verpflichtet den Autor zur Zahlung einer Entschädigung an den Verleger!

Allerdings liegt es in der Natur der Sache, dass in einem solchen Fall das Rückrufsrecht den Verwerter völlig unverschuldet trifft. Während er bei einem Rückruf wegen Nichtausübung nach § 41 UrhG durch eigenes Tätigwerden die Wirkungen des Rückrufs ausschließen kann, ist ihm dies bei einem Rückruf wegen gewandelter Überzeugung nicht möglich. Aus diesem Grund ist der Urheber bei Letzterem in jedem Fall zur Zahlung einer Entschädigung an seinen Verwerter verpflichtet (§ 42 Abs. 3 Satz 1 UrhG). Dies hat zur Folge, dass die Bedeutung des Rückrufsrechts wegen gewandelter Überzeugung in der Praxis gering ist.

Schließlich sieht § 42 Abs. 4 UrhG vor, dass der Urheber verpflichtet ist, im Falle einer Wiederverwertung dem früheren Lizenzinhaber das Nutzungsrecht zu angemessenen Bedingungen anzubieten. Dadurch soll verhindert werden, dass der Urheber sein Rückrufsrecht missbraucht, um sich aus einem bestehenden Vertrag zu lösen und dann einem Dritten Nutzungsrechte einzuräumen.

2.7 Wann muss man ausnahmsweise keine Rechte vom Urheber erwerben?

Der Urheber hat nach deutschem Urheberrechtsverständnis eine besonders starke Stellung. Er ist und bleibt der Schöpfer des Werkes; das Band zwischen ihm und seinem Werk kann nicht zerschnitten werden. Vom Urheber geht jegliche Form der Verwertung aus. Er kann bestimmen ob, wann und wie sein Werk in welcher Form veröffentlicht und verwertet wird. Ungeachtet dieser starken Position des Urhebers muss er unter gewissen Voraussetzungen bestimmte Einschränkungen seines Exklusivrechts hinnehmen. Diese aus der Sozialgebundenheit des Eigentums resultierende Einschränkung gibt es im Bereich des Sacheigentums wie im Bereich des geistigen Eigentums. Auch der Grundstücksinhaber muss es aufgrund der Sozialgebundenheit des Eigentums im Zweifel dulden, dass die Feuerwehr über sein Grundstück fährt, wenn das Nachbarhaus brennt. Ebenso muss es der Urheber hinnehmen, dass sein Werk in gewissen Konstellationen von bestimmten Berechtigten ganz oder teilweise genutzt wird, ohne dass dafür seine Einwilligung erforderlich ist.

Schrankenbestimmungen – die Ausnahmen im Urheberrechtsgesetz

Die sogenannten „Schranken" des Urheberrechts – also die Ausnahmebestimmungen – dienen einem gerechten Interessenausgleich zwischen Urhebern und der Allgemeinheit und beschränken zu deren Gunsten die Rechte des Urhebers. Aus Verlagssicht betrachtet haben die Schrankenbestimmungen des Urheberrechts sowohl eine aktive als auch eine passive Seite:

- In aktiver Weise kann ein Verlag Nutznießer der Schrankenbestimmungen sein. So kann er etwa in einer Literaturzeitschrift unter bestimmten Voraussetzungen unter Berufung auf das Zitatrecht ein Gedicht abdrucken, ohne den Lyriker um Erlaubnis zu fragen. In gleicher Weise kann er unter gewissen Umständen in einem Bildband ein Foto des Münchner Olympiastadions abbilden, ohne vorher die Einwilligung der Erben des Architekten einzuholen.
- Die passive Seite der Schrankenbestimmungen beschränkt dagegen den Verlag in seinen Auswertungsaktivitäten: So muss er es sich etwa gefallen lassen, dass einzelne Texte aus seinen Werken in einem Schulbuch abgedruckt werden oder aber öffentliche Bibliotheken seine Werke digitalisieren und den Bibliotheksbesuchern zur Lektüre an elektronischen Leseplätzen zur Verfügung stellen.

2.7.1 Schrankenbestimmungen im Überblick

Die Schrankenbestimmungen stellen einen schwerwiegenden Eingriff in das Exklusivrecht des Urhebers dar – er muss eine erlaubnisfreie und im Einzelfall sogar vergütungsfreie Nutzung seines Werks hinnehmen. Um eine ungebührliche Beeinträchtigung der Position des Urhebers zu vermeiden, unterliegen sämtliche Schrankenbestimmungen der § 44 a ff. UrhG dem sogenannten „Dreistufen-Test“:
- Eine Schranke muss einen Sonderfall regeln.
- Die erlaubnisfreie Nutzung darf die normale Werkverwertung nicht beeinträchtigen.
- Die Urheberinteressen dürfen nicht in ungebührlicher Weise verletzt werden.

Vor diesem Hintergrund, dass Schrankenbestimmungen auf Sonderfälle begrenzt sind und nur nach einer gebotenen Abwägung durch den Gesetzgeber in das Gesetz aufgenommen worden sind, wird klar, dass Schrankenbestimmungen grundsätzlich eng auszulegen sind. Das heißt, ein Gericht wird bei der Entscheidung einer Grenzfrage im Zweifel die starke Stellung des Urhebers im deutschen Urheberrechtsgesetz berücksichtigen und somit für den Urheber entscheiden. Im Zweifel wird das Gericht also zu dem Ergebnis kommen, dass für denjenigen, der das Werk nutzt, keine Schrankenbegünstigung greift, die Nutzung damit urheberrechtswidrig und vom Urheber zu untersagen ist. Es empfiehlt sich daher stets, wenn man die erlaubnisfreie Nutzung einer Schrankenbestimmung für sich in Anspruch nehmen möchte, vorher genau abzuklären, ob man auch tatsächlich in den Anwendungsbereich dieser Schrankenregelung fällt.

Strategie:
Vor Inanspruchnahme einer Schranke ist stets das Vorliegen aller Voraussetzungen zu prüfen!

Die Schrankenbestimmungen regeln also die erlaubnisfreie Nutzung von urheberrechtlich geschützten Werken. Einige Schrankenbestimmungen – wie zum Beispiel das Zitatrecht des § 51 UrhG – ermöglichen darüber hinaus eine kostenlose Nutzung. Das heißt in diesen Fällen ist die Nutzung erlaubnis- und vergütungsfrei.

Bei zahlreichen Schrankenbestimmungen entfällt die Zahlung einer Vergütung nur im unmittelbaren Verhältnis zwischen dem Urheber und dem Nutzer seines Werkes. Mittelbar wird hier vielfach eine Vergütung dergestalt gewährt, dass der Nutzer etwa Geräte- oder Speichermedienabgaben – zum Beispiel beim Erwerb von Computern, Druckern oder CD-Rohlingen – zahlt und ein bestimmter Anteil daraus dem Urheber mittelbar über seine Verwertungsgesellschaft zufließt.

Die Schrankenbestimmungen des Urheberrechtsgesetzes lassen sich grob in vier Gruppen einteilen, die sich wie folgt darstellen:
- Schranken zugunsten der Bildung (§§ 46, 52a und 52b UrhG)
- Schranken zugunsten der Informationsfreiheit (§§ 48, 49 und 50 UrhG)
- Schranke zugunsten der Freiheit des geistigen Schaffens (§ 51 UrhG)
- Schranken zugunsten des privaten Gebrauchs (§ 53 UrhG)

2.7.2 Schulbuchparagraph (§ 46 UrhG)

Nach § 46 UrhG, der auch als „Schulbuchparagraph" bezeichnet wird, ist es zulässig, Teile von Werken bzw. Werke von geringem Umfang nach deren Veröffentlichung in eine Sammlung aufzunehmen, die die Werke einer größeren Anzahl von Urhebern vereinigt und die nach ihrer Beschaffenheit nur für den Unterrichtsgebrauch in Schulen, nicht gewerblichen Einrichtungen der Aus- und Weiterbildung oder in Einrichtungen der Berufsbildung oder für den Kirchengebrauch bestimmt sind. Eine solche Sammlung kann dann ohne Zustimmung der betroffenen Rechteinhabern vervielfältigt und verbreitet oder öffentlich zugänglich gemacht, also etwa im Intranet einer Schule zur Verfügung gestellt werden.

Es liegt im öffentlichen Interesse, dass für die Ausbildung – insbesondere von Kindern und Jugendlichen – sämtliche Materialien einer Gesellschaft bzw. eines Kulturkreises ungehindert zur Verfügung stehen. In der Folge kann der Urheber, und von diesem abgeleitet auch der Verleger, wegen der Schrankenbestimmung des § 46 UrhG also nicht verhindern, dass seine Werke – allerdings erst nach deren Veröffentlichung – zur Ausbildung beispielsweise in einem Schulbuch, aber auch in einer CD-ROM oder dem lokalen Netzwerk einer Schule, verwendet werden. Allerdings gilt dies nur, wenn sein Werk im Rahmen einer Sammlung, welche Werke „einer größeren Anzahl von Urhebern vereinigt", benutzt wird. Eine abstrakte Festlegung der Anzahl der verschiedenen Urheber ist nicht möglich; nach der gemeinsamen Praxis der VG Wort und des Verbands der Schulbuchverlage e.V. wird man aber davon ausgehen können, dass zur Inanspruchnahme der Privilegierung die Zusammenstellung von Werken von mindestens sieben Urhebern erforderlich ist.

Merke:
Gegen die Nutzung eines Textes in einem Schulbuch können sich Urheber und Verleger nicht zur Wehr setzen! Der Schulbuchverlag muss aber eine angemessene Vergütung zahlen.

Der Urheber ist von der Absicht des Schulbuchverlegers, das Werk des Urhebers zu verwenden, vorher in Kenntnis zu setzen; mit der Verwertung darf nicht vor Ablauf einer Wartefrist von zwei Wochen begonnen werden (§ 46 Abs. 3 UrhG). Zudem ist die Nutzung für den Schulbuchverleger nicht kostenlos möglich. Gemäß § 46 Abs. 4 UrhG hat der Urheber für die Nutzung einen Anspruch auf eine angemessene Vergütung.

2.7.3 Öffentliche Zugänglichmachung für Unterricht und Forschung (§ 52a UrhG)

Die Vorschrift des § 52a UrhG gewährt eine Privilegierung von Bildungs- und Forschungseinrichtungen. Allerdings bezieht sich diese Schrankenbestimmung nicht auf gedruckte Werke, also nicht auf das Vervielfältigen und Verbreiten von urheberrechtlich geschützten Werken, sondern zulässig ist nach dieser Vorschrift nur die öffentliche Zugänglichmachung, also das zur Verfügung stellen im Intranet etwa einer Universität für einen bestimmt abgegrenzten Kreis von Kursteilnehmern.

Nach dieser Vorschrift dürfen veröffentlichte kleine Teile eines Werke, Werke geringen Umfangs sowie einzelne Beiträge aus Zeitungen oder Zeitschriften jeweils einem bestimmt abgegrenzten Kreis von Unterrichtsteilnehmern, also etwa den Studenten, die an einer Übung oder Vorlesung teilnehmen, zur Vor- und Nachbereitung der Lehrveranstaltung im Intranet der Bildungsreinrichtung zur Verfügung gestellt werden. Dies gilt jedoch nicht für Schulbücher. Denn die entsprechende Verwendung von Schulbüchern ist gemäß § 52a Abs. 2 Satz 1 UrhG stets nur mit Einwilligung des Berechtigten, also des Urhebers oder abgeleitet von diesem des Schulbuchverlags, zulässig. Damit die Bildungseinrichtung auch tatsächlich in den Genuss dieser Schrankenbestimmung kommen kann, sieht Abs. 3 des § 52a UrhG vor, dass auch die Digitalisierung, also die vorbreitende Vervielfältigungshandlung, zulässig ist und ohne das Einverständnis des Urhebers bzw. des Rechteinhabers erfolgen kann. Für die öffentliche Zugänglichmachung im Rahmen des § 52a UrhG muss die Bildungs- und Forschungseinrichtung eine angemessene Vergütung zahlen, welche durch eine Verwertungsgesellschaft – im Textbereich durch die VG Wort – geltend gemacht wird (§ 52a Abs. 4 UrhG).

Die Schrankenbestimmung des § 52a UrhG ist seit ihrer Einführung im Jahr 2003 stark umstritten. Dass auch der Gesetzgeber nicht vollends „überzeugt" von dieser Regelung war, zeigt schon der Umstand, dass die Geltung dieser Vorschrift jeweils zeitlich befristet ist und diese Befristung mittlerweile dreimal verlängert worden ist; zuletzt bis nunmehr zum 31. Dezember 2014 (§ 137k UrhG).

Merke:
§ 52 a UrhG ist sowohl von seiner Grundkonzeption als auch von seinen einzelnen Voraussetzungen stark umstritten!

In inhaltlicher Hinsicht besteht Uneinigkeit darüber, was kleine Teile eines Werkes sind (hier werden bis zu einem Umfang von 20 % verschiedenste Auffassungen vertreten), wann noch von einem Werk geringen Umfangs gesprochen wird (da der Rechtsausschuss des Bundestages hierzu auch Monographien zählt, werden hier von einem Liedtext über eine Kurzgeschichte bis hin zu einer Dissertation ebenfalls vielfältige Meinungen geäußert) und wie groß der bestimmt abgegrenzte Personenkreis sein darf, dem das Werk in einem Netzwerk zugänglich gemacht werden darf.

Musterverfahren vor dem Bundesgerichtshof

Aus Verlagssicht erscheint es wenig lohnenswert, hier gegebenenfalls in einen Einzelrechtsstreit mit einer Bildungs- oder Forschungseinrichtung zu treten. Vielmehr sollten die bestehenden Musterverfahren zur Reichweite des § 52a UrhG beobachtet werden, welche derzeit beim Bundesgerichtshof anhängig sind und über welche dieser in der nächsten Zeit entscheiden wird.

Strategie:
Musterverfahren vor dem Bundesgerichtshof beobachten!

- So streitet die VG Wort mit der „Kommission Bibliothekstantieme" der Bundesländer über die Festsetzung eines Gesamtvertrages zur Vergütung der § 52a UrhG-Nutzungen. Hier hatte das Oberlandesgericht München im Jahr 2011 eine werkbezogene Abrechnung und entsprechende Tarife dafür festgesetzt, welche nun zur Überprüfung beim Bundesgerichtshof liegen.
- In einem weiteren Verfahren hatte das Oberlandesgericht Stuttgart im Jahr 2012 auf Veranlassung des Alfred Kröner Verlages gegen die Fernuniversität Hagen festgestellt, dass die öffentliche Zugänglichmachung in Form eines Ausdrucks des Werkes oder als bereitgestellter Download ebenso zu weit gehend und nicht mehr von § 52a UrhG gedeckt ist wie die Nutzung des Werkes außerhalb des Semesterapparats oder der jeweiligen konkreten Vorlesung. Auch diese Fragestellungen wird nun der Bundesgerichtshof klären müssen.

2.7.4 Elektronische Leseplätze in öffentlichen Bibliotheken, Museen und Archiven (§ 52b UrhG)

Gemäß § 52b UrhG ist es zulässig, veröffentlichte Werke aus dem Bestand öffentlich zugänglicher Bibliotheken, Museen oder Archive, die keinen unmittelbar oder mittelbar wirtschaftlichen oder Erwerbszweck verfolgen, ausschließlich in den Räumen der jeweiligen Einrichtung an eigens dafür eingerichteten elektronischen Leseplätzen zur Forschung und für private Studien zugänglich zu machen. Der Sinn und Zweck, der hinter dieser gesetzlichen Schrankenbestimmung steht, liegt also darin, die analogen Bestände der öffentlichen Bildungseinrichtungen im digitalen Zeitalter einer breiten Präsenzöffentlichkeit zugänglich zu machen. Um dies zu ermöglichen, ist es öffentlichen Bibliotheken, Museen und Archiven gestattet, die in ihrem Bestand befindlichen Werke zu digitalisieren, also zu vervielfältigen, um auf diese Art und Weise die Lektüre an elektronischen Leseplätzen zu ermöglichen. Allerdings dürfen grundsätzlich nicht mehr Exemplare eines Werkes an den eingerichteten elektronischen Leseplätzen gleichzeitig zugänglich gemacht werden, als der Bestand der Einrichtung umfasst (§ 52b Satz 2 UrhG).

Strategie:
Es kann sinnvoll sein, die Vorschrift des § 52b UrhG durch ein eigenes digitales Angebot faktisch leerlaufen zu lassen!

Zudem haben Verlage die rein faktische Möglichkeit, die Schrankenbestimmung des § 52b UrhG leerlaufen zu lassen, in dem sie ein eigenes digitales Angebot bezüglich ihrer Werke am Markt platzieren und dort den elektronischen Bezug ihrer Werke zu angemessenen Bedingungen ermöglichen. Denn in diesem Fall besteht nach der Wertung des § 52b Satz 1 UrhG kein Bedürfnis dafür, einen solchen Nutzungsvorgang ohne die vorherige Einwilligung des Urhebers bzw. des Rechteinhabers zu gestatten.

Gibt es allerdings kein solches Verlagsangebot und findet eine Nutzung nach § 52b UrhG statt, so ist für diese Form der Zugänglichmachung an elektronischen Leseplätzen eine angemessene Vergütung zu zahlen, die durch eine Verwertungsgesellschaft – im Textbereich die VG Wort – geltend gemacht wird.

Entscheidung durch den Europäischen Gerichtshof

Auch im Anwendungsbereich des § 52b UrhG ist jedoch vieles unklar. Nachdem zwar aufgrund des Gesetzestextes eindeutig ist, dass ein vorbereitender Vervielfältigungsvorgang zur Ermöglichung der Leseplatzlektüre zulässig ist, ist stark umstritten, welche weiteren Vervielfältigungshandlungen der konkrete Nutzer im Nachgang zu seiner Lektüre an den elektronischen Leseplätzen vornehmen darf. Denn das Studiengebaren der Besucher von öffentlichen Bibliotheken, Museen und Archiven bringt es üblicherweise mit sich, dass es mit der bloßen Bildschirmlektüre nicht getan ist, sondern im Anschluss daran Ausdrucke oder anderweitige Vervielfältigungsvorgänge vorgenommen werden.

Beispielfall

Die Technische Universität Darmstadt hatte ihren Besuchern nicht nur einen Ausdruck der an den elektronischen Leseplätzen angezeigten Werke ermöglicht, sondern auch die Gelegenheit zur Anfertigung eines Downloads auf einem USB-Stick zur Verfügung gestellt.

Der Bundesgerichthof, der sich mit diesem Fall zu befassen hatte, äußerte im September 2012 zwar die Auffassung, dass der Ausdruck der angezeigten Werke als sog. „Annex-Nutzung" noch zu gestatten, die Speicherung auf USB-Sticks oder anderen mobilen Datenspeichern dagegen nicht mehr von der Schrankenbestimmung des § 52b UrhG gedeckt sei, legte jedoch vor einer abschließenden Entscheidung einige aus seiner Sicht kritische Fragen dem Europäischen Gerichtshof vor. Somit werden die Luxemburger Richter nun etwa darüber befinden müssen, ob ein ganzer oder teilweiser Ausdruck oder eine digitale Speicherung des am Bildschirm betrachteten Werkes zulässig ist und wie das eigene digitale Angebot eines Verlages genau beschaffen sein muss, um die Vorschrift des § 52b UrhG tatsächlich leerlaufen zu lassen. Es bleibt also abzuwarten, wie sich der Europäische Gerichtshof – und in der Folge dann der Bundesgerichtshof – zu diesen zentralen und praxisrelevanten Fragen des § 52b UrhG äußern werden.

2.7.5 Öffentliche Reden (§ 48 UrhG)

Die Vorschrift des § 48 UrhG zählt zu den Schranken zugunsten der Informationsfreiheit und erklärt die Vervielfältigung und Verbreitung von öffentlichen Reden für zulässig. Dabei ist zu berücksichtigen, dass dies nur dann gilt, wenn es sich um Reden über Tagesfragen handelt und diese in einem Medium veröffentlicht werden, welches seinerseits im Wesentlichen Tagesinteressen Rechnung trägt, also etwa Zeitungen und Zeitschriften, jedoch keine Bücher. Darüber hinaus ist es erforderlich, dass es sich um eine öffentliche oder öffentlich wiedergegebene Rede handelt. Unzulässig ist es dagegen, eine Sammlung herauszugeben, die überwiegend Reden desselben Urhebers enthält. Die Vorschrift des § 48 UrhG gibt in der Praxis aufgrund ihres eindeutigen Wortlauts und der eingeschränkten wirtschaftlichen Bedeutung der kommerziellen Verwertung von Reden wenig Anlass zu Streitigkeiten.

2.7.6 Pressespiegel (§ 49 UrhG)

Auch die Schrankenbestimmung des § 49 UrhG dient der Informationsfreiheit und einer möglichst ungehinderten Unterrichtung der Öffentlichkeit in Tagesfragen betreffenden Themen. Die Vorschrift des § 49 UrhG stammt aus dem analogen Zeitalter und wurde auch nach Einführung der digitalen Technologie nur rudimentär geändert. Nach § 49 Abs. 1 UrhG ist die Vervielfältigung und Verbreitung einzelner Rundfunkkommentare und einzelner Artikel sowie mit ihnen im Zusammenhang veröffentlichter Abbildungen aus Zeitungen und anderen lediglich Tagesinteressen dienenden Informationsblättern in anderen Zeitungen und Informationsblättern dieser Art sowie die öffentliche Wiedergabe solcher Kommentare, Artikel und Abbildungen zulässig, wenn sie politische, wirtschaftliche oder religiöse Tagesfragen betreffen und nicht mit einem Vorbehalt der Rechte versehen sind.

Beispielfall
Der Sinn und Zweck dieser Pressespiegelvorschrift des § 49 UrhG besteht also darin, dass es etwa der Süddeutschen Zeitung möglich sein soll, zu einem bestimmten Thema – zum Beispiel der Wahl eines neuen Papstes – die Pressestimmen aus anderen Medien zusammenzutragen.

Es handelt sich somit grundsätzlich um eine Vorschrift, die es Presseunternehmen ermöglicht, ihren Lesern bzw. Hörern oder Zuschauern einen Überblick über die anderweitige Berichterstattung zu einem bestimmten Thema zu geben. Da jedoch die öffentliche Wiedergabe – nicht die Vervielfältigung und Verbreitung, welche Presseunternehmen vorbehalten ist – jedermann möglich ist, hat sich in der Praxis eine Erweiterung der Pressespiegelprivilegierung auch auf betriebs- oder behördenintern erstellte Pressespiegel herausgebildet.

Kommerzielle Verwertung von Pressespiegeln nur nach Lizenzierung

Es liegt in der Natur der Sache, dass die Erstellung von Pressespiegeln, welche im analogen Zeitalter maßgeblich mit Papier und Klebestift erfolgte, im digitalen Zeitalter ganz andere Verwertungsmöglichkeiten offenbart. In seinem Urteil zu elektronische Pressespiegeln vom Juli 2002 hatte der Bundesgerichtshof jedoch entschieden, dass auch solche Pressespiegel, die zwar elektronisch übermittelt werden, jedoch nach Funktion und Nutzungspotenzial noch im Wesentlichen dem herkömmlichen Pressespiegel entsprechen, unter die Schrankenbestimmung des § 49 Abs. 1 UrhG fallen. Dies setzt aber nach dem Urteil voraus, dass der elektronisch übermittelte Pressespiegel nur betriebs- oder behördenintern und nur in einer Form zugänglich gemacht wird, die sich im Falle der Speicherung nicht zu einer Volltextrecherche eignet.

Merke:
Lizenzen für die Erstellung von Pressespiegeln können bei der PMG erworben werden!

Kommerzielle Dienste-Anbieter sind also daran gehindert, Pressespiegel elektronisch zu erstellen und zu versenden, ohne die dazu erforderlichen Rechte von den jeweiligen Verlagen einzuholen. Diese eindeutige Aussage des Bundesgerichtshofs hat in der Praxis dazu geführt, dass für jedwede Erstellung und Versendung eines kommerziellen Pressespiegels ein Erwerb der Nutzungsrechte auf vertraglicher Ebene erfolgen muss, welcher maßgeblich über die PMG Presse-Monitor GmbH erfolgt, an welche zahlreiche Verlage ihre entsprechenden Rechte abgetreten haben.

Einen etwas erweiterten Anwendungsbereich weist § 49 Abs. 2 UrhG auf. Danach ist die Vervielfältigung, Verbreitung und öffentliche Wiedergabe von vermischten Nachrichten tatsächlichen Inhalts und von Tagesneuigkeiten, die durch Presse oder Funk veröffentlicht worden sind, unbeschränkt zulässig. In tatsächlicher Hinsicht ist der Anwendungsbereich jedoch auch hier stark eingeschränkt, da nur ganz aktuelle, Tagesneuigkeiten betreffende Nachrichten sowie vermischte Nachrichten tatsächlichen Inhalts wiedergegeben werden dürfen. Jegliche Übernahme von Kommentaren, Glossen, feuilletonistischen Beiträgen oder dergleichen ist somit ebenso ausgeschlossen wie die Vervielfältigung, Verbreitung oder öffentliche Zugänglichmachung von älteren Nachrichten.

Strategie:
Die Aufnahme eines Vorbehalts der Rechte lässt die Anwendung des § 49 Abs. 1 UrhG entfallen!

Schließlich ist noch darauf hinzuweisen, dass sich ein Zeitungsverleger auch dadurch einer Übernahme seiner Inhalte auf der Grundlage des § 49 UrhG entziehen kann, dass er einen Vorbehalt der Rechte erklärt. Wird nämlich ein solcher Vorbehalt erklärt, so steht die Schrankenbestimmung des § 49 UrhG einem Nutzungsinteressierten nicht zur Verfügung, sondern er muss die Nutzungsrechte in üblicher Weise beim Verleger erwerben.

2.7.7 Berichterstattung über Tagesereignisse (§ 50 UrhG)

Durch Rundfunk und Presse wird täglich über Tagesereignisse berichtet. Bei derartigen Wiedergaben von Tagesereignissen ist es oft unvermeidlich, dass einzelne Stellen geschützter Werke oder ganze Werke geringen Umfangs, die bei dem Ereignis vorgetragen oder aufgeführt werden, in der Berichterstattung gezeigt werden. Diesem Umstand trägt § 50 UrhG Rechnung und erklärt die Wiedergabe von Werken, die im Rahmen der Berichterstattung über Tagesereignisse wahrnehmbar werden, in einem durch den Zweck gebotenen Umfang für zulässig.

Beispielfall

Berichtet ein Zeitungsreporter oder ein Fernsehteam über die Neueröffnung einer Ausstellung in einem Museum, so ist es geradezu unvermeidlich, über dieses Ereignis im Bild zu berichten, ohne dass dabei zumindest auch Teile der Exponate wahrnehmbar werden. Bei dieser Sachlage erscheint es aus der Sicht des Gesetzgebers nicht gerechtfertigt, die Unterrichtung der Allgemeinheit über Tagesereignisse dadurch zu erschweren, dass eine solche an die vorherige Zustimmung des Urhebers der geschützten Werke gebunden wird. Denn es würde stark zu Lasten der Aktualität gehen, wenn die Redaktion hier zunächst die Einwilligungen der ausgestellten Künstler einholen müsste.

Auch die Vorschrift des § 50 UrhG trägt somit der Informationsfreiheit und insbesondere dem Aktualitätserfordernis der Berichterstattung Rechnung.

2.7.8 Panoramafreiheit (§ 59 UrhG)

Bei der Berichterstattung bleibt es nicht aus, dass auch solche Werke, die sich im öffentlichen Raum befinden, mit ins Bild geraten. Zu denken ist dabei etwa an Denkmäler, Skulpturen, kunstvoll gestaltete Graffitis oder im Besonderen Gebäude, welche urheberrechtlichen Schutz genießen. Um auch hier die berichterstattenden Medien zu privilegieren und die Einholung der Erlaubnis des jeweiligen Urhebers entbehrlich zu machen, hat der Gesetzgeber in § 59 UrhG die sogenannte „Panoramafreiheit" verankert. Danach ist es zulässig, Werke, die sich bleibend an öffentlichen Wegen, Straßen oder Plätzen befinden, mit Mitteln der Malerei oder Grafik, durch Lichtbild oder Film zu vervielfältigen, zu verbreiten und öffentlich wiederzugeben. Die bildliche Wiedergabe ist nach dem Gesetzeszweck und der dazu ergangenen Rechtsprechung dann zulässig, wenn die beiden folgenden Voraussetzungen erfüllt sind:

- Zunächst muss es sich um ein urheberrechtlich geschütztes Werk handeln, dass sich bleibend an öffentlichen Wegen, Straßen oder Plätzen befindet. Bei Gebäuden, deren Architekt noch nicht länger als 70 Jahre verstorben ist, wird dies in aller Regel der Fall sein. Anders verhält es sich dagegen häufig bei Kunstwerken im öffentlichen Raum, wie etwa dem vom Künstlerehepaar Christo und Jeanne-Claude im Jahr 1995 verhüllten Berliner Reichstag. Die Verhüllung des Reichstages erfolgte damals nur für zwei Wochen, sodass das Kriterium, dass sich das Werk bleibend im öffentlichen Raum befindet, nicht erfüllt war. In der Folge konnten Christo und Jeanne-Claude somit – bestätigt durch die deutschen Gerichte bis hin zum Bundesgerichtshof – erfolgreich gegen Postkarten- und Poster-Verkäufer vorgehen, die Fotografien des verhüllten Reichstags vervielfältigten und verbreiteten. Erforderlich ist also stets, dass sich ein Werk bleibend im öffentlichen Raum befindet.
- Zudem muss die Aufnahme von öffentlichem Grund aus erfolgen. Dies ist – bildlich gesehen – nur dann der Fall, wenn der Fotograf mit beiden Füßen auf einer öffentlichen Straße oder einem öffentlichen Bürgersteig steht. Es ist ihm also etwa nicht gestattet, zur Anfertigung des Fotos auf eine Leiter zu steigen, im gegenüberliegenden Gebäude die Dachterrasse zu erklimmen oder für seine Aufnahme einen Hubschrauber zu chartern. Erforderlich ist vielmehr stets, dass die Aufnahme von einem öffentlichen Grund aus erfolgt. Bei der Bestimmung des öffentlichen Grundes ist jedoch eine gewisse Vorsicht geboten. Denn es ist nicht immer leicht zu erkennen, ob man sich gerade tatsächlich auf öffentlichem Grund befindet oder ob es sich nicht etwa um einen Park, einen Garten oder einen Wald handelt, der zwar öffentlich zugänglich, jedoch einem bestimmten Zweck gewidmet ist und damit besonderen Bestimmungen unterliegt. So hat der Bundesgerichtshof etwa entschieden, dass Fotos vom Potsdamer Schloss Sanssouci dann nicht verwertet werden dürfen, wenn der Fotograf seinen Standort in dem öffentlich zugänglichen Park des Schlosses hatte. Denn die entsprechende Schlösserverwaltung hatte diesen Park zwar für den öffentlichen Zugang geöffnet, jedoch durch entsprechende Schilder am Eingang des Parks kenntlich gemacht, dass sie gewerbliche Aufnahmen nicht gestatte. Entscheidend ist also jeweils der Standort des Fotografen, der sich zwingend auf öffentlichem Grund befinden muss.

Merke:
Für das Vorliegen der Panoramafreiheit sind die beiden folgenden Voraussetzungen erforderlich:
- **Das abzubildende Gebäude oder andere Werk muss sich bleibend im öffentlichen Raum befinden.**
- **Die Aufnahme muss von öffentlichem Grund aus angefertigt werden.**

2.7.9 Zitatrecht (§ 51 UrhG)

Das Zitatrecht ist eine der beliebtesten und zugleich umstrittensten Schrankenbestimmungen des Urheberrechtsgesetzes. Dies liegt insbesondere daran, dass das Zitieren erlaubnis- und vergütungsfrei zulässig ist, das heißt dass hier keine – auch keine mittelbar über eine Verwertungsgesellschaft entrichtete – Vergütung an den Urheber oder den Rechteinhaber zu leisten ist.

Der Sinn der Zitierfreiheit besteht darin, die freie geistige Auseinandersetzung zu gewährleisten. Um sich auf das Zitatrecht berufen zu können, ist es daher ganz grundsätzlich erforderlich, sich mit dem Zitierten auf irgendeine Weise auseinanderzusetzen. Zitate dürfen also nicht dazu verwendet werden, um sich eigene Ausführungen zu ersparen oder bloß ausschmückende Funktionen zu erfüllen. Ein urheberrechtlich zulässiges Zitat liegt somit nur dann vor, wenn das Zitat eine Belegfunktion erfüllt. Der zitierende Beitrag muss eine Aussage enthalten, die argumentativ auf das zitierte Werk selbst bezogen ist. Das bloße Aneinanderreihen von kurzen Passagen urheberrechtlich geschützter Werke ist für sich gesehen kein zulässiges Zitat. Eine schlichte Zitatensammlung fällt also nicht unter das Zitatrecht.

Neben dem Zitatzweck ist auch der Zitatumfang zu beachten. Das Zitat darf nur so umfangreich sein, wie der Zitatzweck es erfordert. Wie man sich unschwer vorstellen kann, stellt auch dieses Erfordernis wiederum ein Einfallstor für eine subjektive Betrachtungsweise durch ein Gericht dar. Im Einzelfall lassen sich sehr unterschiedliche Meinungen dazu vertreten, ob es etwa zur Veranschaulichung und zum Beleg eines konkreten Mal- oder Fotografierstils erforderlich ist, zwei, vier, sechs, acht oder zehn Werke des betroffenen Künstlers im Wege des Zitats wiederzugeben.

Beispielfall
In einem Fall zwischen Helmut Newton und der Zeitschrift Emma hatte das Landgericht München I entschieden, dass es nicht mehr vom Zitatzweck gedeckt ist, wenn ein sechsseitiger Beitrag, der sich mit dem Fotografierstil von Helmut Newton auseinandersetzt, mit 19 Fotos von Helmut Newton bebildert wird.

Der zulässige Zitatumfang kann dabei aber niemals quantitativ bestimmt werden. Es ist also nicht möglich, hier mit einem gewissen Quotienten, einer bestimmten abstrakten Länge oder einem gewissen Prozentsatz zu argumentieren. Wer in einer Literaturzeitschrift ein 16-zeiliges Gedicht rezensiert oder wer in einer Fotozeitschrift ein bestimmtes Foto bespricht, kann dies schlechterdings nur dann in verständlicher Weise machen, wenn er dem Leser jeweils das vollständige Gedicht bzw. das vollständige Foto zur Kenntnis bringt. Der zulässige Umfang eines Zitats im Sinne des § 51 UrhG ist daher nur sehr schwer vorherzusagen, was sich insbesondere an einer jüngeren Entscheidung des Landgerichts Braunschweig vom Januar 2013 zu einer Loriot-Biographie zeigt:

Beispielfall
Dort hatte das Gericht entschieden, dass von insgesamt 68 Zitaten in der Biographie 35 eine Urheberrechtsverletzung darstellen, es sich dagegen bei den übrigen 33 Zitaten um solche handelt, die vom Zitatzweck gedeckt sind.

Strategie:
Im Zweifel zurückhaltend mit dem Zitatrecht verfahren und Zitatzweck und Zitatumfang genau prüfen!

Für die Verlagspraxis kann sich daher nur die Empfehlung ergeben, im Zweifel mit dem Zitatrecht zurückhaltend zu verfahren und sich stets zu fragen, ob die Wiedergabe eines Zitats im konkreten Fall tatsächlich erforderlich, also vom Zitatzweck gedeckt ist, und ob auch der Umfang des Zitierens erforderlich ist, um dem Leser den erforderlichen Eindruck zu verschaffen. Im Falle des Zitats ist schließlich insbesondere die Vorschrift des § 63 UrhG zu beachten, wonach im Falle der Vervielfältigung und der öffentlichen Wiedergabe die Quelle anzugeben ist. Der Begriff der Quelle umfasst dabei in jedem Fall die Bezeichnung des Urhebers und kann sich im Einzelfall auch auf weitere Angaben erstrecken.

2.7.10 Privatkopie (§ 53 UrhG)

Nach § 53 Abs. 1 Satz 1 UrhG sind einzelne Vervielfältigungen eines Werkes durch eine natürliche Person zum privaten Gebrauch auf beliebigen Trägern zulässig, sofern sie weder unmittelbar noch mittelbar Erwerbszwecken dienen, soweit nicht zur Vervielfältigung eine offensichtlich rechtswidrig hergestellte oder öffentlich zugänglich gemachte Vorlage verwendet wird. Maßgeblich für diese gesetzliche Freistellung der Privatkopie im Rahmen des § 53 UrhG war der Umstand, dass ein Verbot der privaten Vervielfältigung in der Praxis nicht durchgesetzt werden kann. Eine wirksame Überprüfung könnte nämlich nur dann durchgeführt werden, wenn es dem Urheber oder dem Rechteinhaber gestattet werden würde, die Wohnung jedes einzelnen Staatsbürgers daraufhin zu überprüfen, ob er ein Vervielfältigungsgerät besitzt, mit diesem urheberrechtlich geschützte Werke kopiert und hierfür eine Genehmigung des Urhebers bzw. des Rechteinhabers nachweisen kann. Eine solche Kontrolle würde jedoch dem in Artikel 13 des Grundgesetzes ausgesprochenen Grundsatz der Unverletzlichkeit der Wohnung in starkem Maße widersprechen. Vor diesem Hintergrund hat sich der Gesetzgeber dafür entschieden, die Privatkopie grundsätzlich zuzulassen, diese jedoch an gewisse Voraussetzungen zu knüpfen und den Urhebern bzw. Rechteinhabern eine Vergütung dieser massenhaften privaten Nutzung zuteilwerden zu lassen. Dies geschieht dadurch, dass auf sämtliche Geräte und Speichermedien, welche eine Vervielfältigung ermöglichen – etwa Computer, Drucker, Scanner, CD- und DVD-Rohlinge –, eine entsprechende Abgabe erhoben wird, die sodann über die Verwertungsgesellschaften wieder an die Urheber bzw. Rechteinhaber ausbezahlt wird.

Während im analogen Zeitalter die Privatkopie keine allzu große Gefahr für Urheber und Rechteinhaber darstellte, da diese jeweils mit einem kostspieligen und zeitintensiven Aufwand verbunden war und zudem mit einem nicht selten erheblichen Qualitätsverlust einherging, hat sich dies im digitalen Zeitalter fundamental geändert. Denn nunmehr ist es – ohne ins Gewicht fallende Kosten oder Zeit und ohne Qualitätsverlust – problemlos möglich, in kürzester Zeit viele tausende identische Kopien eines Werkes herzustellen und diese weltweit zu verbreiten. Um eine Erstreckung der Privatkopie-Schranke auf Tauschbörsen, Peer-2-Peer-Netzwerke, Sharehoster-Dienste und ähnliche Plattformen einzuschränken, hat der Gesetzgeber bestimmt, dass als Vorlage für die Herstellung einer Privatkopie weder eine offensichtlich rechtswidrig hergestellte, noch eine offensichtlich rechtwidrig öffentlich zugänglich gemachte Vorlage verwendet werden darf.

Beispielfall

Insbesondere, wenn in den vorerwähnten Portalen aktuelle Kinofilme, Musikalben oder das zerlegte E-Paper einer Zeitungsausgabe vorzufinden sind, muss davon ausgegangen werden, dass es sich hierbei nicht um legale Vervielfältigungsvorlagen handelt. Die Anfertigung einer Privatkopie ist dann nicht möglich.

Liegen die Voraussetzungen für die Herstellung einer Privatkopie dagegen vor, so stellt sich vielfach die Frage, wie viele Privatkopien denn von einer Vorlage hergestellt werden dürfen. Auch diese Fragestellung lässt sich nicht mit einer abstrakten Zahl beantworten. Sie hängt vielmehr von der individuellen Situation desjenigen ab, der sich auf die Privatkopie-Schranke beruft. Eine private Kopie darf in jedem Fall den engsten Familienangehörigen sowie den engsten Freunden übergeben werden. Dabei liegt es in der Natur der Sache, dass Mitglieder einer Großfamilie mehr Privatkopien herstellen dürfen als etwa Einzelkinder. Ein guter Gradmesser ist insoweit immer der Kreis der Arbeitskollegen, der Sportverein oder das Orchester. Dieser Kreis ist in aller Regel als zu weit anzusehen: Außer in dem Fall, dass an der Arbeitsstätte, im Sportverein oder im Orchester ein Familienmitglied oder ein enger Freund ebenfalls tätig ist, ist davon auszugehen, dass an diese Personengruppen keine Privatkopien weitergegeben werden dürfen.

2.8 Wie lange besteht der Schutz?

Das Urheberrecht erlischt 70 Jahre nach dem Tode des Urhebers (§ 64 UrhG). Um einen Anreiz für die Schaffung von eigenschöpferischen, persönlichen geistigen Schöpfungen zu schaffen, hat der Gesetzgeber eine lange Schutzdauer für das Urheberrecht vorgesehen. Das Urheberrecht soll also dem Urheber zu Lebzeiten sowie den beiden darauffolgenden Generationen zu Gute kommen. 70 Jahre nach dem Tod des Urhebers besteht jedoch kein entsprechendes Schutzbedürfnis mehr, so dass das betreffende Werk eines Künstlers sodann gemeinfrei wird und von jedermann einwilligungs- und vergütungsfrei genutzt werden darf. Die Berechnung erfolgt dabei wie folgt:

Beispielfall

Der Lyriker Rainer Maria Rilke ist am 29. Dezember 1926 gestorben. 70 Jahre nach dem Ende seines Todesjahres, also am 31. Dezember 1996, ist das Urheberrecht am Werk Rainer Maria Rilkes erloschen. Folglich konnte beginnend mit dem 1. Januar 1997 jedermann die Werke von Rainer Maria Rilke verlegen.

Für den Fall, dass mehrere Urheber an der Erstellung eines Werkes beteiligt waren, bestimmt § 65 Abs. 1 UrhG, dass das Urheberrecht 70 Jahre nach dem Tode des längstlebenden Miturhebers erlischt.

2.9 Was sind die Folgen einer Urheberrechtsverletzung?

Ist es zu einer Urheberrechtsverletzung gekommen, stellen sich für beide beteiligten Parteien – also den Rechtsverletzer auf der einen und den in seinem Recht Verletzten auf der anderen Seite – viele wichtige Fragen. Was darf ich in Zukunft nicht mehr tun? Kann ich Geld für die Einschaltung meines Anwalts verlangen? Ist für die ungerechtfertigte Nutzung eines Fotos ein Schadensersatzbetrag zu zahlen? Kann ich auch gegen den Unternehmer vorgehen, wenn die Urheberrechtsverletzung von einem seiner Angestellten begangen worden ist? Die bei Rechtsverletzungen bestehenden Ansprüche regeln die §§ 97 ff. UrhG.

§ 97 Abs. 1 UrhG sieht zunächst den verschuldensunabhängigen Anspruch auf Unterlassung vor. Dieser besagt, dass grundsätzlich jeder, der einen kausalen Beitrag zu einer Urheberrechtsverletzung geleistet hat, – egal ob er davon wusste oder nicht – zur Unterlassung verpflichtet ist.

§ 97 Abs. 2 UrhG regelt den Schadensersatzanspruch. Dieser wird nur verschuldensabhängig gewährt. Auf Schadenersatz in Anspruch genommen werden kann also nur jemand, der vorsätzlich oder zumindest fahrlässig gehandelt hat. Allerdings liegen die Voraussetzungen aufgrund des hohen Schutzniveaus im Bereich des Urheberrechts hier recht niedrig, so dass ein Verlag schon dann, wenn er bestimmte Sorgfaltspflichten nicht erfüllt, in den Bereich der einfachen Fahrlässigkeit und somit in die Schadensersatzhaftung gerät.

Zur Vorbereitung entsprechender Unterlassungs- und Schadensersatzansprüche sieht § 101 UrhG flankierend bestimmte Auskunftsansprüche vor.

Zudem gewährt das Gesetz bei Vorliegen besonderer Voraussetzungen auch einen Anspruch auf Vernichtung von Raubkopien (§ 98 UrhG), auf Vorlage und Besichtigung von Urkunden sowie von Bank-, Finanz- und Handelsunterlagen (§ 101a UrhG) oder die Bekanntmachung eines Gerichtsurteils auf Kosten des unterlegenen Rechtsverletzers (§ 103 UrhG).

2.9.1 Unterlassungsanspruch (§ 97 Abs. 1 UrhG)

Der Urheber hat gegen denjenigen, der seine Rechte verletzt, einen Anspruch auf Unterlassung gemäß § 97 Abs. 1 UrhG. Ob der Verletzer die Verletzungshandlung verschuldet hat, ober er also etwa gewusst hat, dass ihm für einen bestimmten Text die Abdruckrechte fehlen, ist unerheblich. Grundsätzlich kann jeder, der einen kausalen Beitrag zu einer Rechtsverletzung geleistet hat, von dem Verletzten in Anspruch genommen werden. Auch diese strikte, verschuldensunabhängige Haftung stellt einen Ausdruck der starken Stellung des Urhebers und des hohen Schutzguts des Urheberrechts dar. So kann der Verletzer dem Urheber auch nicht entgegen halten, dass er in gutem Glauben gehandelt hat. Selbst wenn dem Verletzer das Recht von einem Dritten in einem schriftlichen Vertag übertragen worden ist und der Dritte zudem in dem Vertrag garantiert hat, das Recht tatsächlich innezuhaben und über dieses verfügen zu können, haftet der Verletzer, wenn der Dritte das Recht tatsächlich nicht innegehabt hat. Es gibt also im Bereich des Urheberrechts – anders als im Sachenrecht – keinen gutgläubigen Erwerb. Im Falle des Erwerbs eines Rechts ist es daher wichtig, sich stets zu versichern, dass der Veräußerer das Recht auch wirklich übertragen kann. Da es im Tagesgeschäft schwierig bis unmöglich ist, sich immer die Rechtekette bis zum Ursprungsurheber vorlegen zu lassen, bleibt in der Praxis gar nichts anderes übrig, als sich über vertragliche Garantien abzusichern. Diese helfen allerdings nur im Innenverhältnis zwischen Verleger und Autor. Wird der Verleger von einem Urheber im Außenverhältnis in Anspruch genommen, so muss er sich mit diesem zunächst auseinandersetzen, kann dann aber im Nachgang im Innenverhältnis bei seinem Autor Regress nehmen. Dies funktioniert aber natürlich nur so lange, wie der Autor tatsächlich auch solvent ist, anderenfalls bleibt der Verleger auf seinen Kosten im Zweifel sitzen.

Merke:
Der Unterlassungsanspruch besteht verschuldensunabhängig – ob der Verwerter Kenntnis von der Urheberrechtsverletzung hatte, ist unerheblich!

Es liegt in der Natur der Sache, dass die wirtschaftlichen Auswirkungen eines Unterlassungsanspruchs abhängig von der jeweiligen Nutzung unterschiedlich stark sind. Findet die Nutzung in einem Onlinemedium statt, so kann der Rechtsverletzer einem Unterlassungsbegehren in aller Regel ohne größeren Aufwand nachkommen: Bei einem unberechtigten Online-Angebot eines Hörbuchs wird der unberechtigte Verwerter dieses beispielsweise mit wenigen Mausklicks entfernen können. Im Falle einer körperlichen Nutzung dagegen, wie der Vervielfältigung und Verbreitung eines Buches im Buchhandel, wirkt sich der Unterlassungsanspruch dahingehend aus, dass der Verkauf des Buches zu unterlassen ist. Dies kann im Ergebnis dazu führen, dass die gesamte Auflage makuliert werden muss. Und zwar auch dann, wenn in dem gedruckten Buch eine einzige Urheberrechtsverletzung enthalten ist, also etwa ein unautorisiertes Foto oder eine Textstelle mit einem nicht zulässigen Zitat. Der wirtschaftliche Schaden ist daher bei physischen Produkten ungleich höher als im Falle einer Online-Nutzung.

Merke:
Bei einem Unterlassungsanspruch ist der wirtschaftliche Schaden für den Verwerter bei physischen Produkten in der Regel deutlich höher als im Online-Bereich!

2.9.1.1 Abmahnung und Unterlassungsverpflichtungserklärung

Der Unterlassungsanspruch wird in aller Regel zunächst im Wege der Abmahnung geltend gemacht. In einem solchen Abmahnschreiben gibt der in seinem Recht verletzte Urheber dem verletzenden Nutzer die Gelegenheit, die Angelegenheit ohne die Inanspruchnahme gerichtlicher Hilfe aus der Welt zu schaffen. Dazu wird in dem Abmahnschreiben zunächst die Urheberrechtsverletzung aufgezeigt und sodann die Möglichkeit angeboten, durch Abgabe einer Unterlassungsverpflichtungserklärung für die Zukunft rechtsverbindlich zu erklären, dass eine urheberrechtswidrige Nutzung nicht mehr stattfindet. Durch die Abgabe einer solchen Unterlassungsverpflichtungserklärung kann der Rechtsverletzer die sogenannte Wiederholungsgefahr ausschließen und damit der Gefahr des Erlasses einer einstweiligen Verfügung durch ein Gericht entgehen.

Merke:
Der Rechtsverletzer kann immer eine selbst formulierte strafbewehrte Unterlassungsverpflichtungserklärung abgeben!

Es besteht allerdings für den in seinem Recht Verletzten kein Anspruch darauf, eine bestimmte Unterlassungsverpflichtungserklärung mit einem bestimmten Wortlaut zu erhalten. Dies liest man zwar in vielen anwaltlichen Abmahnschreiben. Es steht jedoch dem Rechtsverletzer in jedem Fall frei, eine ausreichend strafbewehrte Unterlassungsverpflichtungserklärung mit eigenen Worten zu formulieren und diese dem in seinem Recht Verletzten Urheber zu übersenden.

Den Regelfall der erforderlichen Abmahnung sowie die damit im Zusammenhang stehende Kostenfrage regelt der im Juli 2008 in das Gesetz eingefügte § 97a UrhG.

§ 97a Abmahnung

(1) Der Verletzte soll den Verletzer vor Einleitung eines gerichtlichen Verfahrens auf Unterlassung abmahnen und ihm Gelegenheit geben, den Streit durch Abgabe einer mit einer angemessenen Vertragsstrafe bewehrten Unterlassungsverpflichtung beizulegen. Soweit die Abmahnung berechtigt ist, kann der Ersatz der erforderlichen Aufwendungen verlangt werden.

(2) Der Ersatz der erforderlichen Aufwendungen für die Inanspruchnahme anwaltlicher Dienstleistungen für die erstmalige Abmahnung beschränkt sich in einfach gelagerten Fällen mit einer nur unerheblichen Rechtsverletzung außerhalb des geschäftlichen Verkehrs auf 100 Euro.

Auch wenn die Versendung einer Abmahnung im Gesetz nur als eine Sollvorschrift ausgestaltet ist, empfiehlt es sich vor einem Gang zu Gericht stets abzumahnen, denn einige Urheberrechtskammern der zuständigen Landgerichte sehen dies als eine zwingende Voraussetzung für den Erlass einer einstweiligen Verfügung an.

Gibt der Rechtsverletzer eine ausreichend strafbewehrte Unterlassungsverpflichtungserklärung ab, so hat sich die Sache insoweit zunächst erledigt. Die Führung eines weiteren Gerichtsverfahrens ist nicht erforderlich.

Erstattung der Abmahnkosten

War die Abmahnung berechtigt, kann der Verletzte den Ersatz der erforderlichen Aufwendungen verlangen (§ 97a Abs. 1 Satz 2 UrhG). Die jeweils erforderlichen Aufwendungen, die in überwiegender Weise aus den Anwaltskosten des in seinem Recht Verletzten bestehen, richten sich nach dem Rechtsanwaltsvergütungsgesetz (RVG). Dabei setzt der abmahnende Rechtsanwalt einen Gegenstandwert fest, welcher das Unterlassungsinteresse des Verletzten widerspiegelt. Dieses kann durchaus erheblich sein und etwa für die öffentliche Zugänglichmachung eines Zeitungsartikels im Internet bis zu 10.000,00 EUR, für das Zurverfügungstellen eines Musikalbums in einer Tauschbörse bis zu 50.000,00 EUR oder für den Upload eines Kinofilms auf einer Sharehosting-Plattform mehr als 100.000,00 EUR betragen. Neben diesem Gegenstandswert setzt der abmahnende Anwalt eine sogenannte Geschäftsgebühr an, die sich nach dem Schwierigkeitsgrad der bearbeiteten Materie richtet. Aus diesen beiden Parametern – Gegenstandswert und Geschäftsgebühr – ergeben sodann die Kosten der Abmahnung. Hierbei kann es schnell zu einem Betrag in Höhe von rund 1.000,00 EUR kommen, wenn etwa drei Fotos aus einer überregionalen Tageszeitung in unautorisierter Art und Weise auf einem Onlineportal für jedermann öffentlich zugänglich gemacht werden.

Merke:
Das in einer einstweiligen Verfügung ausgesprochene Verbot ist unter allen Umständen zu beachten!

Weigert sich der Rechtsverletzer eine strafbewehrte Unterlassungsverpflichtungserklärung abzugeben, so wird die Wiederholungsgefahr nicht ausgeräumt und der Unterlassungsanspruch besteht fort. In einem solchen Fall ist es naheliegend, dass der verletzte Urheber im Wege des Antrags auf Erlass einer einstweiligen Verfügung Rechtsschutz bei den Gerichten sucht. Hält das Gericht nach der Aktenlage den Unterlassungsanspruch für begründet, so erlässt es – in der Regel ohne den Rechtsverletzer anzuhören – eine einstweilige Verfügung. Diese ist nach entsprechender Zustellung sofort zu beachten. Dies gilt jedenfalls so lange, wie das Gericht nicht in einem vom in

Anspruch Genommenen angestrengten Widerspruchsverfahren die einstweilige Verfügung wieder aufhebt.

Erlässt das Gericht eine einstweilige Verfügung, so kann es darin den Unterlassungstenor, also das zu beachtende Gebot, unterschiedlich weit ausgestalten. Im extremsten Fall kann es dabei sogar anordnen, dass der Rechtsverletzer nicht nur verpflichtet ist, es zu unterlassen, ein Buch zu drucken und dieses an den Buchhandel auszuliefern, sondern auch Maßnahmen zu ergreifen, um das Buch aus dem Buchhandel zurückzurufen.

2.9.1.2 Inkenntnissetzung (Take-down-Notice)

Es sind auch Fälle denkbar, in denen eine Rechtsverletzung offen auf der Hand liegt, es aber schwierig bis unmöglich ist, den Rechtsverletzer zu identifizieren. Werden etwa auf einem im Internet betriebenen Blog Beiträge Dritter unter Pseudonym eingestellt, die eine Urheberrechtsverletzung enthalten, so wäre es unter bestimmten Umständen nicht sachgerecht, den Blog-Betreiber sofort mit einer kostenpflichtigen Abmahnung zu überziehen, da er nur die Plattform für die Äußerungen zur Verfügung stellt. Hier ist vielmehr zunächst das Verfahren der sogenannten „Inkenntnissetzung" durchzuführen. Danach teilt der verletzte Urheber in dem vorgenannten Beispiel dem Blog-Betreiber mit, an welcher Stelle und aus welchen Gründen sich auf seinem Blog eine Urheberrechtsverletzung befindet.

Entfernt der Blog-Betreiber sodann umgehend den verletzenden Beitrag, so ist für ihn die Sache ausgestanden – auch die Kosten der Inkenntnissetzung, etwa solche des eingeschalteten Anwalts, können ihm nicht auferlegt werden. Wird der Blog-Betreiber dagegen nicht unverzüglich tätig, so kann der in seinem Recht Verletzte ihn danach ebenfalls kostenpflichtig abmahnen.

Merke:
Die Kosten der Inkenntnissetzung trägt der in seinem Recht Verletzte!

Dieses Verfahren – auch als Notice-and-take-down-Verfahren bezeichnet – basiert auf dem Telemediengesetz (TMG) und ist ein bei Hostprovidern sowie bei Sharehostern weitverbreitetes Instrumentarium, welches von Urhebern und Rechteinhabern auch vielfach genutzt wird.

2.9.1.3 Haftung des Inhabers eines Unternehmens (§ 99 UrhG)

Der Unterlassungsanspruch des § 97 Abs. 1 UrhG richtet sich auch gegen den Inhaber eines Unternehmens. Dem in seinem Recht Verletzten ist es rein tatsächlich vielfach gar nicht möglich, herauszufinden, ob und wenn ja in welchem Umfang der Inhaber eines Unternehmens für die Handlungen seiner Arbeitnehmer oder Beauftragten selbst verantwortlich ist. Die in § 99 UrhG niedergelegte grundsätzliche Haftung des Inhabers eines Unternehmens erleichtert somit die Rechtsverfolgung.

2.9.2 Schadensersatzanspruch (§ 97 Abs. 2 UrhG)

Der Verletzte kann gemäß § 97 Abs. 2 UrhG Schadensersatz verlangen, wenn der Verletzer vorsätzlich oder fahrlässig gehandelt hat. Vorsatz ist zu bejahen, wenn der Verletzer weiß, dass er ein fremdes Recht verletzt und dies auch beabsichtigt.

Fahrlässig handelt derjenige, der eine Verletzungshandlung zwar nicht bewusst vornimmt, dies bei Anwendung der im Verkehr erforderlichen Sorgfalt jedoch hätte erkennen können. So handelt beispielsweise ein Verleger, der die Texte seiner Autoren nicht selbst prüft, regelmäßig fahrlässig, wenn sich herausstellt, dass der Autor Rechte Dritter verletzt hat. Dies gilt selbst dann, wenn sich der Verleger in dem Autorenvertrag hat versichern bzw. garantieren lassen, dass der Autor Inhaber sämtlicher Rechte ist. Auch hier hilft die Garantie dem Verleger jedoch nur im Innenverhältnis gegenüber dem Autor. Im Außenverhältnis muss er sich dagegen mit dem Verletzten auseinandersetzen.

Die Bemessung des Schadens kann auf drei unterschiedliche Arten erfolgen:

- Der Verletzte kann den Schaden geltend machen, der durch die Verletzungshandlung entstanden ist.
- Der Verletzte kann auch den Gewinn, den der Verletzer durch die Verletzungshandlung erzielt hat, als Schaden geltend machen. In diesem Fall spricht man von der Geltendmachung des Verletzergewinns.
- Schließlich hat der Verletzte die Möglichkeit, seinen Schadensersatzanspruch auf der Grundlage desjenigen Betrages zu berechnen, den der Verletzer als angemessene Vergütung hätte entrichten müssen, wenn er die Erlaubnis zur Nutzung des verletzten Rechts eingeholt hätte. Die Schadensberechnung erfolgt dann auf der Grundlage der sogenannten „Lizenzanalogie".

Da in der Praxis sowohl der Nachweis des entstandenen Schadens als auch der Beweis des Verletzergewinns vielfach schwierig bis unmöglich ist, ist die gebräuchlichste Form der Schadensberechnung die Heranziehung der Lizenzanalogie. Hier gibt es keinerlei Beweisprobleme. Der Verletzte muss lediglich darlegen, welches Entgelt er für die rechtswidrige Nutzung üblicherweise erhalten hätte. Ein solcher Nachweis kann etwa durch Vorlage entsprechender Verträge und Rechnungen geführt werden.

Beispielfall
Gelingt es einem Fotografen nachzuweisen, dass er üblicherweise für den Abdruck eines seiner Fotos auf dem Titelblatt einer Zeitschrift ein Honorar von 750,00 EUR erhält, so wird er sich im Schadensersatzprozess leicht tun, durch Vorlage entsprechender Rechnungen seine Schadensberechnung aufgrund der Lizenzanalogie vorzunehmen.

Die Ansprüche auf Unterlassung und Schadensersatz stehen unabhängig nebeneinander. So kann der Verletzte beispielsweise für die Zukunft Unterlassung fordern und gleichzeitig Schadensersatz für die rechtwidrige Nutzung in der Vergangenheit verlangen.

2.9.3 Auskunftsanspruch (§ 101 UrhG)

Um die Identität des Rechtsverletzers oder den Umfang der begangenen Rechtsverletzung zu ermitteln, ist der in seinem Recht Verletzte nicht selten auf die Auskunftserteilung des Verletzers oder eines Dritten angewiesen. Die Voraussetzungen und den Umfang der zu erteilenden Auskunft regelt § 101 UrhG.

Auskunftsanspruch gegen den Verletzer
Der Hauptanwendungsbereich des Auskunftsanspruchs im unmittelbaren Verhältnis zwischen Verletzer und Verletztem besteht darin, Klarheit über das Ausmaß einer begangenen Rechtsverletzung zu erhalten. Nur wenn der Fotograf weiß, wie oft sein Foto auf dem Titelblatt einer bestimmten Zeitschrift erschienen ist, wie groß die verkaufte Auflage dieser Zeitschrift war und in welchem Gebiet sie verbreitet wurde, kann er sodann – etwa im Wege der Lizenzanalogie – seinen Schaden berechnen. Der Umfang der zu erteilenden Auskunft umfasst dabei gemäß § 101 Abs. 3 UrhG unter anderem die Namen und Anschriften von Herstellern, Lieferanten, Nutzern, gewerblichen Abnehmern und Verkaufsstellen, die Menge der hergestellten, ausgelieferten,

erhaltenen oder bestellten Vervielfältigungsstücke sowie die jeweils bezahlten Preise. Es zeigt sich also, dass der Rechtsverletzer im Zweifel zu einer sehr umfangreichen Auskunft unter Offenlegung seiner Betriebsgeheimnisse verpflichtet ist.

Auskunftsanspruch gegen einen Dritten

Der heutzutage bei weitem größte Anwendungsfall des Auskunftsanspruchs ist derjenigen gegenüber einem Accessprovider, also gegenüber einem Dritten, der die in Rede stehende Urheberrechtsverletzung nicht selbst begangen hat. In der dafür typischen Konstellation hat ein Urheber oder Rechteinhaber eine IP-Adresse ausfindig gemacht, über welche zu einem bestimmten Zeitpunkt urheberrechtswidrig Bücher, Zeitschriften oder Fotos öffentlich zugänglich gemacht wurden. Um in Erfahrung zu bringen, welchem individuellen Nutzer die konkret ermittelte IP-Adresse zu dem ebenfalls festgestellten Zeitpunkt zugeordnet war, kann der in seinem Recht Verletzte mit gerichtlicher Hilfe auf der Grundlage von § 101 Abs. 2 und 9 UrhG einen Auskunftsanspruch geltend machen. In diesem Fall verpflichtet das Gericht den Provider – also etwa die Deutsche Telekom AG – dazu, dem in seinem Recht Verletzten Name und Anschrift desjenigen mitzuteilen, dem zum fraglichen Zeitpunkt die ermittelte IP-Adresse zugeordnet war. In der Folge kann der Verletzte dann im Wege der Abmahnung gegen den Rechteverletzer vorgehen und von diesem Unterlassung und Schadensersatz fordern.

2.9.4 Weitere Folgen einer Urheberrechtsverletzung

Neben Unterlassung, Schadensersatz und Auskunft stehen dem in seinem Recht Verletzten unter gewissen Voraussetzungen auch weitere Ansprüche gegen den Rechtsverletzer zu. So besteht nach § 98 UrhG ein Anspruch auf Vernichtung von Raubkopien, auf Rückruf von mit einer Urheberrechtsverletzung behafteten Produkten aus den Vertriebswegen oder auf Überlassung von rechtswidrig hergestellten oder verbreiteten Vervielfältigungsstücken. § 101a UrhG gewährt einen Anspruch auf Vorlage und Besichtigung von Urkunden sowie von Bank-, Finanz- und Handelsunterlagen. § 103 UrhG ermöglicht in bestimmten Fällen die Bekanntmachung eines Gerichtsurteils auf Kosten des unterlegenen Rechtsverletzers.

3 Mittendrin und doch außen vor – das Verlagsgesetz

3.1 Das Verlagsgesetz und seine Bedeutung

Das Gesetz über das Verlagsrecht (VerlG) stammt aus dem Jahr 1901 und regelt das Rechtsverhältnis zwischen dem Verleger und dem Verfasser eines „Werkes der Literatur oder Tonkunst“. Das Verlagsgesetz wurde seit seinem Inkrafttreten zwar hier und da ein wenig geändert, aber nie grundlegend reformiert. Folglich sind viele der Vorschriften überholt und das Gesetz wird den Bedürfnissen und Anforderungen des Verlagsgeschäfts im 21. Jahrhundert nicht mehr gerecht.

Es gäbe viel zu reformieren in diesem Gesetz. Warum passiert das nicht?

Die Antwort ist einfach: Weil es das Urheberrechtsgesetz gibt und weil dort – wie im 2. Kapitel dargestellt – die wesentlichen Grundlagen des „Rechtsverkehrs im Urheberrecht“, also das Urhebervertragsrecht, ausführlich geregelt sind. Im Urheberrechtsgesetz finden auch die notwendigen Reformen statt. Das dort geregelte Vertragsrecht gilt auch und in erster Linie für das Rechtsverhältnis zwischen einem Verlag und seinen Autoren. Hinzu kommt, dass sich im Urheberrechtsgesetz die zwingenden gesetzlichen Vorschriften finden, also Vorschriften die man nicht durch vertragliche Vereinbarungen ausschließen oder auf den Kopf stellen kann. Im Verlagsgesetz sind gerade einmal zwei von insgesamt 50 Paragraphen zwingende, also nicht änderbare Vorschriften. Man kann in Verlagsverträgen deshalb die Dinge ganz anders regeln als sie im Verlagsgesetz vorgesehen sind. Das muss man auch, wenn man als Verleger wirtschaftlich erfolgreich publizieren will.

Das Verlagsgesetz spielt in der Praxis eher eine untergeordnete Rolle – vorausgesetzt man arbeitet mit den üblichen ausführlichen und standardisierten Verlagsverträgen. Vorsicht ist immer dann geboten, wenn kein ausführlicher Verlagsvertrag abgeschlossen wird oder der Verlagsvertrag Lücken oder Unklarheiten aufweist. Dann gilt in der Regel das, was im Gesetz steht. Das kann beim Verlagsgesetz gefährlich werden. Hierzu ein paar Beispiele.

Zur Frage der Anzahl und Höhe einer Auflage regelt das Verlagsgesetz:

§ 5

(1) Der Verleger ist nur zu einer Auflage berechtigt. (...)

(2) Ist die Zahl der Abzüge nicht bestimmt, so ist der Verleger berechtigt, tausend Abzüge herzustellen. (...)

Sofern der Verlagsvertrag keine Regelung zu Anzahl und Höhe der Auflagen enthält und die Vertragsparteien sich auch sonst dazu nicht nachweislich besprochen haben, darf der Verleger nur eine Auflage mit tausend Abzügen veranstalten. Das ist weder im Sinne des Verlegers noch in der Regel im Sinne des Autors.

Unpassend ist oft auch die Regelung zur Anzahl der Freiexemplare, die der Autor vom Verlag erhält:

§ 25

(1) Der Verleger eines Werkes der Literatur ist verpflichtet, dem Verfasser auf je hundert Abzüge ein Freiexemplar, jedoch im ganzen nicht weniger als fünf und nicht mehr als fünfzehn zu liefern. (...)

Bei einer Auflage von 1.500 Exemplaren hätte der Verfasser demnach Anspruch auf 15 Freiexemplare und dieser Anspruch entsteht bei jeder Auflage neu. Das hat mit der heutigen Praxis wenig zu tun.

Auch wenn es um die Fahnenkorrektur durch den Autor geht, sieht das Verlagsgesetz eine andere Regelung als die Vertragspraxis vor:

§ 20
(1) Der Verleger hat für die Korrektur zu sorgen. Einen Abzug hat er rechtzeitig dem Verfasser zur Durchsicht vorzulegen.
(2) Der Abzug gilt als genehmigt, wenn der Verfasser ihn nicht binnen einer angemessenen Frist dem Verleger gegenüber beanstandet.

Von Gesetzes wegen hat also alleine der Verlag für die Korrektur zu sorgen und der Autor ist trotz der Vorlage des Korrekturabzugs nicht zu einer Korrektur verpflichtet. In der Vertragspraxis wird der Autor üblicherweise zu einer Korrektur der Fahnenabzüge gerade verpflichtet, und zwar ohne dafür besonders vergütet zu werden. Der Verlag übernimmt die Erstkorrektur, der Autor die Endkorrektur. Der Autor muss die Korrekturen dabei ohne Verzögerung vornehmen und dem Verlag zukommen lassen. Er erteilt damit auch die Druckerlaubnis.

Die Liste überholter oder praxis-untauglicher Vorschriften ließe sich problemlos fortsetzen. Andererseits gibt es im Verlagsgesetz durchaus Regelungen, die nach wie vor eine gewisse Branchenübung reflektieren. So z.B. die Verpflichtung des Verlegers zur jährlichen Abrechnung im Fall eines Absatzhonorars und begleitend dazu das Recht des Autors zur Buchprüfung (§ 24 VerlG).

Im Ergebnis kann man sich auf das Verlagsgesetz als geeignete Grundlage für das verlagsvertragliche Verhältnis zwischen Verlag und Autor aber leider nicht verlassen. Eine ausführliche Regelung im Verlagsvertrag ist unerlässlich, damit das Verlagsgesetz nur dann zum Tragen kommt, wenn der Verlagsvertrag unklar ist oder Lücken aufweist. Daher gilt für das Verlagsgesetz: Mittendrin und doch außen vor.

Strategie:
Auf die Regelungen im Verlagsgesetz ist kein Verlass. Ein ausführlicher Verlagsvertrag ist deshalb unerlässlich.

3.2 Wesentliche Regelungen im Überblick

Auch wenn das Verlagsgesetz heute eine nur untergeordnete Rolle spielt, ist die Kenntnis einiger wesentlicher Vorschriften wichtig für das Rechtsverständnis. Zwar wurde der Großteil der Vorschriften auf heutige Bedürfnisse angepasst und oft erweitert in den branchenüblichen Verlagsverträgen (siehe dazu Kapitel 6). Es gibt aber auch Vorschriften, die durchaus eine eigenständige Bedeutung haben, sei es bei der grundsätzlichen Einordnung des Vertragstypus (Verlagsvertrag vs. Bestellvertrag) oder bei den Regelungen zur Beendigung eines Verlagsvertrages. Im Folgenden daher ein kurzer Überblick zu ein paar wesentlichen Regelungen, die neben oder über den typischen Regelungsgehalt eines Verlagsvertrages hinaus von Bedeutung sind:

– § 1 VerlG regelt den Inhalt des Verlagsvertrages. Danach muss der Verfasser das Werk zur Verfügung stellen und der Verleger ist verpflichtet, eben dieses Werk zu vervielfältigen und zu verbreiten. Die Betonung liegt dabei auf *Verpflichtung*. Der Verleger *muss* das Werk publizieren, soweit im Vertrag nicht ausdrücklich etwas anderes geregelt ist. Die Verpflichtung zur Publikation ist das wesentliche Merkmal eines „echten" Verlagsvertrages (s. auch Ziff. 6.1.1.) in Abgrenzung z.B. zu einem Bestellvertrag.

Merke:
Im Zweifel ist der Verleger zur Publikation des Werkes verpflichtet!

– § 47 VerlG regelt den *Bestellvertrag*, wonach der Besteller (also der Verleger) im Zweifel nicht zur Vervielfältigung und Verbreitung des gelieferten Werkes verpflichtet ist. Ein Bestellvertrag setzt voraus, dass der Verleger dem Autor Inhalt und Art und Weise des zu erstellenden Werkes genau vorgibt. Der Autor arbeitet also „nach einem Plane" des Verlegers. Bestellverträge sind in der Regel auch die Verträge mit Autoren einer Enzyklopädie oder die Verträge über Hilfs- und Nebenarbeiten für das Werk eines anderen Autors (z.B. die Anfertigung des Sachregisters oder Literaturverzeichnisses).

- §§41 bis 46 VerlG enthalten wie auch § 38 UrhG (s. o. Ziff. 2.5.2.1.) Sonderregelungen für Beiträge zu *periodischen Sammelwerken* wie z.B. Zeitungen und Zeitschriften. Demnach kann der Verleger bei diesen Publikationsformen schon von Gesetzes wegen so viele Abzüge herstellen wie er will. Er muss dem Autor keine Freiexemplare zur Verfügung stellen und er kann die Beiträge bis zu einem gewissen Grad bearbeiten, wenn der Beitrag ohne den Namen des Autors erscheinen soll. Der Autor wiederum kann den Vertrag kündigen, wenn der Verleger den Beitrag nicht innerhalb eines Jahres veröffentlicht hat.
- § 16 VerlG betrifft dem *Umfang der Vervielfältigungspflicht*. Der Verleger ist verpflichtet, die vertraglich vereinbarte Anzahl von Abzügen auch herzustellen. Sofern die Höhe der Auflage nicht geregelt ist, gilt § 5 VerlG mit seinen tausend Abzügen. Ferner hat der Verleger dafür Sorge zu tragen, dass der Bestand nicht vergriffen wird. Bei Print on Demand-Publikationen sollte diese Pflicht entsprechend vertraglich angepasst werden (siehe dazu Ziff. 8.1)
- § 17 VerlG regelt die *Veranstaltung neuer Auflagen*. Demnach ist ein Verleger, der grundsätzlich zur Veranstaltung mehrerer Auflagen berechtigt ist, nicht zugleich zu einer Neuauflage verpflichtet. Aus dem Recht folgt also keine Pflicht. Allerdings kann der Autor den Verleger zu einer Neuauflage auffordern. Kommt der Verleger dieser Aufforderung nicht innerhalb der vom Autor gesetzten (angemessenen) Frist nach, kann der Autor vom Verlagsvertrag zurücktreten.
- § 18 VerlG gewährt dem Verleger das Recht zur *Kündigung* eines Verlagsvertrages, wenn der Zweck des Werkes später wegfällt. Der Anspruch des Autors auf Vergütung (z.B. bei Zahlung eines Vorschusses) bleibt davon allerdings unberührt. Ein Wegfall des Zwecks kann eintreten, weil bestimmte Ereignisse nicht stattfinden (z.B. das in einem Gesetzeskommentar erläuterte Gesetz tritt nicht in Kraft) oder weil das behandelte Thema massiv an Aktualität verliert. Eine bloße Verschlechterung der Absatzchancen reicht hierfür jedoch nicht aus.
- §§ 30 und 31 VerlG geben dem Verleger ein Recht zum *Rücktritt* vom Verlagsvertrag, wenn der Autor das Werk nicht rechtzeitig abliefert oder das Werk nicht die vereinbarte Beschaffenheit aufweist. In beiden Fällen muss der Verleger dem Autor in der Regel zunächst eine angemessene Nachfrist zur Lieferung bzw. Nachbesserung setzten.
- §§ 32 und 35 VerlG gewähren dem Autor ein Rücktrittsrecht vom Verlagsvertrag. § 31 VerlG gibt diese Möglichkeit, wenn der Verleger das Werk nicht vertragsgemäß vervielfältig und verbreitet, also vertraglichen Vereinbarungen nicht nachkommt, indem er z.B. nicht rechtzeitig oder in zu geringer oder auch zu hoher Stückzahl publiziert. Allerdings muss der Autor dem Verlag in der Regel zuerst eine angemessene Nachfrist setzen. § 35 VerlG sieht ein Rücktrittsrecht des Autors vor Beginn der Vervielfältigung (= Herstellung des Satzes) in dem seltenen Fall vor, dass neue Umstände eintreten, die den Autor – hätte er sie gekannt – bei einer verständigen Würdigung des Falles von der Herausgabe des Werkes zurückgehalten hätten. Das können objektive Gründe wie neue wissenschaftliche Erkenntnisse oder subjektive Gründe wie eine geänderte wissenschaftliche, politische oder religiöse Überzeugung sein.

Merke:
Schlechte Absatzchancen berechtigen nicht zur Kündigung eines Verlagsvertrages. Wirtschaftliche Risiken trägt alleine der Verleger!

Strategie:
Kommt Ihnen das bekannt vor? Im Urheberrechtsgesetz gibt es ein Rückrufrecht wegen gewandelter Überzeugung (§ 42 UrhG, s. o. Ziff 2.7). Beide Behelfe können nebeneinander stehen. Dann kann der Autor wählen, worauf er sich stützen möchte.

Abschließend noch einmal zur Klarstellung: Keine der vorstehenden Vorschriften des Verlagsgesetzes stellt zwingendes Recht dar. Verleger und Autor können im Verlagsvertrag hiervon abweichende Regelungen treffen. Grenzen für eine kreative Vertragsgestaltung ergeben sich vielmehr aus dem Urheberrechtsgesetz und aus dem allgemeinen Vertragsrecht. Hierauf kommen wir später bei der Vertragsgestaltung noch einmal zurück (Ziff. 6).

4 Öfter als man denkt – das Persönlichkeitsrecht

Das Persönlichkeitsrecht spielt in der Verlagspraxis eine große Rolle und taucht immer wieder in sehr unterschiedlichen Fallkonstellationen auf. Ob Belletristik, Sachbuch oder Biografie – das Persönlichkeitsrecht kommt immer dann zum Tragen, wenn eine Person oder auch ein Unternehmen erkennbar dargestellt werden und der Autor über diese Person oder das Unternehmen Tatsachen behauptet, seine Meinung äußert oder sie – wie bei (auto-) biografischen Romanen üblich – mit fiktiven Ereignissen oder auch (Charakter-) Eigenschaften in Verbindung bringt. Bei bildlichen Darstellungen ergibt sich schon aus der bloßen Erkennbarkeit der abgebildeten Person ein Eingriff in das Persönlichkeitsrecht in der besonderen Ausprägung des sogenannten Rechts am eigenen Bild. Das Recht am eigenen Bild ist in den §§ 22 ff. Kunsturhebergesetz (KUG) geregelt.

Ein Eingriff in das Persönlichkeitsrecht führt nicht zwangsläufig zu einer Rechtsverletzung. Das Persönlichkeitsrecht ist in seiner Gesamtheit nicht absolut geschützt. Vielmehr findet in allen Fällen eine sehr einzelfallbezogene Abwägung zwischen den Interessen der betroffenen Person oder des betroffenen Unternehmens und den Interessen des Autors oder des (Presse-) Verlegers statt.

Beispielfall

Der renommierte Mediziner und Autor Professor Neunmalklug verfasst einen Ratgeber zum Thema gesunde Ernährung. Darin nimmt er verschiedene Diäten unter die Lupe. Unter anderem schreibt er über die Brezen-Diät seines unliebsamen Kollegen Dr. Butter, dass diese Diät zu erhöhtem Blutdruck und massiven Magen-Darm-Problemen führe und beruft sich dabei auf einen Selbstversuch. Abgesehen davon sei die Diät auch „geschmacklich nicht besonders abwechslungsreich“. Dann beschreibt er die Diätprodukte des Lebensmittelkonzerns K.A.LORI pauschal als „unerträgliches Teufelszeug“. Neben den Ausführungen zu diesen Diätprodukten platziert der Autor das selbst gemachte Foto eines stark übergewichtigen Kindes, das mit entsetzter Miene eines der Diätprodukte in die Kamera hält. Für das Foto hat sich der vierzehnjährige Nachbarjunge, ein Spielkamerad seines Sohnes, spontan zur Verfügung gestellt, weil er von einer Karriere als Schauspieler träumt. Der zuständige Lektor hat kein gutes Gefühl. Zu Recht? Die Antwort finden Sie am Ende dieses Kapitels.

4.1 Allgemeines Persönlichkeitsrecht

Zunächst zum allgemeinen Persönlichkeitsrecht, dessen Grundlagen und Verständnis auch für alle besonders gesetzlich geregelten Ausprägungen des Persönlichkeitsrechts von Bedeutung sind.

4.1.1 Wo ist das allgemeine Persönlichkeitsrecht geregelt?

Im Grundgesetz! Genau genommen ist es dort zwar nicht geregelt, aber die Rechtsprechung hat den Schutz der Persönlichkeit aus dem Art. 1 Abs. 1 und dem Art. 2 Abs. 1 des Grundgesetzes heraus entwickelt. Dort heißt es:

Art. 1

(1) Die Würde des Menschen ist unantastbar. Sie zu achten und zu schützen ist Verpflichtung aller staatlichen Gewalt.

...

Art. 2

(1) Jeder hat das Recht auf die freie Entfaltung seiner Persönlichkeit, soweit er nicht die Rechte anderer verletzt und nicht gegen die verfassungsmäßige Ordnung oder das Sittengesetz verstößt.

...

Jeder Mensch hat demnach ein Recht auf Achtung seiner Würde und auf freie Entfaltung seiner Persönlichkeit. Dieses Grundrecht wird z. B. durch eine beleidigende Äußerung oder durch die Behauptung falscher Tatsachen verletzt, da der Betroffene – ganz banal ausgedrückt – sich selbst schlecht fühlt und vor anderen schlecht dasteht. Solche Rechtsverletzungen beeinträchtigen das Lebensbild eines Menschen, beeinflussen (in negativer Form) seine Handlungs- und Entwicklungsmöglichkeiten und führen neben der persönlichen Herabsetzung nicht selten auch zu konkreten wirtschaftlichen Schäden. Es überrascht daher nicht, dass Persönlichkeitsrechtsverletzungen zu einem Anspruch auf Unterlassung und unter bestimmten Umständen auch auf Schadensersatz führen. Als Anspruchsgrundlage Grundlage für diese beiden Ansprüche greift die Rechtsprechung auf das Bürgerlichen Gesetzbuch (BGB) zurück, und zwar bezüglich der Schadensersatzpflicht auf das Deliktrecht (§ 823 BGB) und bezüglich des Unterlassungsanspruchs auf das Recht des Eigentümers, Beeinträchtigungen seines Eigentums zu untersagen (§ 1004 BGB). Im Ergebnis findet sich die Basis des allgemeinen Persönlichkeitsrechts also im Grundgesetz in Verbindung mit dem Bürgerlichen Gesetzbuch. Das Grundgesetz gibt dabei nur den Rahmen vor. Die unterschiedlichen Fallgruppen, Voraussetzungen und Beurteilungskriterien hat die Rechtsprechung in den letzten 60 Jahren anhand konkreter Einzelfälle herausgearbeitet und immer weiter verfeinert. Das allgemeine Persönlichkeitsrecht wurde daher wie kaum ein anderes Rechtsgebiet in Deutschland von der Rechtsprechung geprägt.

4.1.2 Womit kollidiert das Persönlichkeitsrecht?

Die in Art. 1 Abs. 1 und 2 Abs. 1 GG geregelte Unantastbarkeit der Würde des Menschen und sein Recht auf freie Entfaltung seiner Persönlichkeit sind selbstverständlich nicht die einzigen Grundrechte. Auch der Romanautor oder der investigative Journalist kann sich auf starke Grundrechte berufen:

Art. 5

(1) Jeder hat das Recht, seine Meinung in Wort, Schrift und Bild frei zu äußern und zu verbreiten und sich aus allgemein zugänglichen Quellen ungehindert zu unterrichten. Die Pressefreiheit und die Freiheit der Berichterstattung durch Rundfunk und Film werden gewährleistet. Eine Zensur findet nicht statt.
(2) Diese Rechte finden ihre Schranken in den Vorschriften der allgemeinen Gesetze, den gesetzlichen Bestimmungen zum Schutze der Jugend und in dem Recht der persönlichen Ehre.
(3) Kunst und Wissenschaft, Forschung und Lehre sind frei. Die Freiheit der Lehre entbindet nicht von der Treue zur Verfassung.

Es sind insbesondere die Meinungs-, Presse- (Art. 5 Abs. 1 GG) und Kunstfreiheit (Art. 5 Abs. 3 GG) sowie auch die Berufsfreiheit (Art. 12 GG), die den Autoren, Journalisten und publizierenden Medienunternehmen den Rücken freihalten und garantieren, dass sie bei der Auswahl ihrer Themen grundsätzlich freie Hand haben und auch inhaltlich schreiben dürfen, was sie denken. Geschützt ist also nicht nur die Freiheit der eigenen Meinung, sondern auch die Freiheit diese zu äußern (Meinungsäußerungsfreiheit). Die Äußerung einer Meinung ist dabei geprägt von wertenden Elementen, also z.B. eine Stellungnahme im Sinne einer Zustimmung oder Ablehnung. Und weil so eine Stellungnahme als Beitrag zu einem Meinungsaustausch oder einer Diskussion oft nur sinnvoll ist, wenn auch die der Meinung zugrunde liegenden Tatsachen vorgetragen werden, sind auch diese Tatsachenbehauptungen grundsätzlich geschützt. Dies gilt allerdings nur, solange es sich nicht um erkennbar oder erwiesenermaßen oder gar bewusst unwahre Tatsachenbehauptungen handelt. Unrichtige Informationen und damit unwahre Tatsachenbehauptungen sind kein schützenswertes Gut. Tatsachenbehauptungen zeichnen sich dadurch aus, dass sie bewiesen werden können.

Beispielfall

„Herr Meier trägt jeden Tag grüne Schuhe. Grün ist keine schöne Farbe“

Die Äußerung, dass Herr Meier jeden Tag (also ausnahmslos!) grüne Schuhe trägt, ist eine Tatsachenbehauptung. Sie ist dem Beweis zugänglich und wer dies behauptet, der sollte das auch nachweisen können. Die Äußerung, dass Grün keine schöne Farbe ist, ist eine Meinungsäußerung. Denn ob etwas schön ist oder nicht, liegt im Auge des Betrachters und ist schlichtweg Geschmackssache. Man kann niemandem verbieten, die Farbe Grün nicht schön zu finden.

Die Unterscheidung zwischen Meinungsäußerung und Tatsachenbehauptung ist in der Praxis längst nicht immer so eindeutig wie im vorstehenden Beispielsfall. Oft vermischt sich beides und dann gilt es zunächst den Gehalt der Äußerung zu analysieren und herauszuarbeiten, welches Element die Äußerung prägt.

Die Meinungs- wie auch die Kunstfreiheit unterliegen Schranken. Bei der Meinungsfreiheit sind das die in Art. 5 Abs. 2 GG genannten Vorschriften der „allgemeinen Gesetze“ und „die gesetzlichen Bestimmungen zum Schutz der Jugend“ und „das Recht der persönlichen Ehre“. Die Meinungsfreiheit gibt einem mithin nicht das Recht gegen Gesetze wie das Urheberrecht zu verstoßen oder andere Personen zu beleidigen, zu verleumden oder mit herabsetzender Schmähkritik zu überziehen. Die Kunstfreiheit findet ihre Grenzen lediglich in den anderen Grundrechten, also in Rechtsgütern von gleichem Rang. Dazu gehört auch das in Art. 1 Abs. 1 und 2 Abs. 1 GG verankerte allgemeine Persönlichkeitsrecht.

Bei der Kollision zweier Rechtsgüter von gleichem Rang bedarf es stets einer sehr sorgfältigen und auf den Einzelfall bezogenen Abwägung der Interessen beider Seiten. Gehen Meinungs- und Kunstfreiheit vor oder überwiegt der Schutz des allgemeinen Persönlichkeitsrechts?

Merke:
Wenn das Persönlichkeitsrecht mit der Meinungs-, Presse-, oder Kunstfreiheit kollidiert, bedarf es immer einer Abwägung im Einzelfall, welches Recht überwiegt und den stärkeren Schutz verdient. Zu so einer Kollision kann es in der Regel nur kommen, wenn die betroffene Person überhaupt erkennbar ist.

Zu so einer Kollision kann es regelmäßig nur dann kommen, wenn die Person, die sich auf ihr allgemeines Persönlichkeitsrecht beruft, erkennbar dargestellt wird. Nur dann ist die jeweilige Person überhaupt betroffen. Die Erkennbarkeit setzt keine namentliche Nennung voraus. Eine Erkennbarkeit kann sich auch durch die Erwähnung eines Spitznamens, die Erwähnung individualisierender Merkmale aus dem Lebenslauf der Person oder Ereignissen ergeben, an denen die Person beteiligt war. Bei der Beurteilung der Erkennbarkeit kommt es nicht darauf an, ob sich die Person selbst erkennt oder ob man „objektiv betrachtet“ die Person erkennen kann. Abzustellen ist vielmehr auf den Bekanntenkreis der Person. Man muss sich also in die Angehörigen, Freunde und Bekannte der Person hineinversetzen und sich fragen, ob die Anhaltspunkte aus dieser Sicht zu einer Erkennbarkeit der jeweiligen Person führen.

Es gibt allerdings wenige Ausnahmefälle, in denen trotz fehlender Erkennbarkeit eine Kollision entstehen kann, nämlich immer dann, wenn in die Intimsphäre (siehe dazu unten Ziff. 4.1.5.2.) der Person eingegriffen wird. Bestes Beispiel sind Nacktaufnahmen (z.B. eines Torsos) oder Patientenbilder (z.B. eines Tumors oder Röntgenbilder), bei denen die abgebildete Person nicht erkennbar ist und trotzdem ein berechtigtes Interesse besteht, die Veröffentlichung zu untersagen.

4.1.3 Wer kann sich auf ein Persönlichkeitsrecht berufen?

Träger des allgemeinen Persönlichkeitsrechts sind nicht nur Menschen, also natürliche Personen. Auch juristische Personen, also z.B. Gesellschaften oder Vereine können sich auf ein Persönlichkeitsrecht des Unternehmens, ein sogenanntes Unternehmenspersönlichkeitsrecht berufen. Auch ein Unternehmen kann sich also dagegen wehren, dass über das Unternehmen falsche Tatsachenbehauptungen oder herabwürdigende Meinungsäußerungen verbreitet werden.

Merke:
Auch Unternehmen, also juristische Personen haben ein Unternehmenspersönlichkeitsrecht.

Einen solchen Schutz gewährt den Unternehmen im Übrigen auch das bereits erwähnte Deliktsrecht im Bürgerlichen Gesetzbuch. So kann ein Unternehmen gegen kreditgefährdende Tatsachenbehauptungen (§ 824 BGB) und sittenwidrige vorsätzliche Schädigungen (§ 826 BGB) vorgehen. Auch gegen Eingriffe in den sogenannten „eingerichteten und ausgeübten Gewerbebetrieb" kann sich ein Unternehmen zur Wehr setzen (§ 823 Abs. 1 BGB).

4.1.4 Wie lange besteht der Schutz?

Das allgemeine Persönlichkeitsrecht endet mit dem Tod eines Menschen. Es ist weder übertragbar, noch kann es vererbt werden. Trotzdem endet der rechtliche Schutz der Persönlichkeit des Verstorbenen nicht mit seinem Leben. Der Schutz geht darüber hinaus und wird deshalb als postmortaler Persönlichkeitsschutz bezeichnet. Das klingt vielleicht zunächst seltsam, ist aber bei genauer Betrachtung durchaus nachvollziehbar: Denn auch wenn es einen Toten nicht mehr interessieren kann und muss, was „über ihn geredet wird", so lebt der Verstorbene doch in der Erinnerung seiner Angehörigen, Freunde und bei prominenten Persönlichkeiten vielleicht sogar der Gesellschaft fort. Es ist sein Lebensbild, das er hinterlässt und das die Rechtsprechung als von Art. 1 Abs. 1 GG geschützt ansieht. Ein Mensch muss darauf vertrauen können, dass dieses Lebensbild auch nach seinem Tod zumindest gegen grobe ehrverletzende Entstellungen weiterhin geschützt bleibt.

Merke:
Der Schutz der Persönlichkeit wirkt über den Tod hinaus (postmortaler Persönlichkeitsschutz).

Die Dauer des postmortalen Schutzes der Persönlichkeit ist nicht allgemein festgelegt. Je nach Grad der Prominenz der Person und seinem Leben und Wirken kann die Erinnerung an ihn mehr oder weniger schnell verblassen. Es ist also eine Frage des Einzelfalles, wobei der Schutz bei besonders berühmten Menschen nach deren Tod durchaus über viele Jahrzehnte hinweg noch fortdauern kann.

Beispielfall

Anlass für die Rechtsprechung zum postmortalen Persönlichkeitsrecht war ein prominenter Autor mit einem bedeutendem Werk. Es ging um den Roman „Mephisto" von Klaus Mann. In diesem Werk ist in der Romanfigur des Hendrik Höfgen deutlich der bekannte Schauspieler und Theaterintendant Gustaf Gründgens erkennbar, der zur Zeit des Nationalsozialismus (und auch noch danach) in Deutschland Karriere gemacht hat. Nach dem Tod von Gustaf Gründgens im Jahr 1963 klagte sein Adoptivsohn letztendlich erfolgreich gegen die Veröffentlichung des Romans. Das Gericht gewichtete in dem konkreten Fall den postmortalen Persönlichkeitsschutz stärker als die Kunstfreiheit des Autors. Der Verlag durfte den Roman deshalb schon seit etwa 1966 nicht mehr verkaufen.

Erst Anfang der 1980iger Jahre wagte es ein anderer Verlag, den Roman trotz des Urteils wieder zu veröffentlichen. Ein geschickter Schachzug: Denn das Urteil wirkt – wie jedes Urteil – nur zwischen den beiden Parteien, also zwischen dem Adoptivsohn von Gründgens und dem erstveröffentlichenden Verlag. Die Angehörigen von Gustaf Gründgens hätten daher gegen die Veröffentlichung in einem anderen Verlag erneut gerichtlich vorgehen müssen. In Anbetracht des langen Zeitraums zwischen den beiden Publikationen wäre ein erneutes Verbot aber eher unwahrscheinlich gewesen, da der postmortale Schutz mit der Zeit abnimmt. Heute käme ein Verbot deshalb nicht mehr in Betracht.

4.1.5 Was schützt das Persönlichkeitsrecht alles?

Diese Frage lässt sich nicht abschließend beantworten, da das allgemeine Persönlichkeitsrecht in seinem Umfang nicht abschließend geregelt ist. Allerdings hat die Rechtsprechung verschiedene Fallgruppen entwickelt, die einen guten Überblick über den Schutzbereich geben. Hilfreich ist auch die sogenannte Sphärentheorie, die den Schutz der Persönlichkeit graduell abnehmen lässt je weiter sich die Person freiwillig in die Öffentlichkeit bewegt.

Das allgemeine Persönlichkeitsrecht schützt den Menschen in seiner gesamten Erscheinung, also z.B. auch seinen Stil, sein Erscheinungsbild oder seine Stimme.

4.1.5.1 Fallgruppen

Zunächst ein Überblick über die verschiedenen Fallgruppen oder auch Schutzbereiche des Persönlichkeitsrechts:

- **Schutz der informationellen Selbstbestimmung:** Jeder hat das Recht selbst zu entscheiden, ob, wann und welche Daten von ihm veröffentlicht werden – soweit nicht im Einzelfall das Informationsinteresse der Allgemeinheit an den Daten überwiegt (z.B. im Zusammenhang mit der Aufklärung der Stasi-Vergangenheit).
- **Schutz des gesprochenen und geschriebenen Wortes:** Jeder hat das Recht selbst zu entscheiden, ob er sich vertraulich an einen einzelnen Gesprächspartner oder eben an die Öffentlichkeit wendet und muss es z.B. nicht dulden, dass seine Äußerungen heimlich aufgezeichnet oder seine Briefe veröffentlicht werden oder auch dass er falsch zitiert wird. Auch hier kann jedoch im Einzelfall das Informationsinteresse der Allgemeinheit überwiegen. Das unerlaubte Aufnehmen und Abhören des nichtöffentlich gesprochenen Wortes ist übrigens auch in § 201 Strafgesetzbuch unter Strafe gestellt.
- **Schutz des Lebens- und Charakterbildes:** Jeder hat das Recht selbst zu entscheiden, ob sein Leben oder Teile daraus öffentlich gemacht werden – sofern nicht das Informationsinteresse der Öffentlichkeit überwiegt. Dieser Schutz spielt vor allem bei Biografien eine große Rolle, wobei gerade bei Biografien über Prominente meist ein Informationsinteresse der Öffentlichkeit vorliegt. Prominente können Biografien über sich also nicht ohne weiteres verhindern.
- **Schutz des Privatlebens:** Jeder hat das Recht auf ein privates „Rückzugsgebiet", also auf einen Lebensbereich, in dem die Öffentlichkeit nichts zu suchen und über das sie nicht zu berichten hat.
- **Schutz vor Ausbeutung der Persönlichkeit:** Jeder hat das Recht selbst zu entscheiden, ob er seinen Namen, sein Bildnis, seine Stimme oder andere Persönlichkeitsmerkmale für kommerzielle oder werbliche Zwecke zur Verfügung stellt.
- **Schutz von Ehre und Ruf:** Keiner muss sich herabwürdigen oder gar mit Kraftausdrücken beschimpfen lassen. Kritik ja, reine Schmähkritik nein. Dabei lässt die Meinungsfreiheit gerade im Meinungskampf zwar viel Spielraum für offene und schonungslose Kritik. Wenn die Kritik allerdings nur noch darauf ausgerichtet ist, den Betroffenen unsachlich zu kränken oder zu diffamieren, dann überwiegt das Persönlichkeitsrecht des Betroffenen.

Vorstehende Fallgruppen zeigen, dass es eine Vielzahl von Bereichen gibt, in denen das Persönlichkeitsrecht seinen Schutz entfaltet. Zugleich zeigen die Fallgruppen auch, dass eine Abwägung der dem Schutz entgegenstehenden Interessen im Einzelfall erforderlich ist. Dabei gilt der Grundsatz: Je größer das Informationsinteresse der Öffentlichkeit ist, desto eher tritt der Schutz der Persönlichkeit des Einzelnen in den Hintergrund. Allerdings muss das Informationsinteresse berechtigt sein. Reine Neugier, Sensationslust oder Unterhaltung sind insoweit nicht geschützt.

4.1.5.2 Sphärentheorie

Die sogenannte Sphärentheorie unterteilt das Leben eines Menschen nach stark geschützten und weniger stark geschützten Bereichen. Je näher sich eine Sphäre am Kern der Persönlichkeit befindet, desto stärker ist sie geschützt. Unterteilt wird dabei nach der Intimsphäre, Geheimsphäre, Privatsphäre, Sozialsphäre und Öffentlichkeitssphäre, wobei der Schutz der Intimsphäre am größten ist und bis hin zur Öffentlichkeitssphäre stetig abnimmt.

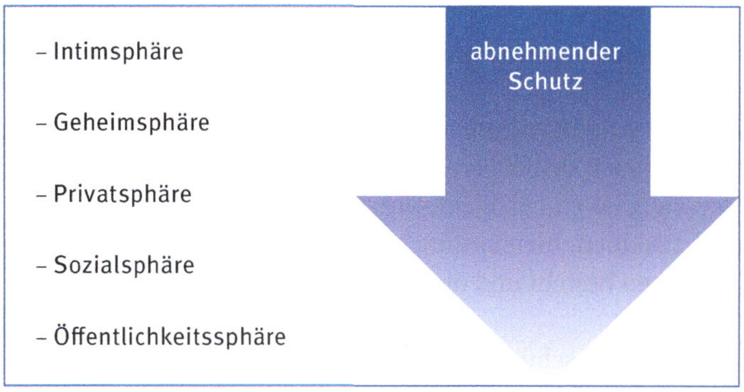

Abb. 8: Sphärentheorie

Wenn man also beurteilen muss, ob Inhalte einer Biografie, eines Sachbuchs oder auch eines autobiografischen Romans gegen das Persönlichkeitsrecht einer erkennbar dargestellten Person verstoßen, dann sollte man den kritischen Inhalt zunächst einer dieser Sphären zuordnen. Je weiter der Inhalt an den Kern der Persönlichkeit, also an die Intimsphäre heranreicht, desto kritischer ist die Veröffentlichung und desto wasserfester muss man Tatsachenbehauptungen belegen können, Meinungen auf ihre Sachlichkeit hin prüfen und „hinzugedichtete" Elemente eines Romans hinterfragen. Bei Unternehmen ist das mit den Sphären selbstverständlich schwierig. Dort gilt es besondere Vorsicht dann walten zu lassen, wenn der jeweilige Inhalt sich geschäftsschädigend auswirken kann. Zu den Sphären im Einzelnen:

Intimsphäre

Die Intimsphäre bildet den innersten Kern des Persönlichkeitsrechts. Sie genießt grundsätzlich absoluten Schutz und „geht niemanden etwas an". Sie umfasst den letzten unantastbaren Bereich menschlicher Freiheit und schafft Distanz zu den Mitmenschen. Dem Bereich der Intimsphäre unterfallen vor allem die Sexualität, also z.B. die Beschreibung oder bildliche Darstellung sexueller Handlungen oder die sexuelle Orientierung und verborgene Krankheiten wie Krebserkrankungen oder z.B. eine HIV-Infektion. Wer über die Intimsphäre einer Person berichtet, darf dies nur mit deren Einwilligung tun, es sei denn, der Betroffene hat selbst zuvor bereits die intimen Details in der Öffentlichkeit breitgetreten.

Geheimsphäre

Die Geheimsphäre betrifft alle Lebensbereiche eines Menschen, die bei verständiger Würdigung – wie der Name schon sagt – geheimhaltungsbedürftig sind. Hier geht es um private Briefe, Tagebuchaufzeichnungen, Telefonate, E-Mails, Tonbandaufnahmen, etc. Grundsätzlich soll jeder selbst entscheiden können, ob und wann er derart private Lebensbereiche einer Öffentlichkeit Preis gibt. Wer die Geheimsphäre eines Menschen nicht beachtet, der macht sich unter Umständen sogar strafbar (siehe dazu die Vorschriften der §§ 201 ff. des Strafgesetzbuches, die eine Verletzung des persön-

lichen Lebens- und Geheimbereichs regeln: z.B. die Vertraulichkeit des Wortes (§ 201 StGB), gewisse Bildaufnahmen (§ 201 a StGB), das Briefgeheimnis (§ 202 StGB), das Ausspähen von Daten (§ 202 a StGB oder das Post- oder Fernmeldegeheimnis (§ 206 StGB)).
Bei der Geheimsphäre bröckelt der absolute Schutz bereits, das heißt eine Veröffentlichung ist gerechtfertigt, wenn im konkreten Einzelfall ausnahmsweise das Interesse der Öffentlichkeit das Geheimhaltungsinteresse überwiegt.

Privatsphäre
Die Privatsphäre umfasst in erster Linie alle Lebensvorgänge und Äußerungen im häuslichen und familiären Bereich. Nach allgemeinem Verständnis sind das Bereiche, die ohne Zustimmung der jeweiligen Person nicht ohne weiteres zugänglich sind. Zur Privatsphäre gehören aber auch Örtlichkeiten außerhalb des häuslichen Bereichs, solange man rein privaten Tätigkeiten nachgeht. Dies gilt insbesondere auch für Prominente, die eine Wort- und Bildberichterstattung nur dulden müssen, wenn ein konkreter Bezug zum Zeitgeschehen besteht und die Öffentlichkeit ein berechtigtes Interesse an der Berichterstattung hat.
Die Privatsphäre ist nicht absolut geschützt. Hier kommt es üblicherweise zu der eingangs unter Ziff. 4.1.2. bereits beschriebenen Interessenabwägung im Einzelfall zwischen dem Persönlichkeitsrecht einerseits und Meinungs-, Presse-, und Kunstfreiheit andererseits. Dabei spielt die Schwere des Eingriffs eine Rolle, die Bedeutsamkeit der Information für die Öffentlichkeit oder auch das bisherige Verhalten des Betroffenen gegenüber Presse und Medien. Je zurückgezogener ein Mensch lebt, desto schutzbedürftiger ist er auch. Besonders stark geschützt sind auch Kinder, da sie die Bedeutung ihres Verhaltens oft nicht abschätzen können und zugleich ein Eingriff in das Persönlichkeitsrecht eines Kindes besonders schwerwiegende Auswirkungen haben kann.

Sozialsphäre
Hier sind die Stichwörter: Arbeitsplatz, Kegelclub oder Parteitag. Es geht in der Sozialsphäre um die sozialen Bindungen eines Menschen, also um das berufliche, gewerbliche, gesellschaftliche oder politische Umfeld, in dem der Mensch als Teil der Gesellschaft agiert und sich auch bewusst ist, dass er von dieser Gesellschaft – nicht aber der (breiten) Öffentlichkeit – wahrgenommen wird. In diesem Bereich hat das Informationsinteresse der Öffentlichkeit bereits einen hohen Stellenwert. Die Veröffentlichung beruflich oder amtlich veranlasster offizieller Schreiben sind genauso wenig ein Tabu wie z.B. die (sachliche) Bewertung von Lehrern durch ihre Schüler im Internet, eines der prominentesten Fallbeispiele des Bundesgerichtshofs aus dem Bereich der Sozialsphäre.

Öffentlichkeitssphäre
Bleibt noch die Öffentlichkeitssphäre. Damit verbindet man Begriffe wie roter Teppich, Rampenlicht, Rednerpult, Demonstrationen oder Wettkämpfe. Es sind die Momente, in denen sich ein Mensch ganz bewusst der Öffentlichkeit präsentiert und diese vielleicht sogar sucht. Dieser Bereich ist persönlichkeitsrechtlich so gut wie gar nicht mehr geschützt, eine Berichterstattung ist zulässig.

Strategie:
In der Praxis tut man sich bei der Zuordnung von Lebenssachverhalten zu den Sphären oft schwer, vor allem weil das jeder etwas anders empfindet. Oft hilft eine kleine Umfrage unter Kollegen nach dem Motto: Wie würden Sie entscheiden?

4.1.6 Und wer soll das beurteilen?

Die vorstehend dargestellten Grundzüge des allgemeinen Persönlichkeitsrechts zeigen die Komplexität der Materie und den starken Einzelfallbezug in der rechtlichen

Beurteilung und Durchführung der stets erforderlichen Interessenabwägung. Das „juristische Lektorat" eines biografischen Romans oder eines Enthüllungsbuches ist nicht selten das reinste Minenfeld und bedarf doch einiger Erfahrung.

Hier sind sowohl der Autor als auch der Verlag zur Beachtung journalistischer wie auch allgemeiner Sorgfaltspflichten aufgerufen. Der Autor muss gerade bei Tatsachenbehauptungen die Richtigkeit seiner Angaben gewissenhaft prüfen und seine Quellen sorgfältig aussuchen. Gerade bei gewichtigen Behauptungen, die einen besonders starken Eingriff in das Persönlichkeitsrecht des Betroffenen darstellen, müssen Informationen gegebenenfalls auch mehrfach hinterfragt und von verschiedenen Quellen bestätigt werden. Auch der Verlag hat eine Pflicht zur Prüfung der von ihm veröffentlichten Inhalte. Er muss den Autor sorgfältig aussuchen und muss auch die den Autor und das jeweilige Buch betreuenden Lektoren klar instruieren und sollte diese in rechtlicher Hinsicht schulen. Im Ernstfall sind Autor und Verlag beweispflichtig dafür, dass sie die ihnen obliegenden Sorgfaltspflichten beachtet haben.

Übrigens: Sollte sich auch unter Beachtung aller Sorgfaltspflichten später herausstellen, dass bestimmte Inhalte doch nicht der Wahrheit entsprechen oder nicht mehr bewiesen werden können, so dürfen diese Inhalte auch nicht mehr weiter verbreitet werden.

Strategie:
„Augen zu und durch" ist sicherlich die falsche Strategie. Der Verlag muss sich mit den Inhalten eines Manuskripts auseinandersetzen und kritische Stellen beim Autor hinterfragen, Nachweise verlangen und im Zweifelsfall umschreiben lassen.

4.2 Recht am eigenen Bild

Das Recht am eigenen Bild ist eines der wenigen Persönlichkeitsrechte, das relativ ausführlich in einem Gesetz geregelt ist. Es ist deshalb ein sogenanntes „besonderes Persönlichkeitsrecht", das – soweit es eben besonders gesetzlich geregelt ist – dem bereits dargestellten allgemeinen Persönlichkeitsrecht (siehe oben Ziff. 4.1.) als speziellere Regelung vorgeht. Die gesetzlichen Regelungen finden sich im Kunsturhebergesetz (KUG). Das KUG ist ähnlich wie das Verlagsgesetz (siehe oben Kapitel 3) ein Relikt aus längst vergangenen Zeiten. Es stammt aus dem Jahr 1907.

Beispielfall
Anlass für die damalige gesetzliche Regelung des Rechts am eigenen Bild war ein Fall, der zu einem Aufschrei der Empörung im Wilhelminischen Reich führte. Journalisten hatten heimlich Aufnahmen des Leichnams von Otto von Bismarck angefertigt und diese veröffentlicht. Dem begegnete man rechtlich damals noch mangels Alternativen mit dem Vorwurf des Hausfriedensbruchs gegenüber den Journalisten.

Das KUG als Gesetz wurde mit der Einführung des Urheberrechtsgesetzes im Jahr 1966 aufgehoben, soweit es nicht den Bildnisschutz betrifft. Der Bildnisschutz, der in ein paar wenigen Paragraphen (§§ 22 ff. KUG) geregelt ist, hat also „überlebt" und trotz gelegentlicher Versuche kam es nie zu einer Neuregelung des Rechts am eigenen Bild.

4.2.1 Was steht im Gesetz? – Systematik und Prüfungsfolge

Von Interesse sind lediglich die §§ 22 und 23 KUG. Der § 22 KUG regelt zunächst das grundsätzliche Erfordernis einer Einwilligung für die Verbreitung oder öffentliche Zurschaustellung von Bildnissen sowie zudem eine Vermutung für so eine Einwilligung und auch die Dauer des Rechts am eigenen Bild nach dem Tod des Abgebildeten. § 23 KUG enthält dann vier Ausnahmen vom Erfordernis der Einwilligung. Diese Ausnahmen stehen allerdings unter der Bedingung, dass keine berechtigten Interessen des Abgebildeten verletzt werden.

Ein Blick in das Gesetz fördert das Rechtsverständnis. Bitteschön:

§ 22 KUG

Bildnisse dürfen nur mit Einwilligung des Abgebildeten verbreitet oder öffentlich zur Schau gestellt werden. Die Einwilligung gilt im Zweifel als erteilt, wenn der Abgebildete dafür, dass er sich abbilden ließ, eine Entlohnung erhielt. Nach dem Tode des Abgebildeten bedarf es bis zum Ablaufe von 10 Jahren der Einwilligung der Angehörigen des Abgebildeten. Angehörige im Sinne dieses Gesetzes sind der überlebende Ehegatte oder Lebenspartner und die Kinder des Abgebildeten und, wenn weder ein Ehegatte oder Lebenspartner noch Kinder vorhanden sind, die Eltern des Abgebildeten.

§ 23 KUG

(1) Ohne die nach § 22 erforderliche Einwilligung dürfen verbreitet und zur Schau gestellt werden:

1. Bildnisse aus dem Bereiche der Zeitgeschichte;
2. Bilder, auf denen die Personen nur als Beiwerk neben einer Landschaft oder sonstigen Örtlichkeit erscheinen;
3. Bilder von Versammlungen, Aufzügen und ähnlichen Vorgängen, an denen die dargestellten Personen teilgenommen haben;
4. Bildnisse, die nicht auf Bestellung angefertigt sind, sofern die Verbreitung oder Schaustellung einem höheren Interesse der Kunst dient.

(2) Die Befugnis erstreckt sich jedoch nicht auf eine Verbreitung und Schaustellung, durch die ein berechtigtes Interesse des Abgebildeten oder, falls dieser verstorben ist, seiner Angehörigen verletzt wird.

Merke:
Es besteht grundsätzlich ein Verbot, das Bild einer Person zu veröffentlichen, wenn keine Einwilligung vorliegt.

Es besteht also grundsätzlich ein Verbot der Veröffentlichung, wenn es keine Einwilligung des Abgebildeten gibt und wenn nicht eine der gesetzlich geregelten Ausnahmen vorliegt.

In der Praxis führt das zu einer Prüfung in maximal drei Schritten. Wenn diese Prüfung am Ende zu einem grünen „Ja“ führt, dann steht auch einer Veröffentlichung nichts mehr im Weg:

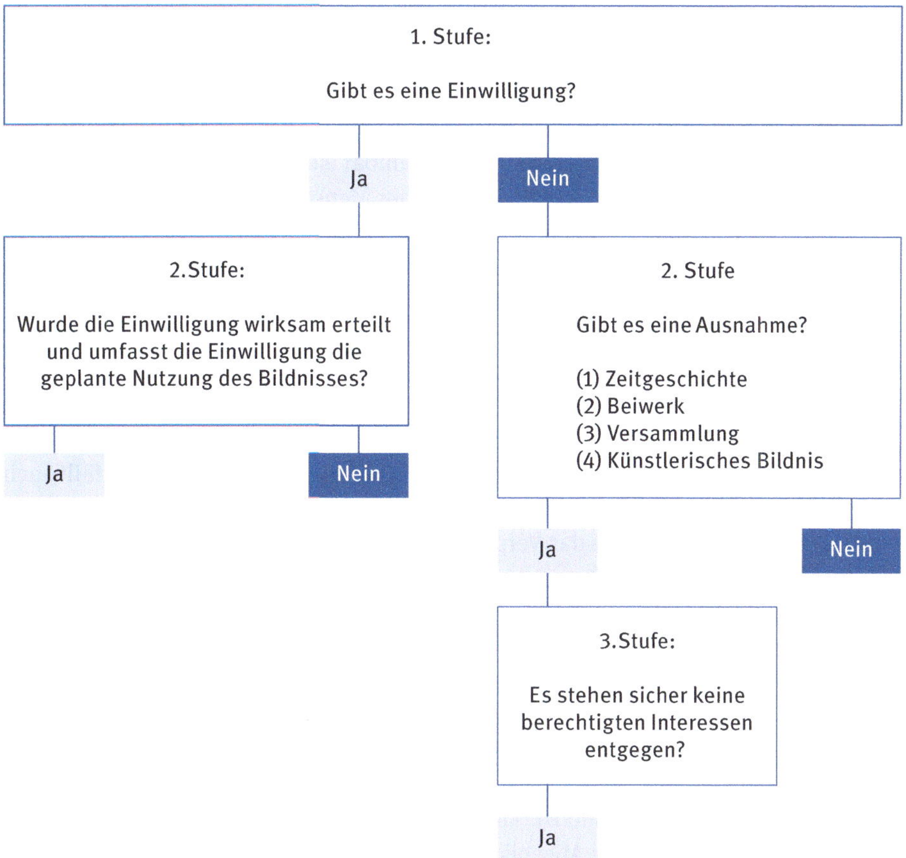

Abb. 9: Prüfungsfolge Recht am Bild

Um die Fragen auf den jeweiligen Stufen beantworten zu können bedarf es doch eines etwas tieferen Wissens, was hinter den Begriffen Bildnis, Einwilligung, Beiwerk oder Zeitgeschehen zu verstehen ist. Dazu gleich nachfolgend.

Davor aber noch ein Hinweis: Das Recht am eigenen Bild ist in den einzelnen Ländern weltweit unterschiedlich geregelt. In Österreich zum Beispiel ist das Recht am eigenen Bild im Urheberrechtsgesetz geregelt. Dort wird nach §78 Österreichisches Urheberrechtsgesetz, anders als in Deutschland, kein absoluter Schutz gewährt. Vielmehr ist in Österreich grundsätzlich jede Veröffentlichung erst einmal zulässig, solange sie nicht gegen berechtigte Interessen des Abgebildeten verstößt. Die Dauer des Bildnisschutzes nach dem Tod richtet sich in Österreich nach dem Grad der Verwandtschaft und ist nicht einheitlich zeitlich festgelegt. In Kalifornien, USA, wiederum währt der Bildnisschutz zum Beispiel per Gesetz bis 70 Jahre nach dem Tod. Im Land der Celebrities und Hollywoodstars überrascht das allerdings weniger.

Strategie:
Wer außerhalb Deutschlands publiziert, der muss auch rechtlich über den Tellerrand hinausschauen. Das Recht am eigenen Bild ist von Land zu Land weltweit unterschiedlich geregelt.

4.2.2 Was ist ein Bildnis und wann ist jemand erkennbar?

Liegt kein Bildnis vor oder ist die abgebildete Person nicht erkennbar, dann kommt auch das Recht am eigenen Bild nicht zum Tragen.

Zunächst zum Begriff des Bildnisses. Ein Bildnis zeigt eine Person so, wie sie im wahren Leben wirklich aussieht. Der Schutz gilt dem äußeren Erscheinungsbild. Es spielt dabei keine Rolle, ob es sich um ein Portrait, eine Ganzkörperaufnahme oder um ein Gruppenbild handelt. Genauso wenig erheblich ist, ob es sich um ein Foto, einen Film, eine Computeranimation, eine Zeichnung, eine Karikatur, eine Skulptur, eine Münzprägung oder vielleicht sogar nur einen Scherenschnitt handelt. Selbst ein Double oder Look-alike stellt ein Bildnis der gedoubelten Person dar.

Merke:
Unter Bildnis fällt jede Form der Darstellung einer Person vom Foto bis zum Scherenschnitt. Entscheidend ist, ob der Abgebildete für seinen Bekanntenkreis erkennbar ist.

Am Ende entscheidend ist also nicht das Medium oder die Art der Darstellung der Person, sondern alleine ob die Person erkennbar ist. Die Erkennbarkeit wird sich dabei in erster Linie aus den Gesichtszügen eines Menschen ergeben. Das muss aber nicht sein. Auch eine typische Körperhaltung (man denke an die bezeichnende Haltung der Hände der Bundeskanzlerin), eine charakterisierende Frisur (man denke an den Comedien Atze Schröder) oder ein bekannt gewordenes Outfit der Person (man denke an Udo Lindenberg) können zu einer Erkennbarkeit führen. Dies gilt gleichermaßen für andere auf dem Bild enthaltene Elemente oder einfach nur begleitende Umstände wie Zeit und Ort der Darstellung, etwaige Bauwerke, Firmenlogos oder gegebenenfalls auch den Begleittext, soweit der eindeutige Rückschluss möglich ist, dass es sich um eine bestimmte Person handeln muss. Die Erkennbarkeit entfällt auch nicht ohne weiteres durch oberflächliches Retuschieren wie das Setzen des berühmten Augenbalkens oder durch das Verpixeln der Gesichtszüge. Das fördert oft eher die Aufmerksamkeit des Betrachters.

Strategie:
Ein Balken über den Augen mag zwar ganz verrucht aussehen, erkennbar bleibt die Person aber allemal!

Schließlich ist beim Recht am eigenen Bild wie auch im allgemeinen Persönlichkeitsrecht (siehe dazu Ziff. 4.1.2.) für die Beurteilung der Erkennbarkeit auf den Bekanntenkreis der abgebildeten Person abzustellen. Denn gerade im persönlichen Umfeld von der Familie bis zu den Bekannten und Arbeitskollegen zeigt die Veröffentlichung eines Bildnisses am meisten Wirkung und führt eben unter Umständen zu einer schweren Beeinträchtigung. Dabei muss der Abgebildete auch nicht beweisen, dass er die Person auf dem Bild ist oder dass ihn seine Bekannten erkannt haben. Es reicht vielmehr aus, dass der Abgebildete begründeten Anlass zu der Annahme hat, dass man ihn erkennt.

Zur Erinnerung: Wenn die Person nicht erkennbar ist, dann kann das allgemeine Persönlichkeitsrecht eingreifen, so dass es trotz der fehlenden Erkennbarkeit einer Einwilligung bedarf. Das ist regelmäßig bei Nacktaufnahmen oder bei Krankheits- oder Verletzungsbildern der Fall (siehe dazu Ziff. 4.1.2.).

Handelt es sich nach diesen Vorgaben um ein Bildnis und ist die abgebildete Person erkennbar, dann greift § 22 S. 1 KUG und es bedarf der Einwilligung des Abgebildeten, wenn man das Bildnis „verbreiten oder öffentlich zur Schau stellen" will.

4.2.3 Wann wird ein Bildnis verbreitet oder zur Schau gestellt?

Diese Frage ist einfacher zu beantworten, wobei auch diese Merkmale in der Praxis häufig in ihrer Reichweite unterschätzt werden.

Verbreitung ist jede Form der körperlichen Verwertung vollkommen unabhängig davon, ob das in hoher Auflage durch ein Print-Medium, durch das Verkaufen von Fotoabzügen oder das Verschenken kleiner Figuren erfolgt. Es geht nur darum, dass das Bildnis weitergegeben wird. Das muss weder in großen Mengen passieren noch muss diese Weitergabe an eine Öffentlichkeit erfolgen.

Merke:
Vom Flyer bis zum Lexikon, vom Schaufenster bis zur Website – unter Verbreitung und Zurschaustellung fällt fast jede Verwertung.

Das zur Schau stellen umfasst hingegen umfasst jede unkörperliche öffentliche Wiedergabe vom Aushang an einem schwarzen Brett bis hin zur Abrufmöglichkeit im Internet oder Sendung im Fernsehen. Öffentlich ist das zur Schau stellen, wenn die Gruppe der Adressaten nicht persönlich miteinander verbunden, also „wirklich" befreundet ist. Hier greift man auf eine Definition im Urheberrechtsgesetz zurück, dass in § 15 Abs. 3 UrhG den Begriff der Öffentlichkeit festlegt. Schon der Freundeskreis in sozialen Netzwerken wie Facebook dürfte vor diesem Hintergrund die Kriterien einer

Öffentlichkeit erfüllen, da es sich in den wenigsten Fällen um einen Kreis derer handelt, mit denen man eine dauerhafte persönliche Bindung pflegt.

4.2.4 Wie lange besteht der Schutz?

Das steht ausnahmsweise glasklar im Gesetz – möchte man meinen: Nach dem Tode des Abgebildeten bedarf es bis zum Ablaufe von zehn Jahren der Einwilligung der Angehörigen des Abgebildeten (§ 22 S. 3 KUG). Der postmortale Bildnisschutz ist also auf zehn Jahre begrenzt.

Beispielfall
Ein konkretes Beispiel: Wenn die abgebildete Person am 31.12.2003 verstorben ist, dann darf das Bildnis ab dem 01.01.2014 ohne Einwilligung der Angehörigen verwendet werden.

Den Kreis der Angehörigen, deren Einwilligung es nach dem Tod bedarf, definiert das Gesetz gleich mit. Darunter fallen gemäß § 22 S. 4 KUG der überlebende Ehegatte oder Lebenspartner und die Kinder des Abgebildeten. Gibt es beides nicht, dann kommt es auf die Eltern des Abgebildeten an. Erschwerend kommt hinzu, dass man grundsätzlich von allen demnach maßgeblichen Angehörigen eine Einwilligung braucht und nicht nur von einer Person aus diesem Kreis.

Nach den 10 Jahren ist wirklich endgültig Schluss? Nicht unbedingt! Danach kann in Fällen einer schwerwiegenden Verletzung des Achtungsanspruchs des Verstorbenen durch die Veröffentlichung des Bildnisses das allgemeine Persönlichkeitsrecht eingreifen und eine Einwilligung auch noch 15 oder auch 30 Jahre nach dem Tod erforderlich machen. Es gelten insoweit die unter Ziff. 4.1.4. dargestellten Grundsätze.

Strategie:
Vorsicht bei der Auswahl der Angehörigen! Wenn der falsche oder nur ein Teil die Einwilligung erteilt, dann reicht das nicht aus.

4.2.5 Wie sieht eine Einwilligung aus und was gilt es zu beachten?

Einwilligung ist nicht gleich Einwilligung. Es gibt in Art und Umfang unterschiedliche Einwilligungen. Abgesehen davon sollte man auch hinterfragen, wer zur Erteilung der Einwilligung berechtigt ist.

4.2.5.1 Ausdrücklich oder konkludent

Eine Einwilligung kann ausdrücklich, also mündlich oder auch schriftlich, sowie stillschweigend erteilt werden. Bei mündlichen Einwilligungen besteht später häufig das Problem des Nachweises. Bei der Annahme von stillschweigenden oder auch sogenannten konkludenten Einwilligungen ist besondere Vorsicht geboten. Aus der Sicht des Empfängers muss sich aus den Umständen und vor allem aus dem Verhalten des Abgebildeten schon eindeutig ergeben, dass er eine Zustimmung erteilen wollte. Hieran werden hohe Anforderungen gestellt.

Beispielfall
Banal aber in der Praxis immer wieder der Fall: Der Gefilmte oder Fotografierte weiß schlichtweg schon gar nicht, dass es seiner Einwilligung rechtlich bedarf. Eine konkludente Einwilligung scheidet dann aus. Oder jemand duldet die Anfertigung von Aufnahmen einfach nur teilnahmslos. Auch das reicht nicht ohne weiteres für eine stillschweigende Einwilligung. Gibt allerdings jemand dem Fernsehteam eines Nachrichtenmagazins, das als solches erkennbar aufgetreten ist, freiwillig ein Interview, so liegt die konkludente Einwilligung jedenfalls in eine einmalige Ausstrahlung nahe.

Eine Vermutung für eine konkludente Einwilligung regelt auch das Gesetz in § 22 S. 2 KUG: Die Einwilligung gilt im Zweifel als erteilt, wenn der Abgebildete dafür, dass er sich abbilden ließ, eine Entlohnung erhielt. Wer also als Model engagiert und dafür bezahlt wird, der erteilt vermutlich eine Einwilligung. Schön und gut, aber wie weit reicht dann diese Einwilligung?

Genau das ist das Problem ganz generell bei konkludent erteilten Einwilligungen. Die Reichweite der Einwilligung bleibt unbestimmt und bedarf der Auslegung. Das wiederum geht im Zweifel zum Nachteil des Verlages.

Merke:
Mündliche Einwilligungen führen später zu einem Beweisproblem; konkludente Einwilligungen hinterlassen darüber hinaus noch totale Unklarheit über die Reichweite der Einwilligung.

4.2.5.2 Beschränkt oder unbeschränkt

Eine Einwilligung kann beschränkt oder sehr weitgehend (quasi unbeschränkt) erteilt werden. Dabei gelten dieselben Grundsätze wie bei der Einräumung eines Nutzungsrechts im Urheberrecht (siehe dazu Ziff. 2.4.1.). Auch die Einwilligung kann räumlich zeitlich und inhaltlich beschränkt werden. Die Einwilligung kann also nur für Publikationen im deutschsprachigen Raum, nur für einen Zeitraum von z.B. 2 Jahren oder auch inhaltlich auf das Medium Print beschränkt werden.

Wurden diese Faktoren nicht besprochen oder schriftlich fixiert oder wurde gar nur ganz allgemein und pauschal eine Einwilligung erteilt, dann muss man diese unbestimmte Einwilligung auslegen. Auch hier greift man auf das Urheberrecht zurück, und zwar auf die sogenannte „Zweckübertragungsregel" (siehe dazu Ziff. 2.4.1.3). Im Zweifel bekommt man nur das, was man zur Erfüllung des unmittelbaren Zwecks unbedingt benötigt. Im Ergebnis führt das regelmäßig zu einer stark beschränkten Einwilligung – beschränkt auf jene Veröffentlichung, die der unmittelbare Anlass für die Einwilligung war. Nur in seltenen Fällen sieht die Rechtsprechung auch mit der konkreten Einwilligung verbundene branchenübliche Nutzungen als mit umfasst.

Merke:
Im Zweifel für das Model. Pauschale oder unklare Einwilligungen werden eng ausgelegt. Es gilt die „Zweckübertragungslehre".

Beispielfall

So berechtigt die Einwilligung eines Sportlers zu Fotoaufnahmen bei einer Sportveranstaltung nicht zur Verwendung der Fotos in einem anderen Zusammenhang. Eine allgemeine Einwilligung zur „Aufnahme und Verwertung" berechtigt nicht zur Verwendung für Werbung. Auch berechtigt eine Einwilligung zur redaktionellen Verwendung nicht zugleich zu einer Bearbeitung des Bildnisses. Wer allerdings seine Einwilligung zu einem Zeitschriftencover erteilt, der muss auch die Verwendung des Covers in der Werbung dulden. Gleiches gilt für ein Laufstegmodel, das die Verwendung von Aufnahmen im Rahmen der Berichterstattung hinnehmen muss.

4.2.5.3 Erklärungsberechtigte und Vertreter

Ratlosigkeit herrscht bisweilen auch bei der Frage, wer denn die Einwilligung überhaupt erklären darf bzw. wer eine schriftliche Einwilligung alles unterschreiben muss.

Grundsätzlich ist anerkannt, dass man sich bei der Erklärung einer Einwilligung vertreten lassen kann, z.B. durch einen insoweit bevollmächtigten Manager. Bei Minderjährigen muss man unterscheiden. Bei Geschäftsunfähigen (das sind alle unter sieben Jahre und Geisteskranke) bedarf es der Erteilung der Einwilligung durch den gesetzlichen Vertreter, in der Regel also die sorgeberechtigten Eltern. Bei beschränkt Geschäftsfähigen (das sind alle über sieben und unter achtzehn Jahre) bedarf es ebenfalls der Erteilung der Einwilligung durch den gesetzlichen Vertreter, aber unter Umständen zusätzlich auch des Minderjährigen selbst. Eine solche Doppelzuständigkeit bei der Erteilung der Einwilligung kommt immer dann in Betracht, wenn der Minderjährige sich auch selbst schon eine halbwegs differenzierte Meinung bilden kann, ob er einer Anfertigung und Veröffentlichung seines Bildnisses zustimmen will. Das hängt natürlich vom Einzelfall ab, ist aber bei einem Teenager doch sehr wahrscheinlich.

4.2.5.4 Model-Release

Wer auf Nummer sicher gehen will und eine umfassende Verwertung der Aufnahmen anstrebt, der lässt sich von allen abgebildeten Personen ein sogenanntes Model-Release oder zu Deutsch auch Einwilligungserklärung unterzeichnen, die z.B. folgendermaßen aussehen könnte:

Einwilligungserklärung

Hiermit erkläre ich mich ausdrücklich damit einverstanden, dass das bei den Fotoaufnahmen am XX.YY.ZZZZ angefertigte Bildmaterial (bearbeitet oder unbearbeitet) – auch bei Erkennbarkeit meiner Person/meines Kindes – zu redaktionellen und werblichen Zwecken in der Verlagsgruppe des VV Verlages zeitlich und räumlich unbeschränkt in allen Medien veröffentlicht werden kann, insbesondere in gedruckter Form (z.B. Hardcover, Taschenbuch, Zeitschrift, ... *Aufzählung für den Verlag wichtiger Print-Ausgaben*) und auf digitalen Trägermedien (z.B. CD, CD-ROM, DVD, ...) vervielfältigt und verbreitet sowie (z.B. zum Abruf im Internet) öffentlich zugänglich gemacht oder in sonstiger Form öffentlich wiedergegeben (z.B. Sendung, Vortrag, etc.) werden kann.

(Ort), den ....

....	....
(Model)	(gesetzlicher Vertreter)

Wer sich nun fragt, welches Model so etwas unterschreibt, der mag Recht haben, dass derart umfassende Erklärungen in der Praxis auf Skepsis und Ablehnung stoßen. Aber genau das ist bezweckt: Wer alles tun und lassen können möchte, der soll sein gegenüber wenigstens ordentlich aufklären und schwarz auf weiß vor Augen führen, worauf der sich einlässt.

4.2.6 Kann man eine Einwilligung widerrufen?

Nur in besonderen Ausnahmefällen. Wer eine Einwilligung einmal wirksam erteilt hat, der muss sich grundsätzlich daran festhalten lassen. Hierzu gibt es zwar unterschiedliche Auffassungen in Rechtsprechung und Rechtsliteratur.

Es steht aber außer Frage, dass nur massive Veränderungen in der Person des Abgebildeten einen Widerruf rechtfertigen können – ähnlich wie bei dem Rückruf von Nutzungsrechten wegen gewandelter Überzeugung im Urheberrecht (§ 42 UrhG, siehe dazu Ziff. 2.6.2). Außerdem stehen im Fall eines Widerrufs der Einwilligung auch Ansprüche auf Schadensersatz im Raum, wenn der Verwerter darauf vertraut hat, dass die Einwilligung von Dauer ist.

Merke:
Eine erteilte Einwilligung kann grundsätzlich nicht widerrufen werden.

4.2.7 Wann bedarf es keiner Einwilligung?

Die Ausnahmen vom Erfordernis einer Einwilligung sind in § 23 KUG geregelt. Es ist eine insoweit abschließende Aufzählung bestimmter Fallkonstellationen und Umstände, die das Erfordernis entfallen lassen, damit die Presse- und Bildberichterstattung nicht komplett zum Erliegen kommen. Allerdings stehen auch diese Ausnahmen unter dem Vorbehalt des § 23 Abs. 2 KUG, wonach selbst bei Vorliegen einer der Ausnahmen noch einmal abschließend zu prüfen ist, ob nicht berechtigte Interessen einer Veröffentlichung im Wege stehen. Zunächst jedoch zu den nicht weniger erklärungsbedürftigen Ausnahmen.

4.2.7.1 Die Ausnahmen

Das Gesetz nennt vier Fälle, in denen Bildnisse ohne eine Einwilligung des Abgebildeten verbreitet oder öffentlich zur Schau gestellt werden dürfen.

Bildnisse aus dem Bereich der Zeitgeschichte

Der erste Fall betrifft Bildnisse aus dem Bereich der Zeitgeschichte. Das sind Bilder, die das aktuelle Zeitgeschehen dokumentieren, also alle Ereignisse, die die Öffentlichkeit bewegen, die von ihr beachtet werden und über die weite Kreise informiert werden wollen. Das Interesse der Öffentlichkeit an dem zeitgeschichtlichen Ereignis muss dabei nicht von Dauer sein. Es muss auch nicht ein weltweites, sondern kann auch ein lokal begrenztes Interesse sein.

Die Rechtsprechung entwickelte im Laufe der Jahre zur besseren Beurteilung und weiteren Definition der zeitgeschichtlichen Ereignisse die Figuren der absoluten und relativen Personen der Zeitgeschichte. Einfach ausgedrückt bedeutete das: Sobald jemand als absolute oder relative Person der Zeitgeschichte galt, war auch eine Veröffentlichung seines Bildnisses ohne Einwilligung grundsätzlich erlaubt. Es fand dann nur noch im Rahmen des § 22 Abs. 2 KUG eine Interessenabwägung statt, ob nicht ausnahmsweise berechtigte Interessen der Person der Zeitgeschichte einer Veröffentlichung entgegenstanden – z.B. weil die Person sich bewusst in eine gewisse örtliche Abgeschiedenheit zurückgezogen hat.

Als absolute Personen der Zeitgeschichte galten alle Menschen, die durch Geburt, Leistung, (Un-)Taten, oder ihre Position aus der Allgemeinheit besonders herausragen und deshalb für die Öffentlichkeit von besonderem Interesse sind. Eine Berichterstattung über diese Personen galt daher per se als gerechtfertigt (sofern nicht ausnahmsweise berechtigte Interessen entgegenstanden). Als relative Personen der Zeitgeschichte bezeichnete man Menschen, die gewollt oder ungewollt vorübergehend mit dem Zeitgeschehen in Berührung kamen, so dass auch hier ein Interesse der Öffentlichkeit an der Berichterstattung über diese Personen bestand. Dies rechtfertigte allerdings nur eine Veröffentlichung im zeitlichen und thematischen Zusammenhang mit dem jeweiligen Ereignis. Zu den relativen Personen der Zeitgeschichte gehörten vor allem die an Aufsehen erregenden Straftaten beteiligten Personen sowie Familienangehörige und Begleiter von absoluten Personen der Zeitgeschichte von dem Moment an, in dem sie in dieser Funktion alleine oder zusammen mit der absoluten Person der Zeitgeschichte erstmals in der Öffentlichkeit aufgetreten sind.

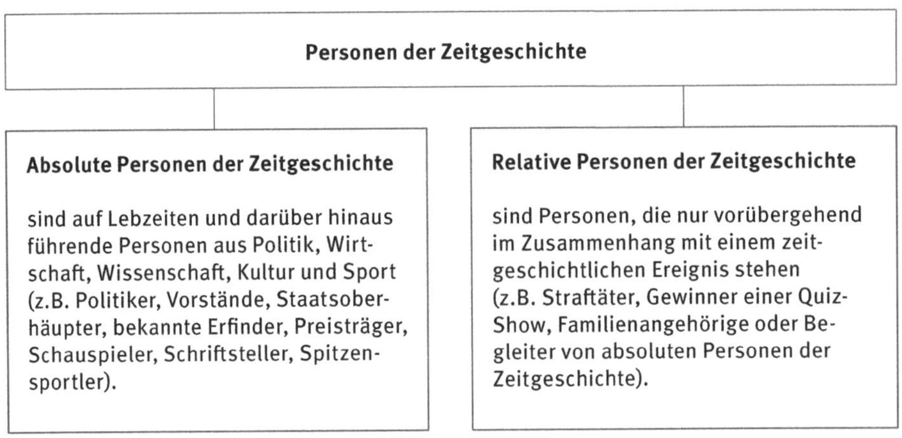

Abb. 10: Personen der Zeitgeschichte

Es gab schon immer Kritik an dieser rechtlichen Konstruktion und vor allem auch an der Tendenz der Rechtsprechung, sehr großzügig mit der Beurteilung des Informationsinteresses der Öffentlichkeit umzugehen. Im Jahr 2004 hat der Europäische Gerichtshof für Menschenrechte (EGMR) dann die ständige Rechtsprechung der deutschen Gerichte ins Wanken gebracht. Er hat damals ein Urteil verkündet, wonach – einfach ausgedrückt – die deutsche Rechtsprechung der Presse bei der Berichterstattung über Prominente zu viel Freiheit einräume. Erstritten hat dieses Urteil Caroline von Hannover, die es nicht mehr länger dulden wollte, dass Fotos von ihr beim wöchentlichen Einkauf in den Gazetten und Zeitschriften erscheinen. Der EGMR hat ihr Recht gegeben. Das Privatleben von Prominenten ist auch in der Öffentlichkeit grundsätzlich geschützt. Dies gelte insbesondere, wenn die Bildberichterstattung nur der Befriedigung der Sensationslust der Leser und dem Gewinnstreben der Verlage diene.

Merke:
Die Kategorisierung nach absoluten und relativen Personen der Zeitgeschichte ist überholt. Entscheidend für die Qualifikation als „Zeitgeschichte" sind heute die konkrete Situation und der Kontext, in dem die Person abgebildet wird.

Nun sind die deutschen Gerichte zwar dem EGMR nicht direkt verpflichtet. Dennoch wurde das Urteil in die deutsche Rechtsprechung übertragen. Dies führte zu einer recht grundlegenden dogmatischen Änderung. Heutzutage führt der Status eines Menschen als relative oder absolute Person der Zeitgeschichte nicht mehr „automatisch" zu einer grundsätzlichen Rechtfertigung der Bildberichterstattung. Ob absolute oder relative Person der Zeitgeschichte oder auch einfach nur Privatperson: Entscheidend sind der Kontext und die Situation, in dem die jeweilige Person dargestellt wird. Zeigt dieser Kontext ein zeitgeschichtliches Ereignis, so ist auch eine Veröffentlichung des Bildnisses zulässig, wobei in jedem Einzelfall das Informationsinteresse der Öffentlichkeit an der Berichterstattung gegenüber dem Schutz der Persönlichkeit abgewogen werden muss.

Die Presse hat dabei zwar durchaus einen breiten Spielraum, was sie gesellschaftlich für relevant und berichtenswert hält. Das kann auch der Unterhaltung des Lesers dienen. Die Grenze bildet jedoch die Befriedigung reiner Sensationslust und Neugierde. Die Berichterstattung muss einen Beitrag zur öffentlichen Meinungsbildung leisten, wenn dieser auch noch so gering ist. Letztendlich wird damit die früher in erst auf dritter Stufe in § 23 Abs. 2 KUG stattfindende Abwägung berechtigter Interessen vorverlagert in die Beurteilung, ob es sich um ein Bildnis aus dem Bereich der Zeitgeschichte handelt.

Merke:
Das Informationsinteresse der Öffentlichkeit muss dem Schutz der Persönlichkeit vorgehen und die Berichterstattung muss einen Beitrag zur öffentlichen Meinungsbildung leisten.

Vor diesem Hintergrund hat die Rechtsprechung ein abgestuftes Schutzkonzept entwickelt, das mehr nach bestimmten Personengruppen und nach Kontext unterscheidet als nach dem grundsätzlichen Status der Person. Dazu ein paar Stichpunkte:

Zu den Personengruppen:
- Am wenigsten geschützt sind Politiker, da die Berichterstattung hier als „Wachhund" der demokratischen Gesellschaft fungiert.
- Bei Personen des öffentlichen Lebens (vorübergehend oder dauerhaft) besteht grundsätzlich ein gesteigertes Informationsinteresse und eine Berichterstattung, die zur Meinungsbildung durch Information beiträgt und auf zeitgeschichtliches Geschehen Bezug nimmt, ist zulässig. Bei Prominenten können das aufgrund ihrer Vorbildfunktion auch Abbildungen aus dem öffentlichen Alltagsleben im positiven wie im negativen Sinn sein. Bei nur vorübergehend in die Öffentlichkeit tretenden Personen wie Straftätern oder den „Begleitern" muss (wie auch früher schon) die Berichterstattung in engem inhaltlichen und zeitlichen Bezug zu dem zeitgeschichtlichen Ereignis stehen.
- Gewöhnliche Privatpersonen sind wesentlich stärker geschützt, eine Berichterstattung kommt nur in engen Grenzen in Betracht, wobei hier insbesondere die Sphärentheorie zu beachten ist (siehe oben Ziff. 4.1.5.2.).

- Stark geschützt sind Minderjährige, eine Berichterstattung kommt nur in Betracht, wenn die (prominenten) Eltern ihre Kinder der Öffentlichkeit präsentieren oder diese auf öffentliche Veranstaltungen mitnehmen.

Zum Kontext:
- Die Intimsphäre ist absolut geschützt, ein zeitgeschichtliches Ereignis in diesem Kontext nur in extremen Ausnahmefällen denkbar, so z.B. wenn der Abgebildete sich in dem jeweiligen Bereich seiner Intimsphäre zuvor selbst bereits freiwillig geöffnet hat.
- Die Verwendung von zeitgeschichtlichen Bildnissen für rein kommerzielle oder werbliche Zwecke ist grundsätzlich unzulässig. Allerdings sind „Mischformen" möglich, das heißt z.B. eine Werbeanzeige, die sich mit politischem Zeitgeschehen kritisch auseinandersetzt. Auch kann die Bewerbung des jeweiligen Produktes zulässig sein, auf dem ein zeitgeschichtliches Ereignis abgebildet ist (z.B. Bewerbung einer Zeitschrift mit dem Cover).
- Eine Rolle spielt weiterhin das Verhalten der Abgebildeten Person in der Öffentlichkeit. Wer seit jeher sein Privatleben freizügig in die Öffentlichkeit trägt, der kann dann nicht auf einen besonders starken Schutz von ihm nicht gewünschter Publikationen hoffen.
- Privilegiert sind weiterhin satirische Darstellungen, da sie der Kunstfreiheit unterfallen. Allerdings ist auch hier eine reine Schmähkritik nicht erlaubt.

Letztendlich reduziert sich die Ausnahme der Bildnisse aus dem Bereich der Zeitgeschichte daher auf eine umfassende Interessenabwägung der gegenüberstehenden Interessen mit der Prämisse: Je größer das (berechtigte) Informationsinteresse der Öffentlichkeit desto mehr tritt das Schutzinteresse des Abgebildeten in den Hintergrund.

Personen als Beiwerk

Die zweite Ausnahme betrifft Bilder, auf denen Personen nur als Beiwerk neben einer Landschaft oder sonstigen Örtlichkeit erscheinen. Den Begriff des Beiwerks gibt es auch im Urheberrecht in einer Schrankenregelung, wonach urheberechtlich geschützte Werke verwertet werden dürfen, wenn sie als unwesentliches Beiwerk neben dem eigentlichen Gegenstand der Verwertung anzusehen sind (§ 57 UrhG), also sozusagen rein zufällig und untergeordnet mit in Erscheinung treten. Ähnlich ist dies bei den Personen als Beiwerk. Die Ausnahme betrifft den Fall, dass zentrales und prägendes Element eines Bildes eine Landschaft oder z.B. ein Gebäude darstellt. Die ebenfalls abgebildete Person ist eher zufällig mit auf das Bild geraten und ist weder Blickfang noch von Bedeutung für das Bild.

Diese Ausnahme findet entsprechende, also sinngemäße Anwendung auch dann, wenn (Privat-)Personen zufällig an einem zeitgeschichtlichen Ereignis teilnehmen und mit auf das Foto geraten.

Merke:
Personen gelten als Beiwerk, wenn sie zufällig und ohne Blickfang zu sein auf ein Bild geraten, das eigentlich die Landschaft, ein Gebäude oder auch ein zeitgeschichtliches Ereignis festhält.

Bilder von Versammlungen

Die dritte Ausnahme befasst sich mit Großveranstaltungen und gestattet die Veröffentlichung von Bildern von Versammlungen, Aufzügen und ähnlichen Vorgängen, an denen die dargestellten Personen teilgenommen haben. Dies umfasst jede Ansammlung von Menschen, die den kollektiven Willen eines gemeinsamen Handelns haben. Das müssen nicht unbedingt Demonstrationen sein. Es kann sich auch um Kongresse oder Sportveranstaltungen handeln, solange die beteiligten Personen sich darüber im Klaren sind, dass sie von Dritten wahrgenommen werden. Rein private Veranstaltungen scheiden daher aus.

Merke:
Nicht jede Menschenansammlung ist eine Versammlung, von der man Bilder veröffentlichen darf. Eine Versammlung setzt einen kollektiven Willen der Menschen voraus, etwas gemeinsam zu tun.

Voraussetzung ist weiterhin, dass es sich bei dem Bild von der Versammlung um einen repräsentativen Ausschnitt handelt, der das Geschehen darstellt. Es dürfen keine Einzelpersonen besonders hervorgehoben oder gar alleine abgelichtet werden. Diese Voraussetzung ist vermutlich auch die Ursache für den beliebten Irrtum, dass bei mehr als 7 (gelegentlich auch 5 oder 11) Personen auf einem Bild keine Einwilligung mehr erforderlich sei. Das ist falsch! Es kommt zunächst darauf an, dass es sich überhaupt um eine Versammlung handelt und dann dass es ein repräsentativer Ausschnitt ist. Das können bei einer kleinen Demonstration auch schon drei Personen sein.

Strategie:
Ein weit verbreiteter Irrtum: „Wenn mehr als 7 Personen auf einem Bild sind, dann muss man nicht mehr fragen."

Portraitkunst
Die letzte Ausnahme betrifft nur künstlerische Portraits von Personen, die eben nicht auf Bestellung sondern auf eigene Veranlassung vom Künstler (ohne Rücksprache mit dem Portraitierten) angefertigt werden. Soweit es sich um Kunst handelt und diese nicht nur vorgeschoben wird, um eigentlich ganz andere Interessen zu bedienen (Unterhaltung, Sensationsgier), bedarf es keiner Einwilligung des Abgebildeten. In der Praxis hat diese Ausnahme kaum eine Bedeutung.

4.2.7.2 Die Ausnahme von den Ausnahmen: Verletzung berechtigter Interessen

Liegt nun eine der genannten Ausnahmen des § 23 Abs. 1 KUG vor, so bedarf es nach der Gesetzessystematik auf letzter Stufe im Rahmen des § 23 Abs. 2 KUG noch der Abwägung, ob einer Veröffentlichung des Bildnisses nicht doch berechtigte Interessen der abgebildeten Person entgegenstehen.

Nachdem gerade im für die Praxis wichtigsten Bereich der zeitgeschichtlichen Bildnisse die Interessenabwägung bereits schon auf der Ebene der Einordnung als zeitgeschichtliches Ereignis stattfindet, verbleiben hier nur noch wenig relevante Aspekte, die noch eine Rolle spielen könnten. Denkbar sind Umstände der Erstellung der Bilder (heimliche Aufnahmen) oder auch besondere Aspekte der Verwertung (dauerhafte Belästigung durch Paparazzis). An sich werden die meisten Interessen aber bereits im Rahmen des § 23 Abs. 1 KUG mit berücksichtigt.

4.3 Was sind die Folgen einer Persönlichkeitsrechtsverletzung?

Im Ergebnis sind die Folgen einer Persönlichkeitsrechtsverletzung ähnlich der einer Urheberechtsverletzung (siehe dazu Ziff. 2.9.), nur auf der Basis anderer Anspruchsgrundlagen (siehe dazu oben Ziff. 4.1.1.). Der Betroffene kann Unterlassung der Verbreitung der Äußerung und der Verbreitung oder öffentlichen Zurschaustellung seines Bildnisses sowie Schadensersatz fordern.

Merke:
Persönlichkeitsrechtsverletzungen führen wie auch im Urheberrecht zu Unterlassungs- und Beseitigungs- wie auch Schadensersatzansprüchen.

Der Unterlassungsanspruch besteht unabhängig von einem Verschulden des Verlages. Er führt dazu, dass die weitere Vervielfältigung und Verbreitung oder auch das Angebot zum Abruf im Internet nicht mehr erfolgen darf. Umfasst sind auch Beseitigungsansprüche wie die Vernichtung, Herausgabe oder in seltenen Fällen sogar der Rückruf bereits ausgelieferter Exemplare. Bereits gedruckte Exemplare müssen entweder komplett vernichtet oder ggf. „geschwärzt" oder anderweitig bearbeitet werden, damit die Rechtsverletzung beseitigt wird. Hierdurch entsteht dem Verlag nicht selten ein erheblicher finanzieller Schaden.

Die Durchsetzung des Unterlassungsanspruchs erfolgt wie auch bei Urheberrechtsverletzungen im ersten Schritt durch eine Abmahnung verbunden mit der Aufforderung zur Abgabe einer Unterlassungsverpflichtungserklärung (siehe unter Ziff. 2.9.1.1.). Wird diese nicht abgegeben, beantragt der Betroffene regelmäßig eine einstweilige Verfügung bei Gericht, die zur Unterlassung verpflichtet. Dabei werden die Streitwerte für den Unterlassungsanspruch im Persönlichkeitsrecht durchaus recht hoch angesetzt. Streitwerte von 50.000 Euro und mehr sind keine Seltenheit. Mit einem etwaigen Schadensersatzanspruch hat das nichts zu tun. Allerdings richten sich nach dem Streitwert die Höhe der Anwalts- und Gerichtskosten, so dass mit der Höhe des Streitwertes auch die Kosten des Rechtsstreits steigen.

Der Schadensersatzanspruch setzt Verschulden voraus, also Vorsatz oder Fahrlässigkeit seitens des Verlages. Wie bereits dargestellt (siehe oben Ziff. 4.1.6.) muss der Verlag die Texte und auch die Abbildungen seiner Autoren prüfen und unterliegt hohen Sorgfaltspflichten. An einem Verschulden scheitert der Schadensersatzanspruch daher selten.

Der Schadensersatzanspruch umfasst alle materiellen Schäden des Betroffenen. Das sind jedenfalls die Kosten der Rechtsverteidigung (Anwalt und Gericht). Im Übrigen erfolgt die Berechnung des Schadens wie im Urheberrecht (siehe oben Ziff. 2.9.2.) wahlweise auf dreierlei Weise: In Form des konkreten Schadens, in Form der Gewinnherausgabe oder in Form der Lizenzanalogie (fiktive Lizenzgebühr). Die Lizenzanalogie steht in der Praxis im Vordergrund. Gerade bei der Verwendung von Bildnissen eines Prominenten in der Werbung wird dann der Marktwert dieser Person ermittelt und dann festgelegt, was für die Erteilung einer Einwilligung hätte gezahlt werden müssen. Sechsstellige Beträge sind bei Prominenten nicht ungewöhnlich.

Merke:
Im Persönlichkeitsrecht gibt es zusätzlich einen Anspruch auf Geldentschädigung bei besonders schweren Verletzungen.

Eine Besonderheit im Persönlichkeitsrecht ist die Gewährung eines sogenannten Geldentschädigungsanspruchs, der neben den „normalen“ Schadensersatzanspruch treten kann. Früher wurde der Geldentschädigungsanspruch auch als Schmerzensgeld bezeichnet, was zwar rechtlich unzutreffend war, aber begrifflich einem Leien etwas deutlicher vor Augen führt, worum es geht: Um eine Genugtuung für die „seelischen Schmerzen“ und um die Prävention von weiteren Verletzungshandlungen. Ein Geldentschädigungsanspruch kommt allerdings nur in Betracht, wenn es sich um eine schwerwiegende Persönlichkeitsrechtsverletzung handelt. Das ist regelmäßig bei vorsätzlichen Eingriffen in die Privat- oder Intimsphäre der Fall, insbesondere wenn sie aus Gründen der Profitgier erfolgen. Auch schwerwiegende Ehrverletzungen und Herabsetzungen in der Öffentlichkeit oder das vorsätzliche Behaupten unwahrer Tatsachen können zu einer Geldentschädigung führen. Die Höhe der Geldentschädigung wird vom Gericht nach billigem Ermessen festgestellt und berücksichtigt alle Umstände des Einzelfalles. In der Rechtsprechung finden sich alle möglichen Beträge von bis zu 150.000 Euro.

Beispielfall *Fortsetzung S. 62*

Zum Abschluss hier noch die Lösung des Ausgangsfalls um den Ratgeber des Professors Neunmalklug. Dabei sind die einzelnen kritischen Textbeiträge und das Foto getrennt wie auch ggf. in Kombination zu beurteilen:

(1) „Die Brezen-Diät führt zu erhöhtem Blutdruck und massiven Magen-Darm-Problemen“ (Berufung auf Selbstversuch).

Hierbei handelt es sich um eine Tatsachenbehauptung. Ob diese Nebenwirkungen eintreten, ist des Beweises zugänglich. Dabei ist ein Selbstversuch weder repräsentativ noch ein verlässlicher Nachweis. Die Behauptung steht also auf wackeligen Beinen und ist leicht angreifbar. Erweist sie sich als falsch, so besteht ein Unterlassungs- und Schadensersatzanspruch.

(2) Die Diät sei „geschmacklich nicht besonders abwechslungsreich“.

Dies ist eine Meinungsäußerung. Die Grenze zur Schmähkritik wird nicht überschritten. Die Äußerung ist damit zulässig.

(3) Die Diätprodukte des Lebensmittelkonzerns K.A.LORI seien „unerträgliches Teufelszeug“.

Hierbei mag es sich ebenfalls um eine Meinungsäußerung handeln. Da diese Meinung aber nicht weiter begründet wird, handelt es sich es sich hier um eine die Produkte des Unternehmens unnötig herabwürdigende Äußerung, die die Grenze zur Schmähkritik wohl überschreitet und geeignet ist,

dem Unternehmen durchaus einen konkreten wirtschaftlichen Schaden zuzufügen. Das Unternehmen kann sich insoweit auf eine Verletzung seines Unternehmenspersönlichkeitsrechts berufen.
(4) Das Foto des stark übergewichtigen Kindes, das mit entsetzter Miene eines der Diätprodukte in die Kamera hält. Für das Foto hat sich der vierzehnjährige Nachbarjunge spontan zur Verfügung gestellt. Zum einen verstärkt das Foto die Verletzung des Unternehmenspersönlichkeitsrechts, da es die Aussage „unerträgliches Teufelszeug" noch verstärkt. Zum anderen wird aber auch das Recht am eigenen Bild des Kindes verletzt, auch wenn der Junge sich freiwillig zur Verfügung gestellt hat. Ein Vierzehnjähriger kann sich zwar schon eine Meinung bilden, ober er auf einem Foto in einer Buchveröffentlichung abgebildet sein will. Er muss daher auch einwilligen. Er ist aber lediglich beschränkt geschäftsfähig und es bedarf daher auch der Einwilligung der Eltern als gesetzliche Vertreter (Doppelzuständigkeit). Der Kontext der Veröffentlichung verschärft den Eingriff in das Persönlichkeitsrecht. Eine Ausnahme vom Erfordernis einer Einwilligung ist nicht ersichtlich.

5 Last but not least: Werktitel, Wettbewerbsrecht, Preisbindung und weitere Formalia

5.1 Titelschutz

5.1.1 Was ist Titelschutz und was sind seine Voraussetzungen?

Neben dem Inhalt eines Buches, einer Zeitschrift oder einer Zeitung kann auch der Titel des Produktes für den Verkaufserfolg ein besonderes Kriterium sein. Daher lässt das Gesetz neben dem urheberrechtlich geschützten Inhalt eines solchen Werkes unter bestimmten Voraussetzungen auch dem Titel einen Schutz zukommen. Die Titel von Druckschriften und vergleichbaren Werken sind dabei vor einer Verwechslungsgefahr geschützt. Wer also ein Buch mit einem bestimmten Titel auf den Markt gebracht hat, kann sich gegen einen Dritten zur Wehr setzen, der ebenfalls ein Buch mit dem gleichen Titel auf den Markt bringen möchte. Das Recht des Titelschutzes ist in den §§ 5 und 15 Markengesetz geregelt.

§ 5 Geschäftliche Bezeichnungen

(1) Als geschäftliche Bezeichnungen werden Unternehmenskennzeichen und Werktitel geschützt.
(2) Unternehmenskennzeichen sind Zeichen, die im geschäftlichen Verkehr als Name, als Firma oder als besondere Bezeichnung eines Geschäftsbetriebs oder eines Unternehmens benutzt werden. Der besonderen Bezeichnung eines Geschäftsbetriebs stehen solche Geschäftsabzeichen und sonstige zur Unterscheidung des Geschäftsbetriebs von anderen Geschäftsbetrieben bestimmte Zeichen gleich, die innerhalb beteiligter Verkehrskreise als Kennzeichen des Geschäftsbetriebs gelten.
(3) Werktitel sind die Namen oder besonderen Bezeichnungen von Druckschriften, Filmwerken, Tonwerken, Bühnenwerken oder sonstigen vergleichbaren Werken.

§ 15 Ausschließliches Recht des Inhabers einer geschäftlichen Bezeichnung, Unterlassungsanspruch, Schadensersatzanspruch

(1) Der Erwerb des Schutzes einer geschäftlichen Bezeichnung gewährt ihrem Inhaber ein ausschließliches Recht.
(2) Dritten ist es untersagt, die geschäftliche Bezeichnung oder ein ähnliches Zeichen im geschäftlichen Verkehr unbefugt in einer Weise zu benutzen, die geeignet ist, Verwechslungen mit der geschützten Bezeichnung hervorzurufen.
(3) Handelt es sich bei der geschäftlichen Bezeichnung um eine im Inland bekannte geschäftliche Bezeichnung, so ist es Dritten ferner untersagt, die geschäftliche Bezeichnung oder ein ähnliches Zeichen im geschäftlichen Verkehr zu benutzen, wenn keine Gefahr von Verwechslungen im Sinne des Absatzes 2 besteht, soweit die Benutzung des Zeichens die Unterscheidungskraft oder die Wertschätzung der geschäftlichen Bezeichnung ohne rechtfertigenden Grund in unlauterer Weise ausnutzt oder beeinträchtigt.
(4) Wer eine geschäftliche Bezeichnung oder ein ähnliches Zeichen entgegen Absatz 2 oder Absatz 3 benutzt, kann von dem Inhaber der geschäftlichen Bezeichnung bei Wiederholungsgefahr auf Unterlassung in Anspruch genommen werden. Der Anspruch besteht auch dann, wenn eine Zuwiderhandlung droht.
(5) Wer die Verletzungshandlung vorsätzlich oder fahrlässig begeht, ist dem Inhaber der geschäftlichen Bezeichnung zum Ersatz des daraus entstandenen Schadens verpflichtet. § 14 Abs. 6 Satz 2 und 3 gilt entsprechend.
(6) § 14 Abs. 7 ist entsprechend anzuwenden.

Merke:
Der Titelschutz wird werkübergreifend für alle Auswertungsstufen etwa als Buch, Bühnenstück und Film gewährt.

Nach der gesetzlichen Definition des § 5 Abs. 3 MarkenG sind Werktitel die Namen oder besonderen Bezeichnungen von Druckschriften, Filmwerken, Tonwerken, Bühnenwerken oder sonstigen vergleichbaren Werken. Es zeigt sich also, dass der Titelschutz werkübergreifend gewährt wird. Dies hat seinen Grund darin, dass die Zuordnung eines Titels zu einem konkreten Werk durch alle Verwertungsstufen hindurch dem gleichen Inhaber zugeordnet wird: So ist etwa unter dem Titel „Der Besuch der alten Dame“ sowohl das Bühnenstück, als auch das Druckwerk sowie jedwede Verfilmung in der gleichen Weise geschützt.

Kennzeichnungs- bzw. Unterscheidungskraft

Um Titelschutz zu erlangen, muss der Titel kennzeichnungskräftig bzw. unterscheidungskräftig in dem Sinne sein, dass er geeignet ist, ein Werk von einem anderen zu unterscheiden. Im Gegensatz zur Marke, die auf die Herkunft eines bestimmten Produktes hinweist, kennzeichnet der Titel das Werk nach seinem Inhalt und nach seiner Beschaffenheit. An die Unterscheidungskraft von Buch-, Zeitschriften- und Zeitungstiteln stellen die Gerichte jedoch geringe Anforderungen.

Zeitschriften

So fordert der Bundesgerichtshof zum Beispiel in seiner „AutoMagazin-Entscheidung“ für Zeitschriften nur „ein Mindestmaß an Individualität, das dem Verkehr die Unterscheidung von anderen Zeitschriften erlaubt“. Dabei kann auch eine Vielzahl ähnlicher Titel in einem bestimmten Segment den Verkehr veranlassen, auf Unterschiede besonders zu achten. Der Verkehr ist somit daran gewöhnt, dass gerade auch beschreibende Angaben zur Kennzeichnung von Werken verwendet werden. Entsprechend hat der Bundesgerichtshof die Kennzeichnungskraft auch bei den Zeitschriftentiteln „Eltern“, „Börseonline“, „Family“, „Snow“ oder „Uhren Magazin“ bejaht. Der von der Rechtsprechung angelegte großzügige Maßstab zeigt sich zudem daran, dass sogar dann Schutz gewährt wird, wenn der Titel nur auf einen Teil des Gegenstands der Berichterstattung Bezug nimmt. So hatte der Bundesgerichtshof dem Titel „Wheels Magazine“ Titelschutz zugestanden, obwohl die Zeitschrift sich nicht nur mit Rädern, sondern mit Motorrädern insgesamt befasste.

Zeitungen

Insbesondere im Zeitungsbereich ist durch die unabdingbare Bedeutung geographischer Bestandteile eine Gewöhnung des Verkehrs an weniger unterscheidungskräftige Titel festzustellen. So wurde eine Kennzeichnungskraft vom Bundesgerichtshof etwa für die Zeitungstitel „Eifel Zeitung“, „Berliner Morgenpost“, „Ärztliche Allgemeine“ oder „Rheinische Post“ angenommen.

Sachbücher

Auch bei Sachbuchtiteln, die vielfach aufgrund des Genres beschreibende Titel haben, unterliegt die Bejahung der Kennzeichnungskraft keinen hohen Anforderungen. So wurde etwa der Titel „Pizza und Pasta“ für ein Kochbuch als Werktitel geschützt. Den Sachbuchtiteln „Das Telefonsparbuch“, „Blitzrezepte“, „Blitzgerichte für jeden Tag“ und „Abendteuer heute“ wurde ebenfalls von der Rechtsprechung Titelschutz gewährt.

Es zeigt sich also, dass die Anforderungen für die Bejahung eines Titelschutzes relativ gering sind und Titelschutz recht einfach zu erlangen ist. Rein beschreibende Angaben – wie etwa „Auto“, „Geschichte der arabischen Völker“ oder „Wellness“ – können dagegen nicht als Werktitel geschützt werden. Denn in diesem Fall überwiegt das Interesse der Allgemeinheit daran, dass derartige Bezeichnungen zur Verwendung durch jedermann freigehalten werden. Der Titelschutz kann sich nicht nur auf den Haupttitel eines Werkes erstrecken, sondern auch Untertitel, die Bezeichnungen von Beilagen, die Überschriften von Kolumnen oder Reihentitel sind einem entsprechenden Schutz zugänglich.

Merke:
Ein Titelschutz ist relativ leicht zu erlangen, sofern der Titel nicht aus rein beschreibenden Angaben besteht.

Titelschutz durch Verkehrsdurchsetzung

Für sich genommen eigentlich nicht titelschutzfähige Begriffe wie „Tagesschau“ oder „Deutsche Illustrierte“ können im Einzelfall im Nachhinein durch eine sogenannte „Verkehrsdurchsetzung“ Titelschutz erlangen. Die Frage, ob für einen bestimmten Titel eine solche Verkehrsdurchsetzung vorliegt, wird von den Gerichten in der Praxis durch entsprechende Umfragen bei den interessierten Verkehrskreisen, also bestimmten Verbrauchergruppen oder mit dem Vertrieb des Produktes befassten Spezialhändlern ermittelt. Kriterien für die Feststellung der Verkehrsgeltung können dabei die Höhe der Auflage, die Platzierung auf einschlägigen Bestsellerlisten oder Rankings, das Verbreitungsgebiet oder die Verkaufsdauer sein.

Schutz vor Verwechslungsgefahr

Merke:
Im Titelschutzrecht besteht das Prioritätsprinzip – wer einen Titel als Erster verwendet, kann die Nutzung des Titels Dritten verbieten.

Gemäß § 15 Abs. 2 MarkenG sind die Titel von Druckschriften oder vergleichbaren Werken vor einer Verwechslungsgefahr geschützt. Denn danach ist es Dritten untersagt, einen Werktitel unbefugt in einer Weise zu benutzen, die geeignet ist, Verwechslungen mit dem geschützten Titel hervorzurufen. Derjenige, der also einen kennzeichnungskräftigen Titel als Erster verwendet, kann in der Folge jedermann, der den gleichen oder einen ähnlichen Titel nachfolgend verwendet, dann auf Unterlassung in Anspruch nehmen, wenn die Gefahr einer Verwechslung besteht. Für das Vorliegen einer solchen Verwechslungsgefahr ist der Gesamteindruck maßgebend, welchen die beiden Titel bei den beteiligten Verkehrskreisen hervorrufen. Einfach ist dies immer dann zu beurteilen, wenn sich zwei identische Titel der gleichen Werkkategorie gegenüberstehen, also Buch-, Zeitschriften- oder Zeitungstitel. In diesen Fällen ist eine Verwechslungsgefahr stets gegeben. Auf den Inhalt der jeweiligen Werke oder die konkreten Umstände kommt es in diesem Fall nicht an. Für die Annahme einer Verwechslungsgefahr ist es ausreichend, dass die jeweils maßgeblichen Verkehrskreise bei der Wahrnehmung des jeweiligen Titels sachliche oder organisatorische Zusammenhänge annehmen, welche etwa insbesondere in Form einer Bearbeitung bestehen können. So ist der Titel „Der Besuch der alten Dame“ nicht nur als Bezeichnung für ein Theaterstück geschützt, sondern auch gegen die Verwendung als Bezeichnung für ein Buch, einen Film oder eine Fernsehserie.

Eingeschränkte Verwechslungsgefahr zwischen ähnlich lautenden Titeln

Nicht nur zwischen identischen, sondern auch zwischen ähnlich lautenden Titeln kann eine Verwechslungsgefahr bestehen. Insbesondere bei sogenannten „kennzeichnungsschwachen Werktiteln“, denen wie dargelegt aufgrund der niedrigen Anforderungen an die Schutzvoraussetzungen recht einfach ein Titelschutz gewährt wird, billigt die Rechtsprechung – gewissermaßen im Gegenzug – nur einen beschränkten Schutzumfang zu und lässt schon geringfügige Abweichungen zum Ausschluss der Verwechslungsgefahr genügen. So besteht nach der Rechtsprechung etwa keine Verwechslungsgefahr zwischen den Bezeichnungen „Berliner Zeitung“ und „Berliner Tageszeitung“, zwischen den Titeln der Strickzeitschriften „Die neue Masche“ und „Meine Masche“ und dem Zeitschriftentitel „modern LIVING“ und dem Rubriktitel „Modern living“.

In der Praxis erweisen sich Titelschutzprozesse als nur schwer vorhersehbar, denn es ist aufgrund der Vielzahl der möglichen Erscheinungsformen unmöglich, für die Feststellung einer Verwechslungsgefahr allgemein gültige Kriterien aufzustellen. Die gerichtliche Klärung einer Titelschutzfrage ist daher vielfach für beide beteiligten Parteien kostspielig und aufwändig. Daher empfiehlt es sich, in jedem Fall vor der Markteinführung eines neuen Titels eine Recherche nach bereits veröffentlichen Titeln, mit denen eine eventuelle Verwechslungsgefahr bestehen könnte, durchzuführen.

Strategie:
Vor der Markteinführung eines neuen Titels sollte unbedingt eine Recherche nach bereits veröffentlichten Titeln durchgeführt werden!

5.1.2 Wann entsteht und wann erlischt der Titelschutz?

Der Titelschutz kann auf zwei unterschiedliche Arten entstehen:
- Der Titelschutz entsteht gewissermaßen „automatisch“, wenn das mit dem kennzeichnungskräftigen Titel versehene Werk am Markt erscheint.
- Zudem kann der Titelschutz durch die Schaltung einer sogenannten „Titelschutzanzeige“ vorverlagert werden. Auf diese Weise wird der Titelschutz dem Erscheinungsdatum vorgelagert und der Verleger kann bereits für die letzten sechs Monate vor Erscheinen des Titels einen entsprechenden Schutz für sich beanspruchen.

Obwohl der Titelschutz im Markengesetz geregelt ist, bedarf es zur Erlangung von Titelschutz also keiner wie auch immer gearteten Eintragung oder Registrierung bei einer Behörde wie etwa dem Deutschen Patent- und Markenamt. Vielmehr entsteht der Schutz schlicht durch das Erscheinen des Werkes. Die Vorankündigung eines Titels in einer Titelschutzanzeige ist dabei keine Voraussetzung für das Entstehen des Titelschutzes, aber durch eine solche Anzeige kann eine Vorverlegung dieses Schutzes auf den Zeitpunkt der Titelankündigung bewirkt werden. Da die Herstellung eines Druckwerks oder vergleichbaren Werks bereits beträchtliche Investitionen erfordert, wurde das Instrumentarium der Titelschutzanzeige entwickelt: Indem man eine Titelschutzanzeige etwa im „Börsenblatt – Magazin für den deutschen Buchhandel“, im „Titelschutzanzeiger“ oder entsprechenden Veröffentlichungsorganen schaltet, wird der Schutz auf den Zeitpunkt der Schaltung der Anzeige vorverlagert. Die Titelschutzanzeige entfaltet ihre Schutzwirkung jedoch nur dann, wenn das Werk im Zeitpunkt des Erscheinens der Anzeige bereits in Vorbereitung ist und zum anderen innerhalb angemessener Frist unter dem in der Anzeige angekündigten Titel auch tatsächlich erscheint. Die gerichtliche Praxis geht hier in Bezug auf Bücher grundsätzlich von einer Sechs-Monats-Frist aus. Lässt der Verleger diese sechsmonatige Frist verstreichen, ohne dass sein Werk unter dem angezeigten Titel erscheint, so wird die Bezeichnung wieder frei und kann im Zweifel von einem Dritten benutzt werden, ohne dass der ursprüngliche Titelschutzanzeigende dagegen etwas unternehmen kann.

Strategie:
Zur Erlangung von Titelschutz bedarf es keiner Eintragung oder Registrierung, die Schaltung einer Titelschutzanzeige erscheint aber meist ratsam!

Ein Verleger tut also gut daran, den Zeitpunkt der Veröffentlichung der Titelschutzanzeige so zu wählen, dass diese einerseits nicht zu früh erscheint, so dass das Erscheinen auch tatsächlich in sechs Monaten realisiert werden, andererseits aber auch nicht zu spät veröffentlicht wird, so dass die Gefahr besteht, dass ein Dritter den Titel für sich schützen lässt. Denn im Titelschutz gilt das sogenannte „Prioritätsprinzip“: Derjenige, der die jeweilige Bezeichnung zuerst benutzt oder für sich anmeldet, und dann innerhalb von sechs Monaten sein Werk unter diesem Titel erscheinen lässt, ist Inhaber des Titelschutzrechts und kann andere von der Verwendung des gleichen Titels ausschließen.

Strategie:
Der Zeitpunkt der Schaltung einer Titelschutzanzeige sollte mit Bedacht gewählt werden, um den 6-Monats-Zeitraum bestmöglich auszunutzen!

Erlöschen des Titelschutzes

Der Titelschutz endet in dem Zeitpunkt, in dem der Berechtigte den Titel aufgibt. Es liegt in der Natur der Sache, dass hier Fragestellungen insbesondere dann auftreten, wenn ein bestimmter Titel für einen vorrübergehenden Zeitraum nicht benutzt wird. In diesem Zusammenhang ist es unschädlich, wenn ein Titel, weil er vorübergehend vergriffen ist, für eine gewisse Weile nicht genutzt wird. Muss der maßgebliche Verkehr dagegen mit einer Wiederaufnahme des Titels nicht mehr rechnen, so ist von einer endgültigen Aufgabe des Titelrechts auszugehen. Strikte Fristen, nach deren Verstreichen von einem Erlöschen des Titelschutzes auszugehen ist, existieren in der gerichtlichen Praxis nicht. Es kann jedoch im Wege einer Faustformel davon ausgegangen werden, dass von einer Aufgabe des Titelrechts auszugehen ist, wenn ein

Merke:
Der Titelschutz erlischt in der Regel, wenn ein Buch mehr als fünf Jahre vergriffen ist oder ein Zeitungstitel länger als zwei Jahre nicht benutzt wird.

Buch mehr als fünf Jahre vergriffen ist bzw. wenn ein Zeitschriften- oder Zeitungstitel länger als zwei Jahre nicht benutzt wird.

5.1.3 Wem gehört ein Titel?

Inhaber des Titelrechts ist grundsätzlich derjenige, welcher den konkreten Titel in Zusammenhang mit dem Werk verwendet. Dies ist bei einem Buch in aller Regel zunächst der Autor, der sein Titelrecht jedoch bisweilen vertraglich auf den herausgebenden Verlag überträgt. Wählt der Verlag dagegen für eine von verschiedenen Verfassern herausgegebene Buchreihe den Titel, können ihm auch von Anfang an daran die entsprechenden Titelschutzrechte zustehen. Bei Zeitungen oder Zeitschriften werden die Titelrechte in der Regel dem Verlag zustehen.

5.2 Wettbewerbsrecht – Ein Überblick

Die verlegerische Tätigkeit bietet auch eine Vielzahl von Berührungspunkten mit dem Wettbewerbsrecht. Hier ist in erster Linie das Gesetz gegen den unlauteren Wettbewerb (UWG) zu nennen. Dieses Gesetz soll in erster Linie für einen fairen Wettbewerb zwischen den Marktteilnehmern sorgen und unlauteren Geschäftspraktiken entgegenwirken. Es soll also einem Marktteilnehmer nicht möglich sein, sich durch unlauteres Handeln einen Vorsprung gegenüber seinen Mitbewerbern zu verschaffen. Die unlauteren Geschäftspraktiken können sich dabei auf das Verlagsprodukt selbst (Ausgestaltung und Kennzeichnung), den Preis (Preisbindung, Änderung und Aufhebung von Ladenpreisen), die Werbung (Irreführung des Verbrauchers), den Schutz von Abonnenten, Direktkunden oder Adressen oder Verhaltensweisen gegenüber dem Buchhandel (Mindestbestellgrößen) beziehen.

Eine detaillierte Behandlung der wettbewerbsrechtlichen Fragestellungen im Verlagswesen würde den Umfang der vorliegenden Darstellung sprengen. Daher sei an dieser Stelle auf die Wettbewerbsregeln des Börsenvereins des Deutschen Buchhandels vom 9. November 2006 verwiesen, welche das Bundeskartellamt im Mai 2011 genehmigt hat. Denn neben dem Schutz des fairen Wettbewerbs und der Unterbindung von unlauteren Geschäftspraktiken gehört auch das Kartellgesetz (Gesetz gegen Wettbewerbsbeschränkungen GWB) zum Wettbewerbsrecht. Dieses Gesetz soll in erster Linie einen freien Wettbewerb sichern, indem es etwa Unternehmen verbietet, ihre Marktmacht zu missbrauchen und Marktchancen anderer Unternehmen unbillig zu behindern.

In diesen Wettbewerbsregeln des Börsenvereins, die über die Webseite www.boersenverein.de abrufbar sind, sind einzelne unlautere Geschäftspraktiken in den folgenden Bereich jeweils ausgeführt:

I. Vertrieb von preisgebundenen Verlagserzeugnissen
II. Verkauf von Remissionsexemplaren
III. Mitteilungspflicht bei Parallelausgaben
IV. Änderung oder Aufhebung von Ladenpreisen
V. Werbung
VI. Abonnenten-, Direktkunden-, Adressenschutz
VII. Mindestbestellgrößen
VIII. Erstverkaufstag

Merke:
Die Wettbewerbsregeln des Börsenvereins geben einen Überblick über unzulässige Geschäftspraktiken.

5.3 Preisbindung

In Deutschland gilt die Buchpreisbindung, die ihre gesetzliche Verankerung in § 5 Buchpreisbindungsgesetz (BuchPrG) findet.

§ 5 Preisfestsetzung
(1) Wer Bücher verlegt oder importiert, ist verpflichtet, einen Preis einschließlich Umsatzsteuer (Endpreis) für die Ausgabe eines Buches für den Verkauf an Letztabnehmer festzusetzen und in geeigneter Weise zu veröffentlichen. Entsprechendes gilt für Änderungen des Endpreises.

Für bestimmte Produkte ist nach dieser Vorschrift eine festgelegte Preisbindung einzuhalten, das heißt ein Verkaufspreis wird festgesetzt, der dann für alle Verkäufer verbindlich ist. Das Ziel der Buchpreisbindung ist die Gewährleistung einer Meinungsvielfalt im deutschen Buchmarkt. Denn durch den gebundenen Buchpreis sind keine marktorientierte Festlegung des Buchpreises und kein Preiskampf unter Verlagen und Buchhandlungen möglich, sodass auf diese Weise auch kleine und unbekannte Titel eine Chance zur Veröffentlichung haben. Das Buch wird hierbei als Kulturgut gesehen, dass durch die Buchpreisbindung geschützt werden soll. Anders als bei vielen anderen Produkten gelten hier also bei Internetbuchhändlern dieselben Preise wie in einer lokalen Sortimentsbuchhandlung.

Zwar verpflichtet das Buchpreisbindungsgesetz den Verleger zur Festsetzung von Endpreisen, dabei besteht jedoch ein gewisser Gestaltungsspielraum. So können gemäß § 5 Abs. 4 BuchPrG Sonderpreise wie Serienpreise, Mengenpreise, Subskriptionspreise oder etwa Sonderpreise für Zeitschriftenabonnenten beim Bezug eines von der Redaktion verfassten Buches festgelegt werden. Auch können unterschiedliche Ausgaben – etwa Hardcover, Taschenbuch, E-Book oder sonstige Ausgaben – jeweils unterschiedliche Preise aufweisen, die sodann ihrerseits gebundene Ladenpreise sind.

Die Dauer der Preisbindung beträgt grundsätzlich 18 Monate (§ 8 Abs. 1 BuchPrG). Danach kann der Verleger das Buch entweder ganz aus der Preisbindung herausnehmen oder gegebenenfalls einen abweichenden Preis festsetzen. Die preisbindungsfreien Titel müssen jedoch mit dem Zusatz „unverbindliche Preisempfehlung" gekennzeichnet werden, um den Buchhändler darauf hinzuweisen, dass er den Verkaufspreis in diesem Fall nach seinen eigenen Vorstellungen festsetzen kann. Ein probates Mittel, um Transparenz und Eindeutigkeit in Bezug auf die Preisfestsetzung sicherzustellen, ist die Nutzung der Referenzdatenbank, zu welcher der Börsenverein und seine Wirtschaftstochter MVB das Verzeichnis lieferbarer Bücher (VLB) für den gebundenen Ladenpreis ausgebaut haben. Diejenigen Verlage, die das VLB als Referenzdatenbank nutzen, erklären damit die dort genannten Preise zu gebundenen Ladenpreisen.

Merke:
Die Buchpreisbindung gilt für 18 Monate.

Unterlassungs- und Schadensersatzansprüche

Gemäß § 9 BuchPrG können Verstöße gegen die Preisbindung Unterlassungs- und Schadensersatzansprüche nach sich ziehen:

§ 9 Schadensersatz- und Unterlassungsansprüche
(1) Wer den Vorschriften dieses Gesetzes zuwiderhandelt, kann auf Unterlassung in Anspruch genommen werden. Wer vorsätzlich oder fahrlässig handelt, ist zum Ersatz des durch die Zuwiderhandlung entstandenen Schadens verpflichtet.

Buchhändler, die entgegen den Vorgaben des Buchpreisbindungsgesetzes Bücher unter Preis verkaufen, müssen sich also gegebenenfalls mit Unterlassungs- und Schadensersatzansprüchen auseinandersetzen. Derartige Ansprüche können sowohl von

Buchhändlern selbst gegen ihre Wettbewerber als auch von entsprechend qualifizierten Verbänden sowie insbesondere von den Preisbindungstreuhändern geltend gemacht werden. Um eine Einhaltung der Regelungen des Buchpreisbindungsgesetzes sicherzustellen, gibt es sowohl für die Verlagsseite als auch für die Sortimentsseite jeweils Preisbindungstreuhänder. Diese nehmen die Interessen der jeweiligen von ihnen vertretenen Unternehmen wahr und treten in gerichtlichen Fällen als Antragsteller oder Kläger gegen solche Buchhändler auf, die Bücher unter Preis verkaufen.

Merke:
Die Einhaltung der Buchpreisbindung wird von den Preisbindungstreuhändern überwacht, die auch befugt sind, Gerichtsverfahren anzustrengen.

5.4 Abgabe von Pflichtexemplaren

Von jedem in Deutschland veröffentlichten Werk müssen sogenannte „Pflichtexemplare“ an bestimmte Bibliotheken des Landes oder der Region des Verlagsortes abgegeben werden. Wie schon die Bezeichnung „Pflichtexemplare“ erkennen lässt, geschieht dies unentgeltlich.

Die deutsche Nationalbibliothek sammelt seit 1913 lückenlos als Zeugnis des kulturellen Schaffens alle deutschen und deutschsprachigen Publikationen, archiviert diese dauerhaft und stellt sie der Allgemeinheit zur Verfügung. Die Grundlage der Sammlung ist inzwischen das Gesetz über die Deutsche Nationalbibliothek (DNBG) vom 22. Juni 2006. In Ergänzung dieses Gesetzes präzisiert die am 23. Oktober 2008 in Kraft getretene Pflichtablieferungsverordnung (PflAV) den Sammelauftrag. Danach sind Medienwerke sowohl in körperlicher als auch in unkörperlicher Form zu sammeln. Die Abgabe von Pflichtexemplaren soll insbesondere dem Zweck dienen, das Werk zur Dokumentation zu sichern und gleichzeitig auch der Allgemeinheit eine möglichst vollständige Sammlung und Archivierung aller Veröffentlichungen in Deutschland zur Nutzung bereitzustellen.

Die Ablieferungspflicht eines Pflichtexemplars besteht zum einen nach der bundesgesetzlichen Regelung (DNBG), zum anderen nach den Regelungen der einzelnen Bundesländer (z. B. in Bayern das „Gesetz über die Ablieferung von Pflichtstücken“ (PflStG) oder in Hamburg das „Gesetz über die Ablieferung von Pflichtexemplaren“ (PEG)).

Merke:
Zur Abgabe der Pflichtexemplare sollte die Regelung für das jeweilige Bundesland beachtet werden.

5.5 ISBN-/ISSN-Nummer

Bücher werden üblicherweise mit einer ISBN-Nummer, Zeitschriften und Schriftenreihen mit einer ISSN-Nummer gekennzeichnet.

Die Internationale Standardbuchnummer (International Standard Book Number), wird in Deutschland von der Internationalen Standard-Buchnummer Agentur für die Bundesrepublik Deutschland vergeben, die der Marketing- und Verlagsservice des Buchhandels GmbH in Frankfurt am Main angegliedert ist. Die Internationale Standardbuchnummer für fortlaufende Sammelwerke (ISSN – International Standard Serial Number) erhält man von der Deutschen Nationalbibliothek in Frankfurt am Main.

Es besteht jedoch weder in Print-, noch in Digitalform eine Verpflichtung, einem veröffentlichten Buch eine ISBN oder einer Zeitschrift eine ISSN zuzuordnen. In der weit überwiegenden Anzahl der Fälle wird dies aber von dem veröffentlichenden Verlag dennoch vorgenommen, um eine Teilnahme an Warenwirtschaftssystemen zu ermöglichen und so eine Verkehrsfähigkeit des Werkes und eine Auslieferung über den Buchhandel zu erleichtern.

Merke:
Die Kennzeichnung mit einer ISBN- oder ISSN-Nummer ist nicht verpflichtend, jedoch zur Teilnahme am Handel empfehlenswert.

6 Verträge gestalten und Rechte verwalten

6.1 Welcher Vertrag wofür?

Es gibt eine ganze Reihe „typischer Verlagsverträge“. Einen Einblick in die vielseitigen Vertragsbeziehungen im Verlagsbereich verschafft Abbildung 3 (Rechteinhaber, Rechtevermittler und Rechtverwerter) im ersten Kapitel. Grundsätzlich kann man unterscheiden zwischen Verträgen, mit denen ein Verlag Nutzungsrechte erwirbt (z.B. von Autoren), und Verträgen, mit denen er Nutzungsrechte an andere vergibt (z.B. Buchclublizenzen, Verfilmungsrechte oder Abdruckgenehmigungen).

Im Vordergrund stehen nachfolgend die Verträge zum Erwerb von Nutzungsrechten von den „klassischen Verlagsurhebern“. Heutzutage stellt sich allerdings zunehmend die Frage, was noch klassische Verlagsurheber sind. Im Zeitalter des enhanced E-Books werden auch Verträge mit Komponisten, Filmproduzenten oder Computerspieleentwicklern zunehmend relevant (s. dazu Ziff. 8.3. und 8.4.).

6.1.1 Typische Vertragspartner

Verträge zum Erwerb von Nutzungsrechten sind zum einen die Verträge mit den Urhebern und anderen originären Rechteinhabern. Zu den originären Rechteinhabern gehören die typischen Urheber im Verlagsbereich, mit denen entsprechende Verträge abgeschlossen werden:

- Autoren(vertrag)
- Herausgeber(vertrag)
- Übersetzer(vertrag)
- Fotografen(vertrag)
- Illustratoren(vertrag)
- Grafikdesigner(vertrag)

Auch Hörbuchsprecher sind als Inhaber eines eigenen Leitungsschutzrechts originäre Rechteinhaber, mit denen der Hörbuchverlag einen Vertrag über die Nutzung ihrer insoweit geschützten künstlerischen Darbietung abschließt. Hier erwirbt der Verlag Nutzungsrechte direkt an der Quelle, also dort wo sie entstehen.

Zum anderen erwirbt ein Verlag auch Nutzungsrechte von Rechtevermittlern bzw. Rechtehändlern, die ihre Rechte wiederum von Urhebern oder anderen Rechtevermittlern ableiten. Das können z.B. sein:

- Literaturagenturen
- Bildagenturen
- Verwertungsgesellschaften
- Andere Verlage (z.B. Taschenbuchrechte, Abdruckrechte)

Merke:
Unterschieden wird zwischen Verträgen mit Urhebern und Verträgen mit Rechtevermittlern bzw. Rechtehändlern, die allgemein auch als Lizenzgeber bezeichnet werden.

In diesen Fällen spricht man häufig ganz allgemein von Lizenzgebern, mit denen Lizenzverträge abgeschlossen werden, und wenn über diese Lizenzverträge die Nutzungsrechte vom einen zum anderen weitergeben werden, spricht man auch von einer Lizenzkette.

Dabei gilt grundsätzlich: Je länger eine Lizenzkette ist, desto genauer muss man diese Kette im Auge behalten. Denn kommt es innerhalb der Kette irgendwo zu einem „Bruch“, z.B. weil ein beteiligter Rechtevermittler gar nicht Inhaber der vermittelten Rechte ist, dann können diese Rechte nicht beim Verlag ankommen. Nimmt der Verlag die Nutzung trotzdem vor, so kann er auf Unterlassung und meist sogar auf Schadensersatz in Anspruch genommen werden, und zwar unabhängig davon wie gutgläubig der Verlag beim vermeintlichen Erwerb der Rechte war. Es gibt keinen gutgläubigen Erwerb im Urheberrecht (siehe dazu auch Ziff. 2.9.1).

6.1.2 Grad der vertraglichen Bindung

Je nach Art und Umfang der geplanten Projekte zweier Vertragspartner und je nach Grad des Vertrauens gibt es auch im Verlagsbereich Verträge mit unterschiedlich starker Bindung. Gerade bei neuen und oft noch nicht ganz ausgefeilten Projekten wollen sich die Vertragspartner erst einmal langsam näher kommen. Oder man will umgekehrt verhindern, dass der Vertragspartner sich schnell wieder aus dem Staub macht, möchte also eine dauerhafte Bindung sichern. Auch im Verhältnis des Verlages zu einem Autor oder einer Autorengemeinschaft gibt es Vertragstypen mit unterschiedlich starker Bindung:

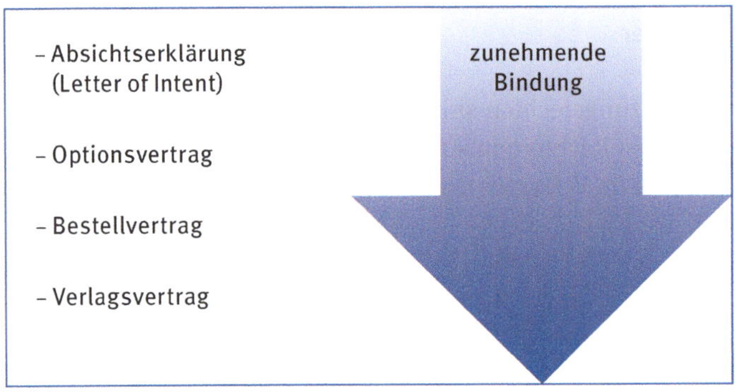

Abb. 11: Grad der vertraglichen Bindung

6.1.2.1 Absichtserklärung (Letter of Intent)

Eine Absichtserklärung kommt in der Praxis selten vor. Sie dient bei großen oder auf längere Zeit angelegten Projekten, die noch am Anfang stehen, dazu, den Inhalt und das Ziel des gemeinsamen Projekts zu definieren und die Absicht einer Zusammenarbeit und rechtlichen Bindung diesbezüglich festzuhalten. Wie der Name Absichtserklärung (oder auch hierzulande gerne englisch „Letter of Intent“) schon vermuten lässt, führt so eine Erklärung gerade nicht zu einer rechtlichen Bindung. Erklärt wird vielmehr nur die Absicht, sich vielleicht in naher Zukunft rechtlich zu binden – z.B. durch einen Verlagsvertrag. Den Parteien fehlt der sogenannte Rechtsbindungswille zum Abschluss eines Vertrages.

Die Absichtserklärung ist eine Vereinbarung im vorvertraglichen Stadium. Wer allerdings denkt, dass eine vorvertragliche Zusammenarbeit mit parallel laufenden Vertragsverhandlungen rechtlich noch keine Konsequenzen haben kann, der irrt. Wer im vorvertraglichen Verhältnis durch sein Verhalten beim Gegenüber das berechtigte Vertrauen auf einen baldigen Vertragsabschluss hervorruft, indem er z.B. diesen unmittelbar in Aussicht stellt, oder wenn der andere schon Vorleistungen erbringt, der macht sich schadensersatzpflichtig, wenn er die Vertragsverhandlungen ohne triftigen Grund abbricht (§ 311 BGB). Dies kann dazu führen, dass der Verhandlungspartner sogar so zu stellen ist, als wäre der Vertrag abgeschlossen und erfüllt worden (Erfüllungsschaden). Eine Absichtserklärung kann daher im vorvertraglichen Sta-

Merke:
Wer den Eindruck erweckt, dass der Abschluss eines Vertrages so gut wie sicher ist, der macht sich ggf. schadensersatzpflichtig, wenn er die Verhandlungen ohne einen triftigen Grund abbricht.

dium dieses Risiko erhöhen, wenn sie Ausdruck einer von beiden Seiten gewollten künftigen Zusammenarbeit und eines entsprechenden Vertrages ist. Eine Absichtserklärung kann aber auch genau dieses Risiko verringern, indem sie ausdrücklich klarstellt, dass der Abschluss eines Vertrages noch vollkommen offen ist und es beiden Seiten freisteht, von ihrer Absicht jederzeit wieder Abstand zu nehmen.

Beispielfall

In Zeiten der schnellen schriftlichen Kommunikation per E-Mail sollte man die Wahl seiner Worte prüfen und z.B. nach einem langen Verhandlungstages mit dem Autor nicht voller Freude folgendes schreiben:

„Schön, dass wir heute einen großen Schritt weitergekommen sind und die wesentlichen Punkte unserer Zusammenarbeit besprechen konnten. Ich bin mir sicher, dass wir auch die letzten offenen Fragen die Tage ohne Probleme beantworten können. Unsere Rechtsabteilung wird einen entsprechenden Vertragsentwurf ausstellen und Ihnen bald schon zukommen lassen. Auf die angekündigte Leseprobe in Form des ersten Kapitels freuen wir uns sehr".

Denn wenn sich nun die „letzten offenen Fragen" doch nicht so problemlos beantworten lassen, der Autor sich aber seines Verlagsvertrages sicher ist und erste Kapitel bereits abgegeben hat, dann bedarf es eines durchaus triftigen Grundes, die Vertragsverhandlungen abzubrechen. Sonst macht sich der Verlag schadensersatzpflichtig. Durch die E-Mail signalisiert der Verlag, dass eigentlich alles in trockenen Tüchern ist und schafft damit einen sogenannten qualifizierten Vertrauenstatbestand.

6.1.2.2 Optionsvertrag

Der Optionsvertrag gibt einem Verlag die Möglichkeit, Rechte an einem künftigen Werk zu erwerben oder sich Rechte an einem bestehenden Werk zu reservieren. Bei einer Option „im engeren Sinn" kommt durch Ausübung der Option in Form einer einseitigen Erklärung des Verlages gegenüber dem Vertragspartner der jeweilige Vertrag direkt zustande. Dies setzt natürlich voraus, dass alle wesentlichen Punkte des Vertrages bereits verhandelt wurden. Bei einer Option „im weiteren Sinn" kommt mit Ausübung der Option noch kein Vertrag zustande, sondern muss dann noch verhandelt und abgeschlossen werden. Der Vertragspartner ist also nur verpflichtet, dem Verlag das Werk zuerst anzubieten. Will der Verlag zugreifen, dann darf er den Abschluss eines Vertrages nur ablehnen, wenn ihm ein anderer Interessent bessere Bedingungen anbietet. Je nach vertraglicher Ausgestaltung der Option kann zudem vereinbart werden, dass der Vertragspartner den ursprünglichen Optionsinhaber noch einmal über das bessere Angebot des anderen Interessenten informieren muss und dass der Verlag in dieses Angebot eintreten oder sein Vorrecht endgültig ablehnen kann. Optionen im weiteren Sinn finden sich häufig auch in Lizenzverträgen zwischen Verlagen (im englischen treffend als „first offer and last refusal"-Recht bezeichnet). Dazu ein Beispiel:

Merke:
Ein Optionsvertrag sichert dem Verlag ein Vorrecht auf schon bestehende oder künftige Werke.

Beispielfall

Ein Autor hat den ersten Teil einer Roman-Trilogie geschrieben und stellt das Werk einem Verlag vor. Der Verlag ist zwar durchaus angetan und auch mit den Konditionen einer eventuellen Zusammenarbeit ist der Autor sofort einverstanden. Der Verlag kann sich aber aus programmtechnischen Gründen nicht so schnell entscheiden, ob er die Trilogie verlegen möchte. Er braucht Bedenkzeit und will nicht das Risiko eingehen, dass der Autor sein Werk bei einem anderen Verlag unterbringt. Der Verlag kann dies verhindern, indem er sich eine einseitige Option „im engeren Sinn" auf Abschluss eines Verlagsvertrages einräumen lässt. Die Parteien legen einen bestimmten Zeitraum fest (Optionsfrist), in dem der Verlag erklären kann, dass er die Option ausübt. Mit Ausübung der Option kommt dann bereits ein Verlagsvertrag zustande. Für die Möglichkeit der Option zahlt der Verlag dem Autor einen Betrag, der im Fall der Ausübung der Option teilweise mit dem Vorschuss verrechnet wird. Wird die Option nicht ausgeübt, so darf der Autor den Betrag vollständig behalten.

Mit Reichweite und zeitlicher Dauer der Option sollte man es nicht übertreiben. Wer mit einem Autor für einen langen Zeitraum eine Option auf alle seine künftigen Werke vereinbart ohne ihn dafür angemessen zu vergüten, der muss mit Nichtigkeit der Vereinbarung rechnen, da so eine Vereinbarung den Autor in sittenwidriger Form knebelt (§ 128 BGB).

6.1.2.3 Bestellvertrag

Ein Bestellvertrag zeichnet sich dadurch aus, dass der Verlag (mehr oder weniger) genaue Vorgaben zum Inhalt des Werkes gibt und nach Ablieferung entscheiden kann, ob er das Werk vervielfältigt und verbreitet. Er unterliegt keiner Verlagspflicht und ein Bestellvertrag ist daher auch kein Verlagsvertrag im Sinne des Verlagsgesetzes. Es handelt sich dabei regelmäßig um einen Werkvertrag, der den Vorschriften des Bürgerlichen Gesetzbuches unterliegt.

> **Merke:**
> **Beim Bestellvertrag ist der Verlag nicht verpflichtet, das Werk zu vervielfältigen oder zu verbreiten.**

Im Verlagsgesetz ist hierzu in § 47 VerlG eine Vermutung geregelt, wonach der Besteller (also der Verleger) im Zweifel nicht zur Vervielfältigung und Verbreitung des gelieferten Werkes verpflichtet ist. Ein Bestellvertrag setzt nach dieser Vorschrift voraus, dass der Verleger dem Autor Inhalt und Art und Weise des zu erstellenden Werkes genau vorgibt (siehe Ziff. 3.2.). Üblicherweise wird im wissenschaftlichen Bereich, insbesondere bei Ratgebern, Bildungsmedien oder Enzyklopädien, häufig mit Bestellverträgen gearbeitet. Auch die Beauftragung eines Ghostwriters, der nach genauen Vorgaben eine Biografie oder Geschichte schreibt, kann als Bestellvertrag eingeordnet werden.

> **Strategie:**
> **Der Ausschluss der Verpflichtung zur Vervielfältigung und Verbreitung sollte unbedingt ausdrücklich im Bestellvertrag geregelt werden!**

Sofern der Verlag keiner Pflicht zur Vervielfältigung und Verbreitung unterliegen will, sollte der Vertrag – egal wie er bezeichnet wird – unbedingt immer eine ausdrücklich Regelung enthalten, dass diese Pflicht nicht besteht. Die Bezeichnung des Vertrages als Bestellvertrag reicht dafür nicht aus.

6.1.2.4 Verlagsvertrag

Der Verlagsvertrag ist in § 1 VerlG geregelt und zeichnet sich dadurch aus, dass der Verleger verpflichtet ist, das Werk des Autors zu vervielfältigen und zu verbreiten (siehe auch Ziff. 3.2). Der Verfasser ist verpflichtet, dem Verleger das Werk zur Verfügung zu stellen. § 1 VerlG findet nur auf „Werke der Literatur oder der Tonkunst" Anwendung. „Verlegt" werden können im Sinne des Verlagsgesetzes daher im wesentlichen Sprachwerke in allen Varianten (auch Computerprogramme entsprechend § 2 Abs. 1 Nr. 1 UrhG), Werke der Musik (§ 2 Abs. 1 Nr. 2 UrhG) und Darstellungen wissenschaftlicher oder technischer Art (§ 2 Abs. 1 Nr. 7 UrhG), nicht jedoch Werke der bildenden Kunst oder Fotografie. Ein Vertrag über die Vervielfältigung und Verbreitung von Kunstwerken oder Fotografien in Buchform ohne wesentlichen Textanteil ist daher nicht als Verlagsvertrag einzuordnen.

> **Merke:**
> **Ein Verlagsvertrag verpflichtet zur Vervielfältigung und Verbreitung. Der Verlag kann es sich nach Abgabe des Manuskripts, Textbeitrags oder auch der Übersetzung nicht einfach anders überlegen.**

Über die Einordung eines Vertrages als Verlagsvertrag mit der erheblichen Konsequenz einer Vervielfältigung- und Verbreitungspflicht macht man sich in der Praxis oft zu wenig Gedanken. So sind auch Übersetzerverträge im Zweifel Verlagsverträge. Ein Verlag kann daher nicht einfach eine Übersetzung gegen eine neue Übersetzung austauschen.

6.2 Müssen Verträge schriftlich abgeschlossen werden?

Eigentlich nein! Gerade im Bereich des Urheber- und Verlagsrechts gibt es nur zwei relevante Ausnahmen, in denen der Gesetzgeber ein Schriftformerfordernis vorsieht. Das sind zum einen Verträge über unbekannte Nutzungsarten, d.h. wenn man sich vom Urheber auch Nutzungsrechte an zum Zeitpunkt des Vertragsschlusses noch unbekannte Nutzungsarten einräumen lässt (siehe dazu Ziff. 2.4.4). Zum anderen bedürften Verträge über künftige Werke gemäß § 40 UrhG der Schriftform, d.h. wenn sich ein Urheber vertraglich zur Einräumung von Nutzungsrechten an künftigen Werken verpflichtet, die zum Zeitpunkt des Vertragsschlusses noch gar nicht näher oder nur der Gattung nach („ein Roman") bestimmt sind.

Ansonsten können Verträge auch mündlich abgeschlossen werden. Aber wie will man nachweisen, was vereinbart wurde? Der Weg ins Chaos ist dann vorprogrammiert. In einem Medienunternehmen werden jährlich tausende von Verträgen über die Nutzungsrechte an Werken abgeschlossen und nur wenn man die Rechte an diesen Werken nachweisen kann, haben die Nutzungsrechte einen rechtlichen und damit wirtschaftlichen Wert. Daher sollte kein einziger Vertrag mündlich abgeschlossen werden.

Merke:
Nur in sehr wenigen Ausnahmefällen bedürfen Verträge der Schriftform. Aber gerade bei einer dauerhaften Nutzung sind Verträge ohne schriftlichen Nachweis faktisch wertlos!

6.3 Was muss ein Vertrag alles enthalten?

Wer Verträge gestalten will, der muss wissen, was üblicherweise alles in Verträgen geregelt wird. Das gilt nicht nur für die Prüfung eines viele Seiten langen Verlagsvertrages in all seinen Details. Verträge werden im Verlagsalltag auch gerne einmal in sehr kurzer Form abgeschlossen – als Auftrag an den Fotografen per E-Mail, als kurzes Deal-Memo nach langen Verhandlungen oder schlimmstenfalls sogar nur mündlich am Telefon. Egal in welcher Form ein Vertrag geschlossen wird, bestimmte Punkte müssen immer angesprochen und im Vertrag festgehalten werden. Das Todschweigen unliebsamer Themen fällt später meist mit doppelter Wucht auf einen zurück.

6.3.1 Im Überblick: Vertragsfreiheit und Vertragsinhalt

Zunächst ein paar allgemeine Grundsätze zum Thema Vertragsschluss:

- Es gilt Vertragsfreiheit. Der Grundsatz der Privatautonomie ist ein grundlegendes Prinzip unserer Rechtsordnung und im Grundgesetz verankert (Art. 2 Abs. 1 GG).
- Die Vertragsfreiheit wird durch die Schranken der verfassungsmäßigen Ordnung begrenzt („dem sozialen und wirtschaftlichen Ungleichgewicht muss entgegen gewirkt werden"): Keine Rechtsgeschäfte, die gegen gesetzliche Verbote verstoßen (§ 134 BGB), die sittenwidrig sind (§ 138 BGB) oder die gegen Treu und Glauben verstoßen (§ 242 BGB).
- Ein Vertrag ist die von zwei oder mehr Personen erklärte Willensübereinstimmung über die Herbeiführung eines bestimmten rechtlichen Erfolges. Rechtlich bedeutet Vertragsschluss die Verbindung aus dem Antrag (auf Schließung eines Vertrages) und der Annahme. Dazu ist auf beiden Seiten ein Rechtsbindungswille erforderlich.
- Es gilt Abschlussfreiheit. Jeder kann sich grundsätzlich aussuchen, mit wem er einen Vertrag schließen will. In manchen Fällen ist diese Freiheit allerdings eingeschränkt, so im Urheberrecht z.B. im Bereich der Verwertungsgesellschaften, die bezüglich der von ihnen wahrgenommenen Rechte eine Monopolstellung besitzen und daher gesetzlich verpflichtet sind, jedermann auf Verlangen eine Lizenz zu erteilen (§ 11 UrhWG).
- Es gilt inhaltliche Gestaltungsfreiheit. Jeder kann grundsätzlich mit seinem Vertragspartner vereinbaren, was er will. In bestimmten Fällen ist allerdings eine Abweichung von im Gesetz vorgegebenen Regelungen untersagt. Auch im Urheberrecht finden sich sogenannte zwingende gesetzliche Vorgaben. Die

Merke:
Es gibt im Urheberrechtsgesetz einige zwingende Vorschriften, die man vertraglich nicht ausschließen oder abändern kann.

Vorschriften der angemessenen Vergütung (§ 32 UrhG) und weiteren Beteiligung (§ 32 a UrhG) eines Urheber finden gemäß § 32b Nr. 2 UrhG zwingend Anwendung, wenn Gegenstand des Vertrages maßgebliche Nutzungshandlungen in Deutschland sind. Auch regelt § 32 Abs. 3 S. 1 UrhG ausdrücklich, dass sich der Vertragspartner eines Urhebers auf eine vertragliche Vereinbarung, die zum Nachteil des Urhebers von den gesetzlichen Vorgaben einer angemessenen Vergütung abweicht, nicht berufen kann. Mit Hilfe solcher Vorschriften wird die Gestaltungsfreiheit eingeschränkt, um die Übervorteilung der „schwächeren" und daher zu schützenden Vertragspartei zu verhindern. Dies gilt auch für die gesetzlichen Vorgaben zur Inhaltskontrolle Allgemeiner Geschäftsbedingungen (§§ 305 ff. BGB) oder Vorschriften zum Schutz des Verbrauchers (z.B. Hinweispflichten, Widerrufsrechte).

Beispielfall

Nachdem der Verleger Krösus erstmals von einem Übersetzer auf eine angemessene Vergütung verklagt wurde, hat er die Nase voll und weist seinen Justiziar an, folgende Regelung in den Muster-Übersetzervertrag gleich hinter der Regelung des Normseitenhonorars des Übersetzers aufzunehmen:
„Die Parteien sind sich darüber einig, dass der Übersetzer eine angemessene Vergütung erhält. Dem Übersetzer ist bekannt, dass mit der Verwertung der Übersetzung keine relevanten Gewinne erzielt werden können. Er verzichtet daher auf die Geltendmachung jeglicher weiterer Vergütungsansprüche."
Ist das wirksam? Nein, der Anspruch auf angemessene Vergütung kann nicht vertraglich ausgeschlossen oder umgangen werden. Es kann auch nicht auf eine weitere Beteiligung – so denn die Voraussetzungen vorliegen – im Voraus verzichtet werden. Der Verleger kann sich daher nicht auf die Regelung berufen. Dennoch findet man solche Klauseln immer wieder in Verträgen mit den Urhebern. Warum? Man kann es ja mal versuchen und wer weiß, ob der der Urheber die Unwirksamkeit einer solchen Klausel kennt.

Diese allgemeinen Grundsätze sind für das Verständnis wichtig, „wieso weshalb warum" bestimmte Klauseln in Verträgen enthalten sind und gelegentlich etwas kompliziert klingen.

Im Wesentlichen setzt sich ein Vertrag immer der Regelung der Hauptleistungspflichten („essentialia negotii"), etwaiger Neben- und Mitwirkungspflichten sowie den allgemeine Bestimmungen (Gewährleistung, Haftung usw.) zusammen. Hierzu ein Überblick über die in einem Urheber- oder Lizenzvertrag zu regelnden Vertragsinhalte (in Erweiterung von Abbildung 7):

1. Vertragsgegenstand
2. Lieferung/Abnahme
3. Pflichten der Parteien
4. Rechtseinräumung
   Exklusiv/nicht exklusiv
   Räumlich beschränktes/unbeschränkt
   zeitlich beschränkt/unbeschränkt
   Inhaltlich beschränkt/unbeschränkt
   Bearbeitung
   Weiterübertragung/Weiterlizenzierung
5. Vergütung
6. Nennung des Urhebers/Lizenzgebers
7. Sonstige Regelungen (Gewährleistung, Haftung, etc.)
8. Schlussbestimmungen

Eigentlich banal. Dennoch finden sich immer wieder Verträge, in denen der eine oder andere Punkt schlichtweg vergessen wurde.

6.3.2 Beispiel: Der Autorenverlagsvertrag

Am Beispiel eines Verlagsvertrages mit einem Autor werden nun die typischen Vertragsinhalte dargestellt und kurz erläutert.
Achtung: Die nachfolgenden Klauseln sind Beispiele und erheben weder einen Anspruch auf Vollständigkeit noch sind sie zur Verwendung für jeden Fall geeignet. Musterverträge müssen auf die Besonderheiten des Einzelfalles angepasst werden!

6.3.2.1 Vertragsgegenstand

1. Vertragsgegenstand
Gegenstand dieses Vertrages ist das vorliegende/noch zu verfassende Werk des Autors unter dem Titel/Arbeitstitel:

XYZ

Der endgültige Titel wird in Abstimmung zwischen Autor und Verlag festgelegt, wobei der Autor dem Stichentscheid des Verlages zu widersprechen berechtigt ist, soweit sein Persönlichkeitsrecht verletzt würde.
Das Werk weist folgende Spezifikationen auf:
(Detaillierte Regelung folgender Punkte: Seitenumfang, Genre, Illustrationen, Fotografien, Sprache, Co-Autoren, Drittquellen)
Wird das Werk von mehreren Autoren verfasst, so benennt der Autor in Absprache mit den anderen Autoren gegenüber dem Verlag einen Sprecher. Der Sprecher ist berechtigt, die Autorengemeinschaft gegenüber dem Verlag zu vertreten.

Festgelegt wird, ob das Werk bereits vorliegt oder noch zu verfassen ist, damit der Abgabetermin bestimmt werden und der Verlag planen kann, in welches Programm das Werk aufgenommen werden soll.

Zunächst wird ein Arbeitstitel vereinbart. Der endgültige Titel wird regelmäßig von der Marketingabteilung des Verlags vorgeschlagen, die mit den Gesetzen des Marktes bestens vertraut sein sollte. Um mögliche Kollisionen mit bereits bestehenden Titeln zu vermeiden, muss außerdem eine Titelrecherche durchgeführt werden. Erst nach einer solchen Recherche kann der Titel endgültig festgelegt werden (zum Titelschutz siehe Ziff. 5.1.).

Die Spezifikation des Vertragsgegenstandes ist ein zentraler Punkt in jedem Vertrag. Wer hier schlampt oder keine Vorgaben gibt, der darf sich später nicht über vermeintlich schlechte Qualität oder thematisch lückenhafte Manuskripte beschweren. Gerade bei Bestellverträgen sind die Vorgaben zu dem zu erstellenden Werk sehr komplex. Dann empfiehlt sich die Ausgliederung der Spezifikationen in eine detaillierte Anlage zum Vertag.

Übrigens: Der Umfang des zu liefernden Werkes kann in Schreibmaschinenseiten zu je 1800 Anschlägen oder in Zeichen pro Seiten angegeben werden. Für den Verlag ist die Bestimmung des Umfangs von erheblicher Bedeutung, weil eine Kalkulation des Werkes ohne eine solche Bestimmung nicht möglich ist bzw. zu einem finanziellen Fiasko führen kann.

Merke:
Der Umfang eines Werkes ist für die Kalkulation der Kosten von erheblicher Bedeutung.

Sofern ein Werk von mehreren Autoren verfasst wird (Autorengemeinschaft), empfiehlt es sich einen der Autoren zum Sprecher und offiziellen Vertreter der Autorengemeinschaft zu benennen. Das erleichtert die Kommunikation und auch die Abgabe und Entgegennahme von Erklärungen. Allerdings müssen dem alle Autoren zustimmen. Ob man übrigens alle Autoren ein einem Verlagsvertrag zusammenfasst oder mit jedem einzelnen einen Verlagsvertrag abschließt, ist Geschmackssache und hängt vom Einzelfall ab. Unterscheiden sich die Rechte und Pflichten der einzelnen Co-Autoren doch ein wenig, oder will man die Höhe der Vergütung der einzelnen Autoren nicht preisgeben, dann bedarf es einzelner Verträge.

6.3.2.2 Lieferung und Abnahme

2. Manuskriptablieferung

2.1. Der Autor verpflichtet sich, dem Verlag bis spätestens *XX.YY.ZZZZ* das vollständige und vervielfältigungsfähige Manuskript in folgender Form zu übergeben: *Format/Technische Vorgaben*. Der Autor behält eine Kopie des Manuskripts bei sich. Das Manuskript bleibt Eigentum des Autors und ist ihm vom Verlag nach Erscheinen des Werkes auf Verlangen zurückzugeben.

2.2. Der Verlag erklärt sich innerhalb einer angemessenen Frist nach Ablieferung schriftlich zur Abnahme des Werkes. Für den Fall, dass sich der der Verlag nicht binnen *X* Wochen nach Ablieferung erklärt, gilt das Werk als abgenommen.

2.3. Liefert der Autor das Manuskript nicht, nicht vertragsgemäß und/oder nicht fristgemäß ab, so ist der Verlag berechtigt, dem Autor eine angemessene Nachfrist mit dem Hinweis zu setzen, dass er nach Ablauf der Nachfrist die Leistung ablehne. Als angemessene Nachfrist gilt ein Zeitraum von *X* Monaten.

2.4. Liefert der Autor auch innerhalb der gesetzten Nachfrist kein vertragsgemäßes Werk ab, so kann der Verlag nach seiner Wahl die Leistung ablehnen, vom Vertrag zurücktreten und ggf. Schadenersatz sowie die Rückzahlung etwaig geleisteter Vorauszahlungen verlangen. [Ggf.:] Der Verlag ist in diesem Fall alternativ berechtigt, die vertragsgemäßen Teile des Werkes zu übernehmen und im Übrigen das Werk auf Kosten des Autors durch einen Dritten erstellen zu lassen/das Werk im nicht-vertragsgemäßen Zustand zu übernehmen und auf Kosten des Autors so durch einen Dritten bearbeiten zu lassen, dass es dem vertragsgemäßen Zustand entspricht. Das Urheberpersönlichkeitsrecht des Autors ist zu wahren. Weitere Ansprüche des Verlages bleiben unberührt.

Der Verlag erwirbt alleine durch die Übergabe in der Regel kein Eigentum am Manuskript. Zwischen dem Sacheigentum und dem Urheberrecht am geistigen Eigentum ist insoweit strikt zu trennen. Dies zeigt auch § 44 UrhG, der klarstellt, dass mit dem Erwerb des Sacheigentum z.B. an einem Manuskript, einem Foto oder einem Kunstwerk nicht automatisch auch Nutzungsrechte eingeräumt werden. So darf der Eigentümer eines Gemäldes von Neo Rauch dieses zwar öffentlich ausstellen, er darf es aber nicht einfach auf Poster drucken und diese verkaufen.

Merke:
Das Manuskript muss vor Erklärung der Abnahme sorgfältig geprüft werden, da die Abnahme von erheblicher rechtlicher Bedeutung ist.

Die Abnahme ist ein Kernelement jedes Vertrages, da der Verlag mit Abnahme das gelieferte Manuskript grundsätzlich als die Erfüllung der vertragsgemäß geschuldeten Leistung akzeptiert. Meistens ist mit der Abnahme auch die Fälligkeit der Vergütung verbunden. Es ist deshalb üblich zu vereinbaren, dass die Abnahme schriftlich erfolgen muss. Vor Erklärung der Abnahme muss das Manuskript daher sorgfältig geprüft und im Fall von Fehlern und Mängeln die Abnahme verweigert werden.

Die Angemessenheit der im Vertrag festgelegten Nachfrist zur endgültigen Ablieferung des Manuskripts bemisst sich nach den Einzelumständen. Ist die Frist unangemessen kurz festgelegt, so beginnt ohne weiteres Zutun der Parteien eine angemessene Frist ihren Lauf. Leistet der Autor endgültig nicht, so trifft ihn im schlimmsten Fall eine Schadensersatzpflicht, die sich auch auf den entgangenen Gewinn des Verlags erstrecken kann.

6.3.2.3 Pflichten des Autors

3. Pflichten Autor

3.1. Der Autor garantiert, dass er allein berechtigt ist, über die urheberrechtlichen Nutzungsrechte an seinem Werk zu verfügen, und dass er bisher keine den Rechtseinräumungen dieses Vertrages entgegenstehende Verfügung getroffen hat. Das gilt auch für die vom Autor gelieferten Text- oder Bildvorlagen. Bietet er dem Verlag Text- oder Bildvorlagen an, für die dies nicht zutrifft oder nicht sicher ist, so hat er den Verlag darüber und über alle ihm bekannten oder erkennbaren rechtlich relevanten Fakten zu informieren. Soweit der Verlag den Autor mit der Beschaffung fremder Text- oder Bildvorlagen beauftragt, bedarf es einer gesonderten Vereinbarung.

3.2. Der Autor ist verpflichtet, den Verlag schriftlich auf im Werk enthaltene Darstellungen von Personen oder Ereignissen hinzuweisen, mit denen das Risiko einer Persönlichkeitsrechtsverletzung verbunden ist. Nur wenn der Autor dieser Vertragspflicht in vollem Umfang nach bestem Wissen und Gewissen genügt hat, trägt der Verlag alle Kosten einer eventuell erforderlichen Rechtsverteidigung. Wird der Autor wegen solcher Verletzungen in Anspruch genommen, sichert ihm der Verlag seine Unterstützung zu, wie auch der Autor bei der Abwehr solcher Ansprüche gegen den Verlag mitwirkt.

3.3. Der Autor verpflichtet sich, dem Werk nicht durch Veröffentlichungen anderer Werke Konkurrenz zu bereiten.

Zur Erinnerung (siehe dazu Ziff. 2.9): Die vom Autor erklärte Garantie, dass das gelieferte Werk frei von Rechten Dritter ist, wirkt nur zwischen den Vertragsparteien und schützt den Verlag nicht davor, von Dritten wegen der Verletzung von Urheber-, Persönlichkeits- oder sonstigen Rechten in Anspruch genommen zu werden. Eine Exkulpation über eine solche Garantie ist nicht möglich.

Handelt es sich bei den gelieferten Bildvorlagen um Fotografien, ist darauf zu achten, dass diese mit mehreren Rechten „belastet" sein können (siehe dazu Ziff. 7). So besteht immer ein Urheberrecht oder mindestens ein Leistungsschutzrecht an der Fotografie. Zu beachten ist in diesem Zusammenhang auch das Namensnennungsrecht des Fotografen. Daneben können weitere Rechte auch an dem Motiv des Fotos bestehen, wenn das Foto seinerseits ein urheberrechtlich geschütztes Werk, wie zum Beispiel ein Gemälde, wiedergibt. Ist auf dem Foto eine Person abgebildet, kommen Persönlichkeitsrechte zum Tragen (siehe Ziff. 4.2., Recht am eigenen Bild). Schließlich können auch gewerbliche Schutzrechte wie z.B. Markenrechte bei Abbildungen berührt werden. Die Gefahr von Persönlichkeitsrechtsverletzungen in Sachbüchern, Biografien oder (auto-)biografischen Romanen wird ausführlich unter Ziff. 4.1. erläutert.

Zum Konkurrenzverbot des Autors: Zwar gehen sowohl das Gesetz als auch die Rechtsliteratur davon aus, dass der Autor dem Verlag nicht uneingeschränkt Konkurrenz machen darf. Streit besteht allerdings um die Reichweite eines solchen Konkurrenz- oder Wettbewerbsverbotes. Eines ist aber sicher. Wettbewerbsverbote dürfen nicht zu breit gefasst sein und exzessiv lange andauern. Gegebenenfalls empfiehlt sich daher eine zeitliche Beschränkung des Wettbewerbsverbots z.B. auf drei oder fünf Jahre.

Strategie:
Zeitlich unbeschränkte Konkurrenzverbote sind in der Regel unwirksam.

6.3.2.4 Rechtseinräumung

Nun zum Herzstück eines Verlagsvertrages:

4. Rechtseinräumungen

Der Autor räumt dem Verlag für die Dauer des gesetzlichen Urheberrechts das ausschließliche, inhaltlich und räumlich unbeschränkte sowie übertragbare Recht zur Auswertung des Werkes in jedweder Form für alle Auflagen, Ausgaben und ohne Stückzahlbegrenzung für die deutsche Sprache ein. Es werden insbesondere die folgenden Rechte eingeräumt:

4.1. Das Recht zur Vervielfältigung und Verbreitung des Werkes (Verlagsrecht), insbesondere als Hardcover, Softcover, Taschenbuch, Paperback, Mikrokopie-, Mikrofiche- und Mikroformausgabe, Loseblatt, Reprint, Fotokopie und/oder in Zeitschriften, Zeitungen und anderen Sammelwerken, in allen Formaten wie z.B. Mini-, Normal-, Midi- und Jumboausgabe sowie als Print on Demand.

4.2. Das Recht zur Vervielfältigung und Verbreitung auf elektronischen Datenträgern, insbesondere auf Kassette, Diskette, CD, Mini-CD, Video, DVD, Blu-ray, E-Book-Reader, Handy, Smartphone, USB-Sticks, Chips und sonstigen Speichermedien (elektronisches Offline-Recht).
4.3. Das Recht das Werk in Datenbanken zu speichern und es Nutzern mittels digitaler oder anderweitiger Speicher- bzw. Datenübertragungstechnik, mit oder ohne Zwischenspeicherung, derart zur Verfügung zu stellen, dass diese von einem von ihnen individuell gewählten Ort und zu einer von ihnen individuell gewählten Zeit Zugang zu dem Werk haben und dieses mittels TV, PC, Handy, Smartphone, Tablet, E-Book-Reader oder sonstigen Geräten mit oder ohne Draht, via Internet, UMTS, Kabel, Satellit, Mobilfunk oder anderer Übertragungswege unabhängig von der technischen Ausgestaltung speichern und/oder downloaden und/oder wiedergeben können, einschließlich der interaktiven Nutzung des Werkes (Online-Recht).
4.4. Die nachfolgenden sonstigen Rechte:
- das Recht zur Übersetzung in eine andere Sprache oder Mundart ;
- das Recht zur Bearbeitung, d.h. das Recht, das Werk selbst oder durch Dritte unter Wahrung des Urheberpersönlichkeitsrechts zu ändern, Teile des Werkes herauszunehmen oder mit anderen Teilen zu verbinden, zum Beispiel mit weiteren Texten, Bildern, Musik oder Filmen, es zu vertonen oder zu verlinken und diese Bearbeitung wie das Werk selbst zu verwerten;
- das Recht der öffentlichen Wiedergabe, insbesondere des Vortrags durch Dritte sowie der Wiedergabe durch Bild- oder Tonträger;
- das Recht zur Vervielfältigung, Verbreitung und Wiedergabe in Form von Druck- und Tonträgerausgaben für Blinde und Sehbehinderte;
- das Recht zur Herstellung eines Hörbuches sowie das Recht, dieses wie das Werk selbst zu verwerten;
- das Recht zur Herstellung eines Hörspiels sowie das Recht, dieses wie das Werk selbst zu verwerten;
- das Recht zur Herstellung eines Bühnenstücks und zur Aufführung sowie das Recht, dieses wie das Werk selbst zu verwerten;
- das Recht zur Bearbeitung des Werks als Drehbuch und zur Verfilmung und Vorführung sowie das Recht, den Film wie das Werk selbst zu verwerten;
- das Recht, das Werk zu senden sowie die Sendung wiederzugeben;
- das Recht zur Vergabe von deutsch- oder fremdsprachigen Lizenzen in das In- und Ausland;
- das Recht der ganzen oder teilweisen Vorab- und Nachveröffentlichung, z.B. in Zeitungen und Zeitschriften, auf elektronischen Datenspeichern oder über Onlineplattformen etc.;
- das Recht zum Verleih und zur Vermietung des Werkes oder Teilen davon;
- das Recht, das Werk unentgeltlich zur Bewerbung des Werkes selbst, für Werbung des Verlages oder auch Dritter sowie für Produkte des Verlages oder auch Dritter zu nutzen, und zwar in allen Medien im Umfang der eingeräumten Nutzungsarten;
- das Merchandising-Recht, d.h. das Recht zur kommerziellen Auswertung des Werkes durch Herstellung und Vertrieb von Waren und/oder des Anbietens von Dienstleistungen aller Art unter Verwendung von Vorkommnissen, Namen, Titeln, Abbildungen, Figuren oder sonstigen in einer Beziehung zu dem Werk stehenden Zusammenhängen. Mit eingeräumt ist das Recht, unter Verwendung der vorgenannten Elemente oder durch bearbeitete oder unbearbeitete Auszüge aus dem Werk für Waren oder Dienstleistungen jeder Art zu werben;
- Zur gemeinsamen Einbringung bei den Verwertungsgesellschaften räumt der Autor dem Verlag zudem alle sonstigen durch Verwertungsgesellschaften (z.B. VG Wort, VG Bild-Kunst etc.) wahrgenommenen Rechte nach deren Satzung, Wahrnehmungsvertrag und Verteilungsplan ein und tritt ihm die gesetzlichen Vergütungsansprüche ab (§ 63a UrhG). Der Verlag nimmt die Abtretungen an.
- Weiter räumt der Autor dem Verlag die ausschließlichen, zeitlich, räumlich und inhaltlich unbeschränkten und übertragbaren Rechte für die im Zeitpunkt des Vertragsschlusses unbekannten Nutzungsarten ein.

4.5. Die Einräumung der Rechte gemäß Ziff. 4.1., 4.2., 4.3. und 4.4. gilt für alle Auflagen und Ausgaben, insbesondere Sonder-, Volks -, Schul- und/oder Studienausgaben und für alle Vertriebswege, insbesondere für Sortiment, Nebenmarkt, Buchgemeinschaft, offene und geschlossene Nutzerkreise und/oder Onlineplattformen.
4.6. Sämtliche Rechte sind auf ganz oder teilweise auf Dritte übertragbar und/oder an Dritte lizenzierbar, ohne dass es der Zustimmung des Autors bedarf. Das Recht zur Vergabe von Nutzungsrechten an Dritte endet mit Beendigung dieses Vertrags. Bereits bestehende Lizenzverträge bleiben davon unberührt.

Da kommt doch so einiges zusammen und gerade weil Klauseln über die Einräumung von Nutzungsrechten so lang sind, darf man die wesentlichen Punkte nicht aus den Augen verlieren: Exklusivität, Raum, Zeit, Inhalt, Bearbeitung und Weiterübertragung.

Grund für die Ausführlichkeit der Klausel und den schier unendlichen Aufzählung von verschiedenen Nutzungsarten ist die unter Ziff. 2.4.1.3. dargestellte Lehre von der Zweckübertragung. Werden demnach nicht alle eingeräumten Nutzungsarten ausdrücklich einzelnen bezeichnet, so verbleiben sie im Zweifel beim Urheber bzw. Lizenzgeber und der Vertrag beschränkt sich auf die nach dem Zweck der Vertrages zwingend notwendigen Nutzungen. So hat die Rechtsprechung festgestellt, dass Hard- und Softcover-Bücher unterschiedliche Nutzungsarten sind, für die die Rechte gesondert eingeräumt werden müssen. Auch weisen schon selbst kleinere Formate (MIDI-Ausgabe gegenüber Jumbo-Ausgabe in Din A 4 – Format) und niedrigere Verkaufspreise auf unterschiedliche Nutzungsarten hin. Nach Auffassung der Rechtsprechung ist auch die Buchgemeinschaftsausgabe eine eigenständige Nutzungsart. Gerade in Verlagsverträgen finden sich deshalb gerne auch Begriffe, mit denen man heute oft nicht mehr viel anfangen kann. So zum Beispiel der Begriff „Volksausgabe“. Darunter versteht man die Ausgabe eines schon früher einmal erschienenen Werkes in einer einfacheren und deshalb billigeren Ausstattung.

Strategie:
Das „Herumdoktern“ an Rechteklauseln kann fatale Konsequenzen haben. Die Nutzungsarten müssen vollständig genannt werden. Auch ist eine ordentliche Rechteklausel erforderlich, um die eingeräumten Rechte verwalten zu können.

Es herrscht seitens der Verwerter permanente Panik, dass irgendeine Form der Nutzung, die der Verlag eines Tages vornehmen möchte, nicht im Vertrag ausdrücklich genannt und daher auch nicht gestattet ist. Mit fortschreitender technischer Entwicklung müssen die Rechteklauseln daher auch ständig erweitert, angepasst und korrigiert werden. Dies führt nicht selten zu einem sprachlichen und grammatikalischen Chaos, da über die Jahre oder sogar Jahrzehnte immer wieder hier und da einzelne Begriffe und Definitionen ergänzt werden ohne das große Ganze im Auge zu behalten.

Ordnung zu wahren ist auch deshalb wichtig, weil Autoren dem Verlag selbstverständlich nicht immer alle Nutzungsarten in vollem Umfang einräumen. Das Recht zur Nutzung des Werkes für werbliche Zwecke oder für Merchandising ist häufig nicht leicht zu ergattern. Selbst die Verfilmungsrechte oder die Bühnenrechte behalten sich Autoren manchmal vor. Die Liste der Nutzungsarten muss deshalb auch als „Streichliste“ taugen, ohne dass dabei totales Chaos entsteht.

Abgesehen von der Pflicht alle Nutzungsarten einzeln zu nennen ergeben sich weitere Fallstricke aus dem Verlagsgesetz, wenn man gewisse Aspekte nicht ausdrücklich regelt. Fehlt es an einer Abrede über die Zahl der Auflagen, so ist der Verlag nur zu einer Auflage berechtigt (§ 5 Abs. 1 VerlG). Fehlt es an einer Abrede über die Zahl der Abzüge, so ist der Verleger berechtigt 1000 Abzüge herzustellen (§ 5 Abs. 2 VerlG).

Übrigens: Sofern die Autoren gewisse Nutzungen auch weiterhin selber vornehmen wollen, sollte dies ausdrücklich im Vertrag geregelt werden. Denn eine exklusive Rechtseinräumung schließt auch Nutzungen des Werkes durch den Autor selbst aus. Dies gilt z.B. für das Vortragsrecht. Es ist aber im Interesse des Verlages, dass der Autor aus seinem Werk liest und es damit bewirbt. Deshalb sieht das Vortragsrecht in der Rechtklausel (Ziff. 4.4., 3. Spiegelstrich) vor, dass dem Verlag nur das Vortragsrecht „durch Dritte“ eingeräumt wird.

6.3.2.5 Pflichten Verlag

5. Verlagspflicht

5.1. Das Werk wird zunächst als *(z.B. Hardcover, Paperback, Taschenbuch, CD-ROM, E-Book)*- Ausgabe erscheinen; nachträgliche Änderungen der Form der Erstausgabe bedürfen des Einvernehmens mit dem Autor.

5.2. Der Verlag ist verpflichtet, das Werk in der in Ziffer 5.1. genannten Form zu vervielfältigen, zu verbreiten und dafür angemessen zu werben.

5.3. Ausstattung, Buchumschlag, Auflagenhöhe, Auslieferungstermin, Ladenpreis und Werbemaßnahmen werden vom Verlag nach pflichtgemäßem Ermessen unter Berücksichtigung des Vertragszwecks sowie der im Verlagsbuchhandel für Ausgaben dieser Art herrschenden Übung bestimmt.

5.4. Das Recht des Verlags zur Bestimmung des Ladenpreises nach pflichtgemäßem Ermessen schließt auch dessen spätere Herauf- oder Herabsetzung ein. Vor Herabsetzung des Ladenpreises wird der Autor benachrichtigt.

5.5. Als Erscheinungstermin ist vorgesehen: *XX.YY.ZZZZ*
Eine Änderung des Erscheinungstermins erfolgt in Absprache mit dem Autor.

5.6. Der Verlag ist verpflichtet, sich in branchenüblicher Form um die Verwertung der ihm eingeräumten Rechte zu bemühen. Der Verlag unterrichtet den Autor unaufgefordert über erfolgte Verwertungen.

5.7. Verletzt der Verlag seine Verpflichtungen, so kann der Autor die hiervon betroffenen Rechte – auch einzeln – nach den Regeln des § 41 UrhG nach Ablauf von fünf Jahren zurückrufen; der Bestand des Vertrages im Übrigen wird hiervon nicht berührt.

In der vorstehenden Klausel wird die Pflicht des Verlages zur Verwertung des Werkes in einer bestimmten Ausgabenform festgelegt und der Vertrag damit als „echter" Verlagsvertrag festgelegt. Wird die Verpflichtung zur Verwertung ausdrücklich ausgeschlossen, spricht dies für einen Bestellvertrag.

Zur Festsetzung des Ladenpreises: Gemäß § 21 VerlG steht dem Verleger die Bestimmung des Ladenpreises zu. Dies ist auch interessengerecht, weil er andererseits auch verpflichtet ist, das Werk auf seine Kosten herauszubringen. Die gesetzliche Regelung in § 21 VerlG ist für den Autor dennoch vorteilhafter als die hier vertraglich festgelegte. § 21 VerlG bestimmt nämlich, dass die Erhöhung des Preises stets der Zustimmung des Autors bedarf. § 21 VerlG ist allerdings wie nahezu alle Vorschriften des Verlagsgesetzes abdingbar (siehe Kapitel. 3).

Auf das Rückrufsrecht kann der Autor gemäß § 41 Abs. 4 UrhG im Voraus insgesamt nicht verzichten. Nicht selten wird die Nichtausübungsfrist wie auch hier vom Verlag von zwei auf fünf Jahre erhöht. Eine darüber hinausgehende Fristverlängerung ist gesetzlich nicht zulässig (zum Rückrufrecht ausführlich unter Ziff. 2.6).

6.3.2.6 Vergütung

Komplex ist die Regelung der Vergütung des Autors, wenn eine umfassende Verwertung jeweils unter Beteiligung des Autors vorgesehen ist. Dazu ein Beispiel:

6. Honorar

6.1. Soweit der Verlag die inhaltliche und wirtschaftliche Verantwortung für die Verwertung selbst trägt (verlagseigene Verwertung), erhält der Autor das nachfolgende Honorar:

- Für die verlagseigene Verwertung im Hinblick auf das Verlagsrecht (Ziff. 4.1.) erhält der Autor für jedes verkaufte, bezahlte und nicht remittierte Exemplar das folgende Honorar, jeweils bezogen auf den Netto-Ladenpreis, d.h. den gebundenen Ladenpreis abzüglich Mehrwertsteuer:

Hardcover
... Prozent bis ... Exemplare
... Prozent bis ... Exemplare
... Prozent bis ... Exemplare
Taschenbuch
... Prozent bis ... Exemplare

... Prozent bis ... Exemplare
... Prozent bis ... Exemplare
Bei sonstigen Ausgaben: ... Prozent

- Für die verlagseigene Verwertung im Hinblick auf das Offline-Recht (Ziff. 4.2.) erhält der Autor als Beteiligungshonorar [...] Prozent vom Nettoverlagserlös.
- Für die verlagseigene Verwertung im Hinblick auf das Online-Recht (Ziff. 5.3.) erhält der Autor als Beteiligungshonorar [...] Prozent vom Nettoverlagserlös.

6.2. Soweit nicht der Verlag, sondern ein Dritter die inhaltliche und wirtschaftliche Verantwortung für die Verwertung trägt (verlagsfremde Verwertung), erhält der Autor das nachfolgende Honorar:

- Für die verlagsfremde Verwertung im Hinblick auf das Verlagsrecht (Ziff. 4.1.) erhält der Autor als Beteiligungshonorar [...] Prozent vom Nettoverlagserlös.
- Für die verlagsfremde Verwertung im Hinblick auf das Offline-Recht (Ziff. 4.2) erhält der Autor als Beteiligungshonorar [...] Prozent vom Nettoverlagserlös.
- Für die verlagsfremde Verwertung im Hinblick auf das Online-Recht (Ziff. 4.3.) erhält der Autor als Beteiligungshonorar [...] Prozent vom Nettoverlagserlös.
- Für sonstige verlagsfremde Verwertungen erhält der Autor als Beteiligungshonorar [...] Prozent vom Nettoverlagserlös.

6.3. Als Nettoverlagserlös im Sinne der Ziff. 6.1. und 6.2. werden alle unmittelbar der Verwertung des Werkes zuordenbaren, tatsächlich erzielten Verlagseinnahmen abzüglich Mehrwertsteuer bezeichnet.

6.4. Auf seine Honoraransprüche erhält der Autor einen Vorschuss in
Höhe von EURO...............
Dieser Vorschuss ist fällig
zu .... % bei Abschluss des Vertrages,
zu .... % bei Ablieferung des Manuskripts gemäß
zu .... % bei Erscheinen des Werkes, spätestens am ....
Der Vorschuss stellt ein garantiertes Mindesthonorar dar. Er ist nicht rückzahlbar, jedoch mit allen Ansprüchen des Autors aus diesem Vertrag verrechenbar.

6.5. Soweit andere als die genannten Verwertungen erfolgen (eingeschlossen eine Verwertung auf im Zeitpunkt des Vertragsschlusses unbekannte Nutzungsarten), erhält der Autor eine angemessene Vergütung, über deren Höhe sich die Parteien bei beabsichtigter Nutzungsaufnahme durch den Verlag verständigen werden.

6.6. Pflicht-, Prüf-, Werbe- und Besprechungsexemplare sind honorarfrei; darunter fallen nicht Partie- und Portoersatzstücke sowie solche Exemplare, die für Werbezwecke des Verlages, nicht aber des Buches abgegeben werden.

6.7. Ist der Autor mehrwertsteuerpflichtig, zahlt der Verlag die auf die Honorarbeträge anfallende gesetzliche Mehrwertsteuer zusätzlich.

6.8. Honorarabrechnung und Zahlung erfolgen halbjährlich zum 30. Juni und zum 31. Dezember innerhalb der auf den Stichtag folgenden 3 Monate. *(oder:*
Honorarabrechnung und Zahlung erfolgen zum 31. Dezember jedes Jahres innerhalb der auf den Stichtag folgenden drei Monate).

6.9. Der Verlag ist verpflichtet, einem vom Autor beauftragten Wirtschaftsprüfer, Steuerberater oder vereidigten Buchprüfer zur Überprüfung der Honorarabrechnungen Einsicht in die Bücher und Unterlagen zu gewähren. Die hierdurch anfallenden Kosten trägt der Verlag, wenn sich die Abrechnungen zu mehr als 5% zu Lasten des Autors als fehlerhaft erweisen.

6.10. Nach dem Tode des Autors bestehen die Honorarverpflichtungen gegenüber den durch Erbschein ausgewiesenen Erben, die bei einer Mehrzahl von Erben einen gemeinsamen Bevollmächtigten zu benennen haben. Bis zur Benennung eines Bevollmächtigten einer Erbgemeinschaft und der Anweisung zur Auszahlung der Vergütung, ist der Verlag berechtigt, die abgerechneten Honorare unverzinslich einzubehalten.

Merke:
In den „Gemeinsamen Vergütungsregeln für Autoren belletristischer Werke in deutscher Sprache" ist die angemessene Vergütung für diese Belletristikautoren festgelegt (Ziff. 2.5.1.).

Eine Differenzierung nach allen Nutzungsarten jeweils bei verlagseigener und verlagsfremder Verwertung unter Festlegung einer Beteiligung des Autors an den erzielten Einnahmen wird am ehesten den Grundsätzen einer angemessenen Vergütung gemäß §§ 32, 32a, gerecht – vorausgesetzt die Höhe der prozentualen Beteiligung befindet sich im branchenüblichen und auch redlichen Bereich.

Die Ziff. 6.5 enthält ein „Auffangbecken" für die Vergütung des Autors in den nicht geregelten Fällen einer Nutzung durch den Verlag. Anzutreffen ist in diesem Zusammenhang immer wieder auch eine Regelung, die den Verlag zur Bestimmung der Vergütung nach billigem Ermessen berechtigt (§§ 315ff. BGB). Der Autor kann dann die Ausübung dieses Ermessens gerichtlich überprüfen lassen.

In der Praxis finden sich häufig wesentlich einfacher gehaltene Vergütungsmodelle als das hier dargestellte. Allerdings geht die Tendenz deutlich zu einer Differenzierung. Dies liegt nicht nur an der Verpflichtung des Verlages zu einer angemessenen Vergütung der Urheber, sondern auch an den unterschiedlichen Vertriebs- und Lizenzmodellen im Bereich des elektronischen Publizierens (siehe dazu Ziff. 8.3.). Während man früher auf der Ebene der Rechtseinräumung wie auch auf der Ebene der Vergütung einfach nur zwischen dem (Print-) Verlagsrechts als Hauptrecht und allen anderen Nutzungsrechten als Nebenrecht unterschieden hat, ist das heute komplexer. Manche Verlage produzieren Hörbücher und E-Books im eigenen Haus, andere vergeben dafür Lizenzen. Hinzu kommt, dass beim Vertrieb des E-Books den entsprechenden Vertriebsplattformen häufig Nutzungsrechte, also Lizenzen an den Werken eingeräumt werden. Wenn nun im Verlagsvertrag mit dem Autor – wie nach wie vor üblich – eine Beteiligung am E-Book nicht ausdrücklich geregelt ist und der Vertrag nur allgemein festlegt, dass der Autor an allen Lizenzerlösen hälftig (oder im belletristischen Bereich auch mit 60–70%) an Erlösen beteiligt wird, dann fällt auch das E-Book unter diese Regelung, was für den Verlag ein gravierender finanzieller Nachteil ist. Denn die im E-Book-Bereich übliche Beteiligung des Autors beläuft sich auf etwa 20–25% vom Erlös.

Es ist deshalb sinnvoller, auf Ebene der Vergütung zwischen den Rechten zu unterscheiden, die der Verlag selbst in eigener Verantwortung ausübt, und den Rechten, die der Verlag tatsächlich durch Dritte „in Lizenz" ausüben lässt.

Zum Vorschuss noch ein Hinweis: Bisweilen wird auch festgelegt, dass der Vorschuss mit allen Ansprüchen des Autors gegen den Verlag insgesamt, also auch Ansprüchen aus anderen vom Autor im Verlag verlegten Werken verrechenbar ist. Dies bedeutet für den Autor eine erheblich schlechtere Stellung.

6.3.2.7 Nennung

7. Urheberbenennung, Copyright-Vermerk

7.1. Der Verlag ist verpflichtet, den Autor in angemessener Weise als Urheber des Werkes auszuweisen.

7.2. Der Verlag ist verpflichtet, bei der Veröffentlichung des Werkes den Copyright-Vermerk im Sinne des Welturheberrechtsabkommens anzubringen.

Das Recht des Urhebers auf namentliche Nennung ergibt sich aus § 13 UrhG und ist eines der Urheberpersönlichkeitsrechte (ausführlich dazu Ziff. 2.3.1.2.).

6.3.2.8 Freiexemplare

8. Freie Exemplare

8.1. Der Autor erhält für seinen eigenen Bedarf *X* Freiexemplare. Bei der Herstellung von mehr als *XXX* Exemplaren erhält der Autor *X* weitere Freiexemplare und bei der Herstellung von mehr als *YYY* Exemplaren *Y* weitere Freiexemplare.

Darüber hinaus kann der Autor Exemplare seines Werkes zu einem Höchstrabatt von *XX* % vom Ladenpreis vom Verlag beziehen.

8.2. Sämtliche gemäß Ziff. 8.1. übernommenen Exemplare dürfen vom Autor nicht weiterverkauft werden.

Enthält der Verlagsvertrag keine Regelung zu den Belegexemplaren gilt das Verlagsgesetz und der Autor erhält auf je hundert Abzüge ein Freiexemplar, jedoch im ganzen nicht weniger als fünf und nicht mehr als fünfzehn (§ 25 VerlG). Üblich ist ein Rabatt für den Autor von 25 %–40 %. Fehlt eine vertragliche Abrede hierüber, hat der Autor einen Anspruch auf Überlassung zum „niedrigsten Preis, für welchen er das Werk im Betriebe seines Verlagsgeschäfts abgibt" (§ 26 VerlG).

6.3.2.9 Satz und Korrektur

9. Satz, Korrektur

9.1. Die erste Korrektur des Satzes wird vom Verlag oder von der Druckerei vorgenommen. Der Verlag ist sodann verpflichtet, dem Autor in allen Teilen gut lesbare Abzüge zu übersenden, die der Autor unverzüglich honorarfrei korrigiert und mit dem Vermerk »druckfertig« versieht; durch diesen Vermerk werden auch etwaige Abweichungen vom Manuskript genehmigt. Abzüge gelten auch dann als »druckfertig«, wenn sich der Autor nicht innerhalb angemessener Frist nach Erhalt zu ihnen erklärt hat.

9.2. Nimmt der Autor Änderungen im fertigen Satz vor, so hat er die dadurch entstehenden Mehrkosten – berechnet nach dem Selbstkostenpreis des Verlages – insoweit zu tragen, als sie 10 % der Satzkosten übersteigen. Dies gilt nicht für Änderungen bei Sachbüchern, die durch Entwicklungen der Fakten nach Ablieferung des Manuskripts erforderlich geworden sind.

Merke:
Druckfreigabe bedeutet einen Vermerk des Autors auf jeder Seite. Nur dann kann der Verlag die Freigabe sicher nachweisen.

Mit der Druckfreigabe durch den Autor stellt der Verlag sicher, dass der Autor mit einer Veröffentlichung in der finalen – ggf. bearbeiteten – Form des Werkes einverstanden ist.

6.3.2.10 Lieferbarkeit und Neuauflagen

10. Lieferbarkeit, Veränderte Neuauflagen

10.1. Wenn die Verlagsausgabe des Werkes vergriffen ist und nicht mehr angeboten und ausgeliefert wird, ist der Autor zu benachrichtigen. Der Autor ist dann berechtigt, den Verlag schriftlich aufzufordern, sich spätestens innerhalb von 3 Monaten nach Eingang der Aufforderung zu verpflichten, innerhalb einer Frist von *X* Monat(en)/Jahr(en) nach Ablauf der Dreimonatsfrist eine ausreichende Anzahl weiterer Exemplare des Werkes herzustellen und zu verbreiten. Geht der Verlag eine solche Verpflichtung nicht fristgerecht ein oder wird die Neuherstellungsfrist nicht gewahrt, ist der Autor berechtigt, durch schriftliche Erklärung von diesem Verlagsvertrag zurückzutreten. Bei Verschulden des Verlages kann er stattdessen Schadenersatz statt der Leistung verlangen. Der Verlag bleibt im Falle des Rücktritts zum Verkauf der ihm danach (z.B. aus Remissionen) noch zufließenden Restexemplare innerhalb einer Frist von *X* Monaten berechtigt; er ist verpflichtet, dem Autor die Anzahl dieser Exemplare anzugeben und ihm die Übernahme anzubieten.

10.2. Der Autor ist berechtigt und, wenn es der Charakter des Werkes (z.B. eines Sachbuchs) erfordert, auch verpflichtet, das Werk für weitere Auflagen zu überarbeiten, wesentliche Veränderungen von Art und Umfang des Werkes bedürfen der Zustimmung des Verlages. Ist der Autor zu der Bearbeitung nicht bereit oder nicht in der Lage oder liefert er die Überarbeitung nicht innerhalb einer angemessenen Frist nach Aufforderung durch den Verlag ab, so ist der Verlag berechtigt, einem Dritten die Überarbeitung zu übertragen. Wesentliche Änderungen des Charakters des Werkes bedürfen dann der Zustimmung des Autors. Der Dritte wird dann entsprechend dem Umfang seiner Bearbeitung am Honorar des Autors beteiligt.

Merke:
Der Verlag kann auch im wissenschaftlichen Bereich den Autor für eine Neuauflage nicht einfach auswechseln. In der Praxis kommt es beim Autorenwechsel immer wieder zu Problemen.

Die Formulierung in Ziff. 10.1. gibt im Wesentlichen den Inhalt des § 17 VerlG wieder. Oftmals verbinden Verlage das Rückrufsrecht mit einer Gegenforderung, z.B. mit folgendem Passus: „Die Geltendmachung dieses Rücktrittsrechts des Autors ist davon abhängig, dass der Autor etwaige Honoraransprüche, die noch nicht verrechnet sind, zurückerstattet. Dies gilt für alle Titel des Autors innerhalb der Verlagsgruppe". Die

Wirksamkeit einer derartigen Klausel ist äußerst fraglich und wohl eher zu verneinen. Bei oft verwendeten Mustern eines Verlagsvertrages handelt es sich um Allgemeine Geschäftsbedingungen. Damit verstößt eine solche Klausel gegen § 307 Abs. 1 und Abs. 2 Nr. 1 BGB, da sie den Autor unangemessen benachteiligt und mit dem wesentlichen Grundgedanken der urheberrechtlichen Regelung zum Rückrufs- bzw. Rücktrittsrecht bei Nichtausübung (§ 41 UrhG, § 17 VerlG) nicht zu vereinbaren ist. Das Rücktrittsrecht des Autors hat – wie auch das ihm verwandte Rückrufsrecht des Urhebers – urheberpersönlichkeitsrechtlichen und auch vermögensrechtlichen Charakter. Es garantiert dem Urheber sein Recht auf eine optimale wirtschaftliche Verwertung seines Werkes und sichert zugleich das persönliche Interesse des Urhebers am Bekanntwerden des Werkes.

Abgesehen davon stellt sich in Zeiten des Print on Demand und des elektronischen Publizierens ganz grundsätzlich die Frage, wann ein Werk überhaupt noch als Vergriffen gelten kann. Bei einer Buchproduktion im Print on Demand-Verfahren ist das jedenfalls nicht der Fall, da das Werk ja stets lieferbar ist. Beim E-Book ist das zwar auch der Fall, aber es fehlt eben an einer gedruckten Ausgabe, die vervielfältigt und verbreitet wird.

6.3.2.11 Verramschung und Makulierung

Die Begriffe Verramschung und Makulierung sind typische Bezeichnungen aus dem Verlagsbereich und deshalb gerade „Neulingen“ nicht geläufig. Sie erklären sich aber recht schnell durch die entsprechenden Regelungen im Verlagsvertrag.

---

11. Verramschung, Makulierung

11.1. Der Verlag kann das Werk verramschen, wenn der Verkauf in zwei aufeinanderfolgenden Kalenderjahren unter *XXX* Exemplaren pro Jahr gelegen hat. Am Erlös ist der Autor in Höhe seines sich aus Ziff. *XX* ergebenden Grundhonorarprozentsatzes beteiligt.

11.2. Erweist sich auch ein Absatz zum Ramschpreis als nicht durchführbar, kann der Verlag die Restauflage makulieren.

11.3. Der Verlag ist verpflichtet, den Autor vor einer beabsichtigten Verramschung bzw. Makulierung zu informieren. Der Autor hat das Recht, durch einseitige Erklärung die noch vorhandene Restauflage bei beabsichtigter Verramschung zum Ramschpreis abzüglich des Prozentsatzes seiner Beteiligung und bei beabsichtigter Makulierung unentgeltlich – ganz oder teilweise – ab Lager zu übernehmen. Bei beabsichtigter Verramschung kann das Übernahmerecht nur bezüglich der gesamten noch vorhandenen Restauflage ausgeübt werden.

11.4. Das Recht des Autors, im Falle der Verramschung oder Makulierung vom Vertrag zurückzutreten, richtet sich nach den §§ 32, 30 Verlagsgesetz.

Merke:
Verramschen heißt Verkauf unter Aufhebung des Ladenpreises. Makulierung ist die Vernichtung von Restexemplaren.

Die Verramschung ist der Gesamtverkauf der Restauflage unter Aufhebung des Ladenpreises. Als Richtwert gilt, dass eine Verramschung dann vorgenommen wird, wenn in den letzten zwei Jahren jeweils weniger als 5 % der gedruckten und zum Verkauf bestimmten Exemplare verkauft wurden.

Makulieren bedeutet, dass noch vorhandene Restexemplare vernichtet werden. Die Verletzung der Informationspflicht führt zu einem Schadensersatzanspruch des Autors. Der Nachweis eines konkreten Schadens ist jedoch in den meisten Fällen schwierig zu erbringen.

6.3.2.12 Veränderungen im Verlag

Bei Verlagen ändern sich wie bei jedem anderen Unternehmen immer wieder einmal die Eigentums- oder auch die Programmstrukturen. Beides kann für einen Autor von erheblicher Bedeutung sein. Entweder weil z.B. der geschätzte Verleger als seine Vertrauensperson wegfällt oder weil seine Werke nicht mehr in die neue Programmstruktur des Verlages passen. So regelt § 34 Abs. 3 UrhG für bestimmte Fälle ein Rückrufsrecht des Urhebers. In Verlagsverträgen findet sich deshalb häufig eine Regelung. Hierzu ein Beispiel:

12. Änderungen der Eigentums- und Programmstrukturen des Verlags

12.1. Der Verlag ist verpflichtet, dem Autor anzuzeigen, wenn sich in seinen Eigentums- oder Beteiligungsverhältnissen eine wesentliche Veränderung ergibt. Eine Veränderung ist wesentlich, wenn
- der Verlag oder Verlagsteile veräußert werden;
- sich in den Beteiligungsverhältnissen einer den Verlag betreibenden Gesellschaft gegenüber denen zum Zeitpunkt dieses Vertragsabschlusses Veränderungen um mindestens 25 % der Kapital- oder Stimmrechtsanteile ergeben. Wird eine Beteiligung an der den Verlag betreibenden Gesellschaft von einer anderen Gesellschaft gehalten, gelten Veränderungen in deren Kapital- oder Stimmrechtsverhältnissen als solche des Verlages. Der Prozentsatz der Veränderungen ist entsprechend der Beteiligung dieser Gesellschaft an der Verlagsgesellschaft umzurechnen.

12.2. Der Autor ist berechtigt, durch schriftliche Erklärung gegenüber dem Verlag von etwa bestehenden Optionen oder von Verlagsverträgen über Werke, deren Herstellung der Verlag noch nicht begonnen hat, zurückzutreten, wenn sich durch eine Veränderung gemäß Ziff. 12.1. oder durch Änderung der über das Verlagsprogramm entscheidenden Verlagsleitung eine so grundsätzliche Veränderung des Verlagsprogramms in seiner Struktur und Tendenz ergibt, dass dem Autor nach der Art seines Werkes und unter Berücksichtigung des bei Abschluss dieses Vertrages bestehenden Verlagsprogramms ein Festhalten am Vertrag nicht zugemutet werden kann.

12.3. Das Rücktrittsrecht kann nur innerhalb eines Jahres nach Zugang der Anzeige des Verlages gemäß Ziff. 12.1. ausgeübt werden.

Merke:
Nicht nur der Verlag sucht sich seine Autoren aus, auch Autoren suchen sich bisweilen ihren Verlag aus. Änderungen in der Geschäftsführung oder in der Programmstruktur können auch Autoren zum Wechsel veranlassen.

6.3.2.13 Schlussbestimmungen

Am Ende eines jeden Vertrages finden sich die typischen Schlussbestimmungen, die rechtlich sehr wichtige Aspekte wie das Schriftformerfordernis oder auch das anwendbare Recht regeln. Dies Klauseln werden über den Verlagsvertrag hinaus in allen Verträgen verwendet.

13. Schlussbestimmungen

13.1. Änderungen oder Ergänzungen dieses Vertrags bedürfen der Schriftform. Das gilt auch für das Schriftformerfordernis selbst.

13.2. Die Nichtigkeit oder Unwirksamkeit einzelner Bestimmungen dieses Vertrages berührt die Gültigkeit der übrigen Bestimmungen nicht. Die Parteien sind alsdann verpflichtet, die mangelhafte Bestimmung durch eine solche zu ersetzen, deren wirtschaftlicher und juristischer Sinn dem der mangelhaften Bestimmung möglichst nahekommt.

13.3. Als Erfüllungsort und – soweit gesetzlich zulässig – Gerichtsstand wird der Sitz des Verlages vereinbart.

13.4. Auf den Vertrag findet deutsches Recht Anwendung.

6.3.3 Besondere Merkmale anderer verlagstypischer Verträge

Die Verträge mit den anderen Urhebern im Verlagsbereich unterscheiden sich vom Autorenvertrag in wenigen Punkten, oft sogar nur im Vertragsgegenstand und den zu erbringenden Leistungen. Gerade die Rechtseinräumung sollte bzw. muss bei allen Urhebern identisch formuliert sein, da nur dann eine umfassende Verwertung gewährleistet ist.

6.3.3.1 Herausgebervertrag

Der Herausgeber bestimmt die Auswahl und Anordnung einzelner Aufsätze, Graphiken, Tabellen usw. in einer bestimmten Reihenfolge und erlangt dadurch – sofern er ausreichend kreativ tätig wird – ungeachtet des urheberrechtlichen Schutzes des einzelnen

Beitrags ein eigenes Urheberrecht an dem von ihm erstellten Sammelwerk (siehe Ziff. 2.1.1.4). In vertraglicher Hinsicht unterscheidet sich der Herausgebervertrag nur beim Vertragsgegenstand und den Vertragspflichten von einem Autorenvertrag. Der Herausgeber nimmt schlichtweg eine andere kreative Tätigkeit vor und – ein wesentlicher Unterschied zum Autor – der Herausgeber arbeitet immer mit bereits bestehenden Werken Dritter, für die die erforderlichen Nutzungsrechte zu klären sind. Ein Herausgebervertrag regelt daher auch, wer sich um die Urheber der einzelnen Werkbeiträge kümmern muss.

Beispielfall

Arbeitet der Verlag für eine wissenschaftliche Publikation z.B. mit einem Universitätsprofessor zusammen, der zur Umsetzung seines Buchprojekts wiederum eine Vielzahl von wissenschaftlichen Mitarbeitern und Co-Autoren aus dem Kollegenkreis für einzelne Beiträge beschäftigt, ist der Professor in der Regel Herausgeber. Der Verlag schließt mit ihm einen Herausgebervertrag ab. Darin ist festzuhalten, wer für den Abschluss der Autorenverträge mit den wissenschaftlichen Mitarbeitern und den Co-Autoren verantwortlich ist und welche Rechte von diesen Urhebern einzuholen sind. Der Verlag muss hierauf ein wachsames Auge haben und tut gut daran, diese Verträge entweder direkt mit den einzelnen Beteiligten abzuschließen oder dem Herausgeber zumindest einen Mustervertrag an die Hand zu geben, den er mit den Urhebern abschließen muss.

6.3.3.2 Übersetzervertrag

Der Übersetzer ist ein Bearbeiter-Urheber, denn die Übersetzung eines Werkes in eine andere Sprache stellt eine Bearbeitung dar. Die Veröffentlichung der Übersetzung ist daher nur mit Zustimmung des Originalurhebers zulässig (zur Bearbeitung siehe Ziff. 2.3.1.4). Dabei kann eine in den Augen des Originalurhebers misslungene Übersetzung auch eine Entstellung darstellen, gegen die der Originalurheber gemäß § 14 UrhG vorgehen kann.

Merke:
Eine Übersetzung ist eine Bearbeitung des Originals und sollte auch möglichst originalgetreu angefertigt werden. Dies ist eine der Hauptpflichten des Übersetzers.

Aus dieser Konstellation lassen sich auch die wesentlichen Punkte ableiten, die einen Übersetzervertrag von einem Autorenvertrag unterscheiden. Auch hier liegen die Kernunterschiede in den zu erbringenden Leistungen:

- Der Übersetzer muss die Übersetzung grundsätzlich persönlich anfertigen und darf andere Übersetzer nur mit vorheriger schriftlicher Erlaubnis des Verlages zu Hilfe holen (die dann auch einen Übersetzervertrag abschließen müssen!).
- Der Übersetzer muss die Übersetzung „originalgetreu" anfertigen, d.h. er darf keine Kürzungen, Ergänzungen oder andere Veränderungen vornehmen. Sofern vom Originalurheber besondere Vorgaben für die Übersetzung gemacht werden, sind diese für den Übersetzer verpflichtend in den Vertrag mitaufzunehmen.
- Der Übersetzer muss den Verlag auf Anhaltspunkte hinweisen, aus denen sich eine Verletzung von Rechten Dritter ergeben könnte, z.B. weil falsch zitiert wurde, Texte Dritter übernommen wurden oder weil das Buch aus der Intimsphäre eines Prominenten berichtet.
- Der Übersetzer ist als Urheber selbstverständlich auch zu nennen, entweder auf dem Cover oder in der Titelei. Das sollte festgelegt werden.

Strategie:
Verlage lassen sich Rechte an Übersetzungen zeitlich unbeschränkt einräumen, um die Übersetzung ggf. nach Ablauf der zeitlich meist beschränkten Nutzungsrechte am Original dem nachfolgenden Verlag zu lizenzieren. Auch Übersetzungen von bereits gemeinfreien Werken können gut lizenziert werden.

Gibt ein Verlag eine Übersetzung in Auftrag, so lässt er sich an der Übersetzung in der Regel zeitlich unbegrenzte Rechte einräumen. Die Rechte am Original hat der Verlag aber meistens nur zeitlich begrenzt. Nach Ablauf der Lizenzzeit kann der Verlag die Übersetzung daher nicht mehr nutzen. Er kann aber versuchen, die Nutzungsrechte an einen anderen Verlag, der vielleicht Jahre später die Rechte am Original erwirbt, zu lizenzieren. Die Einnahmen aus so einer Lizenzierung werden in der Regel zwischen Verlag und Übersetzer geteilt. Liegt die Übersetzung brach, kann aber auch der Übersetzer aktiv werden und die Rechte an seiner Übersetzung zurückrufen (§ 32 VerlG, § 41 UrhG).

6.3.3.3 Bildautorenvertrag (Illustratoren/Fotografen)

Schließlich noch ein paar Besonderheiten zu den Verträgen mit den Bildautoren, in der Regel Illustratoren und Fotografen. Das besondere Augenmerk liegt auch hier auf der Definition des Vertragsgegenstandes und den Pflichten des Bildautors:

- Auch der Bildautor wird zunächst verpflichtet, die Bilder persönlich anzufertigen und Hilfe nur mit vorheriger Zustimmung des Verlages hinzuzuziehen.
- Dem Bildautor sind genaue technische Vorgaben zu machen, in welchem Format bzw. in welcher Auflösung er das Bildmaterial zu liefern hat.
- Die Motive müssen genau beschrieben oder Themen zumindest festgelegt werden. Wird dies nicht getan, dann kann sich der Verlag später nicht beschweren, dass die Bilder nicht seinen Vorstellungen entsprechen.
- Der Bildautor wird in der Regel verpflichtet, künstlerische Anregungen und Wünsche des Verlages zu berücksichtigen. Dabei lässt sich der Verlag meist ein Recht der letzten Entscheidung einräumen, wenn es unterschiedliche Meinungen geben sollte.
- Der Verlag behält sich auch die Entscheidung vor, welche und wie viele der Bilder letztendlich verwendet werden.
- Das Bearbeitungsrecht spielt ebenfalls eine große Rolle, da der Verlag die Bildvorlagen meistens mit Texten oder anderen Bildern verbindet, Collagen erstellt oder Elemente der Bilder freistellt.
- Bei Bildvorlagen ist auch die Frage des Eigentums an den Originalen und ggf. die Frage der Aufbewahrung(spflicht) ein Punkt der geregelt werden muss. Gerade Illustrationen können einen nicht unerheblichen Wert besitzen.

Strategie:
Der Verlag erwirbt an Illustrationen nicht automatisch Eigentum und ist im Zweifel verpflichtet die Illustrationen wohlbehalten wieder an den Bildautor zurückzugeben – unter Umständen auch nach vielen Jahren!

6.3.4 Allgemeine Tipps für Vertragsverhandlungen

Schließlich noch ein paar allgemeine Tipps, die das Verhandeln von Verträgen erleichtern:

- Soweit möglich, sollte man immer mit den eigenen Vertragsmustern arbeiten und dem Vertragspartner die eigenen Verträge vorlegen.
- Aufwändige Leistungsbeschreibungen, Projekt- und Zeitpläne oder technische Details sollte man stets in Anlagen zum Vertrag packen. Das fördert die Übersichtlichkeit und erleichtert die Bearbeitung.
- Bei größeren Projekten oder dauerhaften Geschäftsbeziehungen sollte man mit Allgemeine Geschäftsbedingungen oder mit Rahmenverträgen (verbunden mit kurzen Einzelverträgen) arbeiten. Das spart Zeit und Nerven.
- Bei Vertragsverhandlungen sollte man immer schnell auf Änderungswünsche der Gegenseite reagieren.
- Bei Vertragsverhandlungen sollte man immer schon im Vorfeld für sich festlegen, was zu den „key issues“, also den für einen selbst wesentlichen Zielen gehört und was „nice to have“ ist und in die Rubrik Verhandlungsmasse fällt.
- Zu guter Letzt: Bei kritischen Vertragsverhältnissen und langwierigen Verhandlungen bitte die Historie (E-Mail-Verkehr, Memos, Telefonvermerke, etc.) archivieren. Ihr Anwalt wird es Ihnen im Falle eines Rechtsstreits danken.

6.4 Wie verwaltet man Verträge?

Es sind die Nutzungsrechte an urheberrechtlich geschützten Werken, die den Wert eines Verlages wie auch den eines jeden anderen Medienunternehmens maßgeblich bestimmen. Diese Nutzungsrechte werden dem Verlag durch die Verträge mit alle den verschiedenen Urhebern, Leistungsschutzberechtigten und Lizenzgebern eingeräumt. So wie Banken einen Überblick über das von ihnen verwahrte Vermögen haben müssen (bzw. müssten), muss auch ein Verlag wissen, an welchem Werk er welche Nutzungsrechte wie lange hat.

Wer Rechteklauseln in den Verträgen mit den Urhebern immer wieder anders fasst und die Nutzungsrechte immer wieder anders definiert, wer keinen einheitlichen Standard beim Umfang der eingeräumten Rechte hat und nicht mit Vertragsmustern arbeitet, der tut sich bei der Verwaltung seines „Rechtekellers" schwer. Worauf muss man also achten:

- Alle Verträge über Nutzungsrechte müssen schriftlich abgeschlossen werden.
- Nutzungsrechte müssen einheitlich definiert und nach den wesentlichen Kriterien strukturiert sein (Exklusivität, räumliche Reichweite, zeitliche Dauer, einzelne Nutzungsarten, Bearbeitung, Weiterübertragung/Sublizenzierung).
- Die Verträge mit den verschiedenen Urhebern und anderen Rechtegebern müssen einheitlich aufgebaut sein und sollten von demselben Mustervertrag abgeleitet werden.
- Wird ein Mustervertrag aktualisiert, dann müssen auch alle anderen Musterverträge, die dieselben Klauseln enthalten aktualisiert werden.

Wie man die Verwaltung von Verträgen technisch organisiert, bleibt dann jedem Verlag selbst überlassen. Von der Excel-Liste bis zur eigens programmierten Datenbank stehen einem alle Möglichkeiten offen. Entscheidend ist ein System, das leicht bedienbar ist, klar strukturiert ist und das wachsen kann – alles Merkmale einer jeden guten Datenbank.

7 Besonderheiten bei Bildrechten

Sowohl im 2. Kapitel „Urheberrecht“ als auch im 4. Kapitel „Persönlichkeitsrecht“ oder im 6. Kapitel „Vertragsgestaltung“ wurden bereits die wesentlichen Grundsätze der Bildrechte mit dargestellt. In diesem Kapitel geht es deshalb um ein paar verbleibende Besonderheiten, die jeder, der sich mit der Anfertigung und medialen Verwertung von Bildern befasst, schon einmal gehört haben sollte.

Der wichtigste aller Grundsätze in der Welt der Bildrechte sei den Einzelfragen noch einmal vorangestellt: Wer Rechte an einer Bildvorlage prüft, der muss immer, und gemeint ist wirklich immer, zwischen den Rechten an der Bildvorlage und etwaigen Rechten am Motiv unterscheiden. Während die Rechte an der Bildvorlage eigentlich immer dem Illustrator oder eben Fotografen als Urheber zustehen, kann das Motiv eine Vielzahl von Rechten berühren: Abgebildete Personen, Kunstwerke, Gebäude, ein Bild auf dem Bild, Marken, etc. Bildvorlage und Motiv sind dabei untrennbar miteinander verbunden. Nur wenn beide Teile des Puzzles geklärt sind, kann die Bildvorlage verwendet werden.

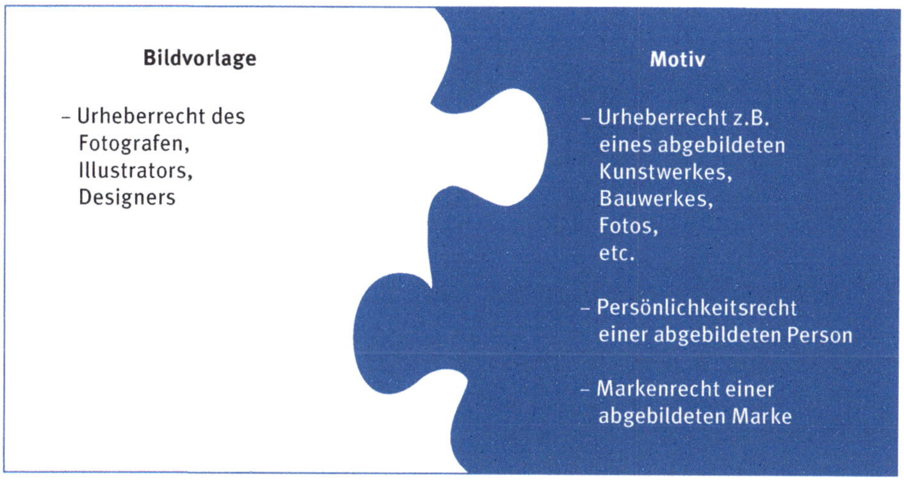

Abb. 12: Puzzle Bildrechte

7.1 Vom Schnappschuss bis zur hohen Kunst

Fotografien sind unabhängig von ihrem kreativen Gehalt immer rechtlich geschützt, es sei denn die Schutzfrist ist abgelaufen. Dies liegt daran, dass Fotografien entweder als Lichtbildwerke gemäß § 2 Abs. 1 Nr. 5 UhrG urheberrechtlich oder als einfache Lichtbilder gemäß § 72 UrhG leistungsschutzrechtlich geschützt sind. § 72 UrhG lautet:

§ 72 Lichtbilder

(1) Lichtbilder und Erzeugnisse, die ähnlich wie Lichtbilder hergestellt werden, werden in entsprechender Anwendung der für Lichtbildwerke geltenden Vorschriften des Teils 1 geschützt.

(2) Das Recht nach Absatz 1 steht dem Lichtbildner zu.

(3) Das Recht nach Absatz 1 erlischt fünfzig Jahre nach dem Erscheinen des Lichtbildes oder, wenn seine erste erlaubte öffentliche Wiedergabe früher erfolgt ist, nach dieser, jedoch bereits fünfzig Jahre nach der Herstellung, wenn das Lichtbild innerhalb dieser Frist nicht erschienen oder erlaubterweise öffentlich wiedergegeben worden ist. Die Frist ist nach § 69 zu berechnen.

Das Urheberrecht findet Anwendung, wenn es sich bei dem Foto um eine persönliche geistige Schöpfung handelt (§ 2 Abs. 2 UrhG, siehe dazu Ziff. 2.1.1.). Das Leistungsschutzrecht greift auch bei jedem „Schnappschuss".

Wie unterscheidet man ein Lichtbildwerk von einem bloßen Lichtbild? Ein einfaches Lichtbild liegt vor, wenn das Foto nur rein handwerkliches Können aufweist oder es sich eben um eine alltägliche Amateuraufnahme handelt („Knipsbilder"). Das handwerklich gut gemachte, aber dennoch wenig Spielraum gebende Abfotografieren von Gegenständen unterfällt deshalb eher dem Leistungsschutzrecht. Ein Lichtbildwerk zeichnet sich durch besondere Bildausschnitte, Licht-/Schattenkontraste, Schärfen und Unschärfen, ausgefallene Perspektiven oder durch ein Echo in der Fachwelt aus. In der Praxis lässt sich das nur schwer beurteilen und am Ende ist es oft etwas kaum fassbares, das aus einem einfachen Foto eine geistige Schöpfung macht: Es ist der richtige Moment, den der Fotograf mit seinem kreativen Auge einfängt.

Wichtig ist die Unterscheidung zwischen einem Lichtbildwerk und einem einfachen Lichtbild dann, wenn es sich um ältere Fotografien handelt, bei denen die Schutzfrist vielleicht schon abgelaufen ist. Denn während das Urheberrecht erst 70 Jahre nach dem Tod des Urhebers erlischt (§ 60 UhrG) gilt für das einfache Lichtbild § 72 Abs. 3 UrhG: Das Recht erlischt fünfzig Jahre nach dem Erscheinen des Lichtbildes (...). Die genaue Berechnung der Schutzfrist gestaltet sich im Einzelfall leider etwas schwieriger als es zunächst aussieht, da die heute im Gesetz festgelegten 50 Jahre nicht immer galten und je nach Entstehen bzw. Erscheinen des Lichtbildes auch andere Fristen und Übergangsvorschriften Anwendung finden können.

Merke:
Einfacher Lichtbilder sind nur bis 50 Jahre nach ihrem erstmaligen Erscheinen geschützt. Aber Vorsicht bei der Fristberechnung!

7.2 Augen auf beim Bilderkauf – von Portalen und CC-Lizenzen

Wer Bilder sucht, der kann dank Internet direkt vom Schreibtisch aus auf schier unerschöpfliche Quellen zurückgreifen. Alle großen Bildagenturen, unzählige kleine Anbieter und vor allem eine Masse von User Generated Content Plattformen bieten Fotografien jeder Art und Qualität an. Viele davon sind sogar umsonst zu haben.

Wer allerdings den hohen Anforderungen bei der Klärung von Bildrechten gerecht werden will, der muss sich seine Quellen und damit seine Vertragspartner gut aussuchen und das heißt, sich mit den Anbietern, ihren Lizenzmodellen und ihren Allgemeinen Geschäftsbedingungen auseinandersetzen. Wofür darf man die angebotenen Bilder verwenden? Welche Rechte hat der Anbieter geklärt? Welche Nennungsverpflichtungen bestehen?

Häufig schließen die Anbieter in ihren Allgemeinen Geschäftsbedingungen jegliche Haftung aus und weisen sogar ausdrücklich darauf hin, dass alle oder bestimmte (Motiv-) Rechte vom Nutzer noch geklärt werden müssen. Besonders gefährlich wird es bei User Generated Content-Angeboten, bei denen angeblich alle Rechte geklärt sind. Die meisten User haben gar keine Ahnung, wie viele Rechte an so einem Foto bestehen können und können das daher gar nicht beurteilen. Dieses Risiko muss man bei der Nutzung „freier Bilder" grundsätzlich berücksichtigen und bei der Bildauswahl beachten. Denn die Haftung trifft am Ende den Verlag, der die Fotos in seinen Publikationen verwendet.

Strategie:
Lieber ein paar Euro mehr in Bilder von verlässlichen Bildagenturen investieren, als auf Bilder zum Nulltarif von User Generated Content Plattformen zurückzugreifen, bei denen eine rechtliche Klärung meist unmöglich ist.

Im Mittelpunkt des Interesses unter den „freien Bildern" stehen heute vor allem Angebote, die unter einer Creative-Commons-Lizenz (CC-Lizenz) stehen. Auch hier ist allerdings ein sehr genaues Arbeiten erforderlich, Verstöße gegen die im Einzelfall unterschiedlichen Lizenzbedingungen einer CC-Lizenz werden mittlerweile gerichtlich verfolgt.

Bei der Nutzung von Bildern unter einer CC-Lizenz ist zunächst zu prüfen, ob die jeweilige Lizenz überhaupt eine kommerzielle Nutzung erlaubt. Weiter gilt es die jeweiligen Lizenzbedingungen zu beachten, die durch die entsprechenden Symbole dargestellt werden. Zunächst zu den Symbolen:

Merke:
Grundvoraussetzung für die Nutzung eines Bildes, das unter einer CC-Lizenz steht, ist die Erlaubnis zur kommerziellen Nutzung – auch wenn der Verlag damit kein Geld verdienen will.

BY („Attribution“): Namensnennung

NC („non commercial): keine kommerzielle Nutzung

ND („no derivative works“): keine Bearbeitung

SA („Share-alike“): Veröffentlichung der Bearbeitung unter derselben Lizenz

Abb. 13: – CC Lizenz-Symbole

Diese Symbole tauchen in verschiedenen Kombinationen auf und stellen auch nur die Kurzfassung des jeweils damit verbundenen ausführlichen Lizenztextes („Legal Code“) dar. Zur Bedeutung der Symbole im Einzelnen:

„Non commercial“ (NC)
Was man genau unter einer „nicht-kommerziellen Nutzung“ (NC-Lizenz) versteht, ist nicht genau definiert. Streng genommen ist jede Nutzung, die nicht rein privat erfolgt, eine kommerzielle Nutzung. Es kommt also nicht darauf an, ob man mit der Nutzung Geld verdient. Auch gemeinnützige Vereine oder non-Profit-Organisationen nutzen „kommerziell“. Wenn es sich um eine NC-Lizenz handelt, kommt eine Nutzung durch den Verlag jedenfalls nicht in Betracht.

„Attribution“ (BY)
Die Pflicht zur Namensnennung (BY-Lizenz) besteht grundsätzlich. Die Namensnennung besteht dabei aus folgenden Bestandteilen:
- Name des Urhebers/Pseudonym (ggf. mit Link)
- Titel des Werks (falls vorhanden) (ggf. mit Link)
- Verweis auf die jeweilige Lizenzurkunde (mit Link)
- Ggf. Hinweis soweit die Vorlage bearbeitet wurde.

„No derivative works“ (ND)
Bei Fotos, die nicht bearbeitet werden dürfen (ND-Lizenz), ist nur eine Veränderung der Größe erlaubt (keine ausschnittsweise Nutzung, keine Freistellung von Objekten, kein Fotocomposing).

„Share-alike“ (SA)
Die „Share-alike“-Pflicht (SA-Lizenz) bedeutet, dass der Verwender die von ihm erstellte Bearbeitung (also z.B. einen überarbeiteten Text oder eben eine Bild-Collage) wieder unter dieselbe Creative-Commons Lizenz stellen muss. Auch hier ist gerade im Bild-Bereich noch weitgehend unklar, was das genau bedeuten soll. Wenn man also

Strategie:
Der Umgang mit Creative Commons Lizenzen will gelernt und geübt sein. Umsonst heißt leider nicht mühelos!

z.B. einen Artikel schreibt und diesen mit einem CC-Foto unter der SA-Lizenz bebildert, muss man dann den ganzen Artikel auch unter dieselbe CC-Lizenz stellen? Das sind rechtlich noch ungeklärte Grau-Bereiche.

7.3 Bildquellenverzeichnis – wen, wie und wo?

Bei der Anfertigung eines Bildquellenverzeichnisses ist genauso wie bei der korrekten Nennung des Urhebers bei einzelnen Fotos grundsätzlich zwischen dem Recht auf Namensnennung des Urhebers nach § 13 UrhG und der Pflicht zur Angabe der Quelle z.B. im Rahmen eines Bildzitats (s. § 63 UrhG) zu unterschieden. Die Nennung des Urhebers und die Angabe der Quelle sind zwei verschiedene Dinge oder anders gesagt: Der Urheber ist nicht unbedingt die Quelle! Der Urheber hat das Bild geschaffen, die Quelle hat es geliefert. Üblich ist gerade bei von Bildagenturen lizenzierten Fotos eine Kombination aus Urhebernennung und Quellenangabe durch Angabe des Fotografen und der Agentur. Auch hierzu muss man immer einen Blick in die Allgemeinen Geschäftsbedingungen des Lizenzgebers werfen, ob und wenn ja welche Pflicht zu Nennung und Quellenangabe bestehen.

Für die Nennung des Urhebers nach § 13 UrhG ist bei der Anfertigung eines Bildquellenverzeichnisses nur entscheidend, dass der von ihm vorgegebene Name dem jeweiligen Bild klar und eindeutig zugeordnet werden kann (zum Nennungsrecht des Urhebers siehe Ziff. 2.3.1.2). Ob die Zuordnung direkt am Bild erfolgt oder ob das im Rahmen eines Bildquellenverzeichnisses am Ende eines Werkes geschieht, kann grundsätzlich der Verlag entscheiden.

Merke:
Die Pflicht zur Nennung des Urhebers (= z.B. Fotograf) und die Pflicht zur Angabe der Quelle (= z.B. Agentur) sind zwei verschiedene Dinge.

7.4 Sachfotografie – Panoramafreiheit und die Rechte des Eigentümers

Die in § 59 UrhG geregelte Schranke der Panoramafreiheit wird im zweiten Kapitel (Ziff. 2.7.8.) ausführlich dargestellt. Demnach ist es zulässig, Werke, die sich bleibend an öffentlichen Wegen, Straßen oder Plätzen befinden, mit Mitteln der Malerei oder Grafik, durch Lichtbild oder Film zu vervielfältigen, zu verbreiten und öffentlich wiederzugeben.

Diese Schrankenregelung betrifft das Urheberrecht, d.h. der Urheber des abgebildeten Werkes – ob das der Architekt eines Gebäudes oder der Künstler einer Statue im öffentlichen Raum ist – kann das Fotografieren oder Abmalen des Werkes und die spätere Veröffentlichung nicht verbieten.

Welche Rechte aber hat der Eigentümer des Hauses oder des Kunstwerkes? Darf er das Fotografieren und die Verwertung der Fotos verbieten? Diese Frage stellt sich insbesondere in den Fällen, in denen das Objekt der Begierde gar nicht mehr urheberrechtlich geschützt ist, weil die Schutzfrist schon längst abgelaufen ist, also z.B. ein Gemälde von Dürer oder Schloss Sanssouci des Architekten Georg Wenzeslaus von Knobelsdorff.

Merke:
Der Eigentümer kann entscheiden, wem er Zugang zu seinem Eigentum gewährt (Hausrecht). Nur wenn sich das Eigentum bleibend im öffentlichen Raum befindet und von dort aus fotografiert werden kann, ist eine Verwertung der Bilder ohne Zustimmung des Eigentümers zulässig.

Hier gelten folgende rechtlichen Grundsätze: Der Eigentümer hat kein „Vorrecht", das Bild seines Eigentums zu verwerten. Der Eigentümer kann einem Fotografen aber aufgrund seines Hausrechts den Zugang zu dem Werk verwehren. Bilder, die gegen das Hausrecht des Eigentümers angefertigt werden sind „illegal" und dürfen nicht verwertet werden.

Allerdings gelten auch für das Eigentum nach Ansicht der Rechtsprechung die Grundsätze der Panoramafreiheit (Parallelwertung zu § 59 UrhG). Wenn sich das fotografierte Objekt also bleibend an öffentlichen Wegen, Straßen oder Plätzen befindet und von dort aus fotografiert werden kann, dann ist die Anfertigung und Auswertung dieser Aufnahmen zulässig.

8 Besonderheiten einzelner Publikationsformen

Die digitale Technologie und die Möglichkeit, urheberrechtlich geschützte Inhalte weltweit einem unbegrenzten Empfängerkreis zeitgleich zur Verfügung zu stellen, haben eine Vielzahl von neuen Publikationsformen ermöglicht. Diese entfernen sich vielfach vom klassischen gedruckten Produkt, welches im Wege des Abonnementvertriebs oder des Buchhandels- und Kioskverkaufs zum Leser gelangt. Die Besonderheiten dieser neuen Publikationsformen bringen auch juristische Fragestellungen mit sich, die im Folgenden kurz behandelt werden.

8.1 Print on Demand

Beim sogenannten „Print on Demand"-Verfahren werden Verlagsinhalte erst auf individuelle Einzelanforderung („on demand") in Kleinstauflagen oder sogar in Einzelstücken gedruckt. Im Gegensatz zum klassischen Off-Set-Druck werden die Druckerzeugnisse erst unmittelbar nach Eingang einer entsprechenden Bestellung produziert. Das Print-on-Demand-Verfahren basiert auf der Digitaldruck-Technik; es liegt also nur eine Druckvorlage in elektronischer Form vor.

Durch das Print-on-Demand-Verfahren werden also die Herstellung von Druckwerken und der logistische Aufwand bei der Verbreitung im Vergleich zum klassischen Herstellungsprozess völlig verändert. Während beim herkömmlichen Off-Set-Druck eine Wirtschaftlichkeit erst ab einer gewissen Auflagenhöhe hergestellt werden konnte – § 5 Abs. 2 VerlG definiert etwa als Regelfall 1.000 Abzüge –, ist nun auch ein einzelner Druck eines Buches möglich. Je nach Ausgestaltung des Verfahrens kann schon dies wirtschaftlich erfolgreich sein, wie die zahlreichen PoD-Anbieter zeigen, die den Einzeldruck von individuellen Foto- oder Kochbüchern anbieten. Insbesondere entfällt auch das für den klassischen Verleger maßgebliche Kriterium der Lagerhaltung. Beim Print-on-Demand-Verfahren muss nur die elektronische Druckvorlage vorrätig gehalten werden; eines physischen Lagers bedarf es nicht.

Merke:
Das Print-on-Demand-Verfahren ist keine neue Nutzungsart – es müssen keine Rechte nacherworben werden!

Da sich beim PoD-Verfahren nur der Herstellungsvorgang vom klassischen Buchdruck unterscheidet, das Endprodukt jedoch das Gleiche ist, handelt es sich beim Print-on-Demand-Druck nicht um eine neue Nutzungsart im Sinne von § 31a UrhG. Auch mit dem Print on Demand-Verfahren können alle bekannten Formate wie zum Beispiel Hardcover und Taschenbuch sowie alle herkömmlichen Ausstattungsmerkmale wie etwa Leinenbindung, Goldschnitt oder Ledereinband hergestellt werden, so dass diesbezüglich kein Unterschied zum klassischen Buch besteht. Auch die Vertriebswege bleiben – jedenfalls bei der Auslieferung durch einen Verlag – die gleichen wie beim herkömmlichen Buch.

Beispielfall
Möchte also ein Verleger ein Manuskript, welches er 1988 als Hardcover auf den Markt gebracht hat, nunmehr im Wege des Print-on-Demand-Verfahrens erneut anbieten, so muss er weder die entsprechenden Rechte für eine Nutzung im PoD-Wege nacherwerben, noch muss er einen entsprechenden Rechteerwerb über die Sondervorschrift des § 137 l UrhG fingieren.

Durch die tatsächliche Ausgestaltung des PoD-Verfahrens werden die juristischen Anknüpfungspunkte der Auflage bzw. zumindest der Auflagenhöhe (§ 5 VerlG) sowie des Vergriffenseins (§ 16 VerlG) obsolet. Dadurch, dass die digitale Druckvorlage beliebig häufig für einen Einzelausdruck zur Hand genommen werden kann, gibt es – zumindest in rein tatsächlicher Hinsicht – keine Begrenzung der Auflagenhöhe mehr. Zudem kann das Werk nicht mehr im Sinne des § 16 VerlG vergriffen sein. Diesen Besonderheiten ist bei der vertraglichen Gestaltung des Drucks von Verlagserzeugnissen im Print-on-Demand-Verfahren Rechnung zu tragen. So kann selbstverständlich auf vertraglichem Wege vereinbart werden, dass von der digitalen Druckvorlage etwa in einem bestimmten Zeitraum nur eine bestimmte Anzahl von Werkexemplaren gedruckt werden darf. Zudem kann das PoD-Verfahren auch in klassischen Verlagsverträgen dazu benutzt werden, dem Verleger die Verpflichtung zu erleichtern, dafür Sorge zu tragen, dass das Werk nicht vergriffen ist (§ 16 VerlG). Denn es kann vereinbart werden, dass der Verleger dieser Verpflichtung aus § 16 VerlG in ausreichendem Maße nachkommt, wenn er das Werk im Wege des Print-on-Demand-Verfahrens – oder etwa auch als E-Book – verfügbar und damit lieferbar hält.

Strategie:
Auflagenbeschränkungen und Verfügbarhaltung sind beim Print-on-Demand-Verfahren vertraglich zu fixieren!

Hat der Verleger den Druck seiner Werke im PoD-Verfahren an einen Dritten ausgegliedert, so empfiehlt es sich, diesen Dritten vertraglich auf die Einhaltung bestimmter Qualitätsmerkmale beim Print-on-Demand-Druck festzulegen. Denn durch den individuellen Einzeldruck leidet, im Vergleich zur industriellen Fertigung, zuweilen die Qualität – etwa bei der Bindung oder der Umschlagveredelung. Hinzukommen auch weitere Ausstattungsmerkmale wie etwa Formate, Papiersorten und Klebe- oder Bindungsverfahren, hinsichtlich derer der Druckdienstleister zur Einhaltung der vereinbarten Qualitätsstandards verpflichtet werden sollte. Schließlich ist zu berücksichtigen, dass der Verleger bei der Überlassung einer elektronischen Druckvorlage an einen Dritten gewissermaßen seine „Masterkopie“ aus der Hand gibt, so dass dieser Dritte vertraglich etwa auch darauf beschränkt werden sollte, das Werk nur im Print-on-Demand-Verfahren zu vervielfältigen und nicht etwa die Vorlage für einen klassischen Off-Set-Druck zu verwenden.

Strategie:
Die Einhaltung von Qualitätsmerkmalen sollte beim Print-on-Demand-Druck detailliert vertraglich niedergelegt werden!

8.2 Hörbücher

Wie der Name schon sagt, handelt es sich bei einem Hörbuch um eine Sprachaufnahme. Dabei muss das Hörbuch nicht immer der vorgelesene Text (Lesung) einer Buchvorlage sein. Es gibt Hörbücher ohne zugehörige Buchausgabe und es gibt inszenierte Sprachaufnahmen (Hörspiele), zu deren Herstellung die Buchvorlage mehr oder weniger stark bearbeitet wurde. Oft werden die Sprachaufnahmen mit Geräuschen, Musik oder mit Ausschnitten z. B. aus Interviews („O-Tönen“) kombiniert. Schließlich kann das Hörbuch auch als Multimediaprodukt in Verbindung mit Bildern, Videos oder interaktiven Elementen wie Computerspielen, Fragebögen oder Prüfungsaufgaben erscheinen. Die Grenzen zum E-Book mit einer Vorlesefunktion oder zum Enhanced E-Book mit multimedialen Funktionen (siehe dazu unten Ziff. 8.4.) sind fließend, die Produkte am Ende manchmal sogar deckungsgleich.

Das Hörbuch in all seinen möglichen Varianten kann in körperlicher Form auf Tonträgern wie z.B. auf CD, MC, CD-ROM oder DVD und in unkörperlicher Form z.B. als MP3-Datei zum Download erscheinen. Je nachdem welche medialen Elemente ein Hörbuch enthalten und in welchen Formen es zum Verkauf angeboten werden soll, muss der Hörbuchverlag vom Autor (Buchautor) und eben auch von einer Vielzahl anderer Urheber- und Leistungsschutzberechtigter und gegebenenfalls sogar von Verwertungsgesellschaften (z. B. GEMA) entsprechend Rechte erwerben.

Merke:
Die Bandbreite der Hörbücher vom vorgelesenen Buch bis hin zum multimedialen Kombi-Produkt ist groß. Je aufwändiger die Gestaltung desto größer ist in der Regel die Anzahl der zu klärenden Rechte und desto teurer ist dann am Ende auch die Produktion!

Bei der Entwicklung eines Hörbuchs müssen diese Aspekte wohl überlegt und gut kalkuliert sein. Nicht umsonst gibt es daher in Deutschland etwa 400 Hörbuchverlage, die sich teilweise als eigenständige Unternehmen und teilweise als Label innerhalb eines Buchverlages auf die gesamte Bandbreite an Hörbuchproduktionen oder auch auf bestimmte Nischenproduktionen spezialisiert haben.

8.2.1 Besonderheiten beim Rechteerwerb

Ausgehend von einer Literatur-, also Buchvorlage ist zunächst sicherzustellen, dass der Verlagsvertrag mit dem Buchautor auch die Veranstaltung einer Hörbuchausgabe umfasst. Welche Rechte sind das? Das Hörbuch wie auch das Hörspiel oder das Multimediaprodukt sind jedenfalls eigenständige bzw. auch unterschiedlich kombinierte verschiedene Nutzungsarten, die nicht vom Verlagsrecht im Sinne des Verlagsgesetzes (§ 1 VerlG) umfasst sind. Wenn der Verlag aus dem Vollen schöpfen und bei der Herstelleng eines Hörbuches alle Möglichkeiten bis hin zum multimedialen Kombi-Produkt haben will, dann müssen eine ganze Reihe von Rechten im Verlagsvertrag genannt sein, und zwar zunächst alle Rechte zur Herstellung auf Basis des Werkes des Buchautors und dann alle Rechte zur umfassenden Verwertung der hergestellten Produktion:

Herstellung:
- das Recht zur Verwendung des Werkes zur Herstellung eines Hörbuchs und/oder Hörspiels,
- das Recht zur Bearbeitung des Werkes (z. B. Aufteilung, Kürzung, Dramatisierung),
- das Recht, das Werk mit (interaktiven) Funktionen zu versehen und mit anderen Werken zu verbinden, z. B. mit Musik, anderen Audiodateien, Videosequenzen, Videospielen, Animationen, etc. (erweitertes Bearbeitungs- und Werkverbindungsrecht).

Strategie:
Die Rechte zur Herstellung und Verwertung müssen nicht in dieser Form im Verlagsvertrag geregelt sein, aber sie müssen sich im Rechtekatalog des Verlagsvertrages wiederfinden. Durch Verweise innerhalb des Rechtekatalogs vermeidet man langatmige Wiederholungen.

Verwertung:
- das Recht zur Vervielfältigung und Verbreitung auf beliebigen Datenträgern (z. B. CD, MC, CD-ROM, USB-Stick, Mikrochips),
- das Recht der öffentlichen Zugänglichmachung (§ 19a UrhG) einschließlich des Downloads unabhängig vom Übertragungsweg und Endgerät,
- das Recht zur Archivierung und Übernahme in elektronische Datenbanken und Datennetze,
- das Recht zu Vermietung und Verleih,
- das Recht zur Sendung (z.B. im Hörfunk),
- das Recht zur öffentlichen Wiedergabe (z.B. auf Veranstaltungen),
- das Recht zur (ausschnittsweisen) Verwendung zur Bewerbung der Produktion (und ggf. auch des Hörbuchverlages).

Weiterhin ist für eine umfassende Auswertung erforderlich, dass die vorstehenden Rechte exklusiv und als weltweite (wegen der Downloadmöglichkeit) sowie übertragbare bzw. sublizenzierbare Nutzungsrechte eingeräumt werden. Nur dann kann der Hörbuchverlag z. B. Lizenzen an Radiosender oder Veranstalter vergeben.

Liegen alle erforderlichen Rechte an der Buchvorlage vor, dann muss der Hörbuchverlag bei den Verträgen mit allen weiteren an der Produktion Beteiligten darauf achten, dass gerade im Hinblick auf die spätere Verwertung nur Verträge mit einem identisch umfassenden Rechtekatalog abgeschlossen werden. Dies gilt für alle möglichen Urheber- und Leistungsschutzberechtigten, also möglicherweise
- Urheber: Übersetzer (bei fremdsprachigen Buchvorlagen), Lektor, Dramaturg, Booklet-Autor (Text), Fotografen und Grafiker (z. B. für die Cover-Gestaltung), Komponisten und Textdichter (Soundtrack), Tonregisseur;
- Leistungsschutzberechtigte: Sprecher/Schauspieler, Sänger, Musiker, Musikproduzenten und andere Tonträgerhersteller.

Denn nur wenn von allen vorstehenden Rechteinhabern in gleichem Umfang Rechte erworben werden, steht einer umfassenden Verwertung nichts mehr im Weg.

8.2.2 Leistungsschutzrecht des Tonträgerherstellers

Wie bereits in oben in Ziffer 2.1.2 berichtet, sieht das Urheberrechtsgesetz für Buchverlage kein Leistungsschutzrecht vor. Anders ist dies bei Tonträgern. Der Tonträgerhersteller hat gemäß § 85 UrhG ein eigenes Leistungsschutzrecht, da er die Produktion des Tonträgers organisiert und technisch wie auch finanziell realisiert. Er trägt das wirtschaftliche Risiko. In den Genuss dieses Leistungsschutzrechts kommt auch der Hörbuchverlag als Tonträgerhersteller. Dies eröffnet ihm die Möglichkeit, wie ein Musik-Produzent seine Hörbücher mit einem sogenannten Label-Code zu versehen und seine Leistungsschutzrechte in die Verwertungsgesellschaft GVL (siehe Ziffer 9.4.3) einzubringen und von entsprechenden Ausschüttungen zu profitieren.

8.3 Elektronisches Publizieren, E-Books

Die wesentliche elektronische Erscheinungsform des Buches im digitalen Zeitalter ist ohne jede Frage das „E-Book“. Aber obwohl es als Schlagwort in aller Munde ist – was ist unter juristischen Gesichtspunkten eigentlich ein E-Book? –, fehlt eine Definition im Gesetz; auch in der Rechtsprechung hat es bisher keine Begriffsbestimmung gegeben. Es ist somit auf die derzeit einzige „halb-offizielle“ Definition im sogenannten „§ 137l UrhG-Tarif“ der Verwertungsgesellschaft Wort zurückzugreifen. Dort heißt es:

> *„E-Book ist die von einem Verlag angebotene, unveränderte oder im Wesentlichen unveränderte unkörperliche elektronische Ausgabe eines verlegten Sprachwerkes, dessen Charakter nicht wesentlich von Illustrationen bestimmt wird und das auf einem E-Book-Reader, einem PC und/oder einem sonstigen digitalen Lesegerät visuell wahrgenommen werden kann ohne Rücksicht auf das Dateiformat und das Bestehen eines Kopierschutzes.“*

Dieser Tarif bezieht sich allerdings nur auf solche E-Books, die zuvor in Form eines „verlegten Sprachwerks“ – also als klassisches Buch – veröffentlicht worden waren. Es versteht sich von selbst, dass dieses Element bei originären E-Books außen vor zu lassen ist. Aus juristischer Sicht ist vor allem maßgeblich, dass es sich um eine unkörperliche, elektronische Ausgabe handelt, die auf einem E-Book-Reader, einem PC und/oder einem sonstigen digitalen Lesegerät visuell wahrgenommen werden kann. Dies ermöglicht eine Negativabgrenzung – keine E-Books im engeren Sinne sind somit

- körperliche elektronische Ausgaben wie etwa eine CD oder eine DVD, da diesen durch die Fixierung auf einem Datenträger das Merkmal der Unkörperlichkeit fehlt;
- reine Online-Textnutzungen, die auf einer Internetseite oder über eine elektronische Datenbank öffentlich zugänglich gemacht werden, da es sich bei diesen Nutzungsformen nicht um ein in sich geschlossenes, auch offline zu benutzendes Dokument handelt;
- Apps, also eine Software zur Herstellung einer multimedialen, interaktiven Form des Werkes, da ein E-Book üblicherweise (noch) einen feststehenden Inhalt hat und nicht „interaktiv“ ist (anders dagegen bereits bei sogenannten „enhanced e-books“; dazu in Kapitel 8.4.).

Merke:
Es fehlt eine juristische Definition des Begriffs „E-Book“, so dass nur eine Negativabgrenzung vorgenommen werden kann!

8.3.1 E-Book-Besonderheiten bei der Rechteeinräumung

Nach dieser näheren Eingrenzung stellt sich für die tägliche Praxis zunächst die wichtigste Frage: Welche Besonderheiten sind bei Rechteeinräumungen im Zusammenhang mit E-Books zu beachten? Worauf muss ich in besonderer Weise achten, um einen bestimmten Stoff auch als E-Book auswerten zu können?

Das E-Book stellt eine eigenständige Nutzungsart dar, das heißt, das Recht, ein Werk als E-Book zu veröffentlichen, ist nicht im allgemeinen Verlagsrecht – etwa im Recht, Sondereditionen zu veröffentlichen – enthalten. Das E-Book-Recht muss vielmehr ausdrücklich im Vertrag aufgeführt werden. Dies insbesondere deshalb, da nach dem sogenannten Zweckübertragungsgrundsatz in § 31 Abs. 5 UrhG bei fehlenden, unvollständigen oder nicht eindeutigen vertraglichen Regelungen nur solche Rechte wirksam eingeräumt wurden, die für den jeweiligen Vertragszweck auch erforderlich sind. Im Zweifel wird bei allgemeinen, unvollständigen oder undurchsichtigen Regelungen das E-Book-Recht nicht mit eingeräumt. Somit ist es unerlässlich, die einzelnen „E-Book-spezifischen Rechteeinräumungen" ausdrücklich im Vertrag zu benennen. Dies sind die Folgenden (die allerdings teilweise über diejenigen für ein E-Book im engeren Sinne hinausgehen):

- das Recht, das Werk zu digitalisieren,
- das Recht, das Werk auf einem Träger zu vervielfältigen und zu verbreiten,
- das Recht, das digitale Werk öffentlich zugänglich zu machen (§ 19a UrhG)
- einschließlich der Übernahme in elektronische Datenbanken und Datennetze
- einschließlich der Möglichkeit, das Werk mit Suchfunktionen zu versehen und das Werk dem Nutzer für Inhaltsrecherchen zugänglich zu machen
- sowie des Downloads unabhängig vom Übertragungsweg und Endgerät sowie des Ausdrucks,
- jeweils ganz oder in Teilen,
- das Recht, das Werk im Umfang der eingeräumten Rechte zu bewerben (inklusive Leseproben und Volltextsuche)
- im Übrigen jede sonstige interaktive (Bearbeitungs-)Möglichkeit, insbesondere das Recht, das Werk mit multimedialen und interaktiven Funktionen zu versehen (zum Beispiel Links, Wörterbuch- und lexikalische Funktionen, Vorlesefunktion, sowie als „enhanced" e-book auch mit Klangdateien, Videosequenzen, Animationen).

Strategie:
Durch die Rechteeinräumung im Vertrag muss sichergestellt werden, dass sämtliche Funktionen eines E-Books auch tatsächlich realisiert werden können!

Durch eine solche Rechteeinräumung kann ein Verleger sicherstellen, dass auch in der tatsächlichen Ausgestaltung sämtliche Funktionen realisiert werden können, welche ein E-Book im Vergleich zum herkömmlichen Buch sowie gegenüber anderen elektronischen Buchausgaben auszeichnen. Zudem ist es für eine umfassende Internetnutzung weiterhin erforderlich, sich die vorstehenden Nutzungsrechte weltweit – sofern eine isolierte Nutzung nicht technisch, etwa durch ein Geo-Blocking, beschränkt werden kann – sowie in sublizenzierbarer bzw. weiterübertragbarer Form einräumen zu lassen.

8.3.2 Weitere E-Book-spezifische Regelungen

Obwohl die Erstellung von E-Books noch am ehesten dem „klassischen" Verlegen von Textinhalten vergleichbar ist, passen die Regelungen des Verlagsgesetzes nicht: Sie sind erkennbar auf den Printbereich ausgerichtet – Merkmale wie „Abzüge", „Auflagenhöhe" oder „Vergriffensein" kommen bei der Erstellung und Verwertung von E-Books schlichtweg nicht vor. Es ist daher ratsam, im Vertrag bestimmte E-Book-spezifische Regelungen zu treffen.

Die Publikationspflicht des Verlegers sollte durch Vereinbarungen etwa über die folgenden Punkte näher bestimmt – oder im Einzelfall durch eine Negativformulierung auch begrenzt – werden:

- abrufbereites Abspeichern auf einem Server
- Festlegung von Formaten (marktüblich, Sonderformate)
- Anmeldung in Suchmaschinen
- Versehen mit Suchfunktionen
- Ausstattung mit sonstigen Multimediafunktionen
- Erstellung von Abstracts zum Inhalt

Zudem erscheint es sinnvoll, die Enthaltungspflicht des Autors näher zu regeln. Die Enthaltungspflicht (§ 2 VerlG) schützt den Verleger davor, dass der Autor seinem eigenen Werk mit anderen Publikationen Konkurrenz macht. E-Books ermöglichen im Vergleich zum herkömmlichen Buch eine viel umfassendere, medienübergreifende Nutzung. Auf der anderen Seite sind aber auch sehr selektive Nutzungen – etwa einzelner Kapitel oder einzelner Randnummern – möglich. Der Nutzungsumfang kann also zum einen wesentlich größer, in dem gleichen Maße aber auch viel geringer, da punktueller sein. Es ist somit ratsam, auch die Enthaltungspflicht des Autors im Vertrag anzusprechen und so beispielsweise festzulegen, ob sich diese Enthaltungspflicht auch auf die Printausgabe des Werkes bezieht oder ob sie etwa auch für Ausschnitte ab einer bestimmten Größe gelten soll.

Zum Schutz des E-Book-Vertriebs sollten zudem Nutzungsbeschränkungen zwischen Verlag und Autor vereinbart werden: Wird das E-Book mit einer technischen Schutzmaßnahme (einem Digital Rights Management-System, einem Wasserzeichen usw.) versehen? Ist nur jeweils eine bestimmte Anzahl von Seiten im Online-Display verfügbar? Derartige Regelungen – welche üblicherweise eine Verpflichtung des Verlages begründen – sollten immer durch einen Haftungsausschluss abgesichert werden: Für den Fall, dass die eingesetzten technischen Schutzmaßnahmen von dritter Seite umgangen werden, wird eine Haftung des Verlages ausgeschlossen. Denn derartige Vorkommnisse liegen außerhalb des Einflussbereichs des Verlags mit der Folge, dass der Verlag seine dem Autor gegenüber vertraglich zugesagten Maßnahmen der Nutzungsbeschränkung nicht einhalten kann.

Strategie:
Im E-Book-Vertrag zwischen Verlag und Autor sollten die folgenden Punkte näher geregelt werden:
- **Publikationspflicht des Verlags**
- **Enthaltungspflicht des Autors**
- **Nutzungsbeschränkungen!**

Schließlich sollte geregelt werden, ob und wenn ja in welchem Umfang der Autor selbst sein E-Book unentgeltlich nutzen bzw. darauf zugreifen darf.

8.3.3 Wie hoch ist die Vergütung für eine E-Book-Nutzung?

Die Höhe der Vergütung für die E-Book-Nutzung unterliegt grundsätzlich der Privatautonomie – der Verlag und der Autor können darüber frei verhandeln. Nur wenn es um Buchwerke geht, die vorher in Printform vertrieben worden sind, ergibt sich die Vergütung aus dem entsprechenden Tarif der Verwertungsgesellschaft Wort („Bekanntmachung über die Festsetzung eines Tarifs zur Regelung der Vergütung von Ansprüchen nach § 137l Abs. 5 Satz 1 UrhG für zuvor in gedruckter Form verlegte Sprachwerke").

Merke:
Die Vergütung für zuvor in Printform vertriebene Werke regelt ein Tarif der VG Wort!

Danach erhält der Autor für eine Nutzung seines Werks online, als E-Book, als CD-ROM oder als DVD im Bereich der Belletristik sowie der Kinder- und Jugendliteratur 17 bis 20 Prozent des Nettoverlagserlöses, im Bereich der wissenschaftlichen und Fachliteratur 10 bis 20 Prozent des Nettoverlagserlöses. Nimmt der Verlag die Nutzung nicht selbst vor, sondern lizenziert er das Werk des Autors für eine digitale Textnutzung, so betragen die an den Autor zu zahlenden Vergütungssätze 60 Prozent des Nettoverlagserlöses im Bereich der Belletristik sowie der Kinder- und Jugendliteratur sowie 50

Prozent des Nettoverlagserlöses im Bereich der wissenschaftlichen und Fachliteratur (siehe dazu ausführlicher in Kapitel 2.4.4.).

Bei vertraglichen Gestaltungen über neu erstellte E-Books sind in der Praxis verschiedene Vergütungshöhen anzutreffen: Insbesondere in älteren Vertragswerken wird die E-Book-Verwertung den Nebenrechten zugeordnet. Somit erhält der E-Book-Autor hier vielfach 50 % des Nettoverlagserlöses. Bei neueren Verträgen finden sich nicht selten Regelungen, die eine Beteiligung des E-Book-Autors in Höhe von 25 % an den Nettoverlagserlösen vorsehen. Zukünftig könnte der Trend dahin gehen, in Anlehnung an den vorerwähnten Tarif der Verwertungsgesellschaft Wort eine 20 %-ige Beteiligung des E-Book-Autors am Nettoverlagserlös festzulegen. Im Ergebnis bleibt aber festzuhalten: Die Vergütung ist Verhandlungssache!

Strategie:
Die Vergütung des E-Book-Autors bei neu erstellten Werken ist Verhandlungssache – Beteiligungen in einer Größenordnung von 20 % bis 25 % am Nettoverlagserlös sind üblich!

8.3.4 Gilt für E-Books die Preisbindung?

Ja! Zumindest dann, wenn das E-Book von einem Verlag verlegt wird oder ansonsten große Ähnlichkeit mit einem „klassischen Printbuch“ aufweist, ist eine Preisbindung vorzunehmen.

Gemäß § 2 Abs. 1 Nr. 3 BuchPrG sind Bücher im Sinne dieses Gesetzes auch „Produkte, die Bücher [...] reproduzieren oder substituieren und bei Würdigung der Gesamtumstände als überwiegend verlags- oder buchhandelstypisch anzusehen sind“. Die Frage, ob ein E-Book unter diese vorstehende Definition und somit unter die Preisbindungsverpflichtung fällt, lässt sich nicht eindeutig beantworten und ist derzeit nicht geklärt. Jedenfalls wenn das E-Book eine ähnliche Funktion oder Anmutung hat wie das herkömmliche Printprodukt, verfolgt es auch eine Art Ersatzcharakter. Hinsichtlich des Schriftbildes, des Layouts und sogar der Nutzerfreundlichkeit bestehen starke Parallelen.

Merke:
Für E-Books gilt die Preisbindung in jedem Fall dann, wenn sie Ähnlichkeit mit einem klassischen Printbuch haben!

Sondernutzungsformen, die sich eher von einer verlagstypischen Auswertung entfernen, unterliegen nicht der Buchpreisbindung. Dazu zählen etwa die kapitelweise Auswertung von Büchern, die Zugriffsberechtigung auf Online-Datenbanken, die Mehrfachnutzung von Inhalten in Netzwerken und die Nutzung von Texten, denen die Anmutung eines Buches fehlt, die also ohne Cover, Titelei oder Inhaltsverzeichnis angeboten werden.

8.3.5 Wie werden E-Books vertrieben?

Vielfach nehmen Verlage den Vertrieb ihrer E-Books nicht selbst vor, sondern lassen diese über eine Plattform vertreiben. Da es keine gesetzlich geregelte Begriffsbestimmung des Plattformvertrages oder seiner Bestandteile und Verpflichtungen gibt, ist in der Praxis eine Vielzahl von unterschiedlichen Vertragstypen anzutreffen. Insgesamt lässt sich vorwegschicken, dass es eine beinahe unübersehbare Vielzahl von unterschiedlichen Plattformverträgen verschiedener Anbieter gibt, die häufig sehr umfangreich und durch eine komplizierte Vertragssprache und eine ermüdende Verweistechnik sehr schwer verständlich sind. Zudem sind diese Plattformverträge vielfach ausländischen Rechtsordnungen unterstellt, so dass eigentlich die Hinzuziehung eines ausländischen Juristen erforderlich ist. Schließlich steht sehr häufig die Verhandelbarkeit der einzelnen Vertragsklauseln in Frage, so dass hier nicht selten nach dem Motto „Friss oder stirb!“ verfahren wird. Dessen ungeachtet lassen sich jedoch der Agenturvertrag, der Kommissionsagentenvertrag und der Reseller-Vertrag als die drei wichtigsten Erscheinungsformen heraus kristallisieren, die daher im Folgenden kurz skizziert werden sollen:

Merke:
Die Wahl des richtigen Plattformvertrages ist in vielerlei Hinsicht entscheidend; allerdings ist der Verhandlungsspielraum in der Praxis vielfach gering!

- Beim Agenturvertrag wird die eingeschaltete Agentur als Stellvertreterin des Verlegers tätig, welche den Vertragsschluss mit dem Endkunden vermittelt. Hier hat der Verlag ein recht starkes Weisungsrecht, welches naturgemäß auch den Preis des E-Books umfasst. Je nach Ausgestaltung kann ein solcher Agenturvertrag auch das Vorliegen eines Handelsvertreterverhältnisses gemäß der §§ 84 ff. des Handelsgesetzbuches (HGB) begründen. Dies kann die unliebsame Folge mit sich bringen, dass die Agentur nach Beendigung des Agenturvertrages einen sogenannten Handelsvertreter-Ausgleich beansprucht. Dieser kann im Einzelfall bis zu einer Jahresprovision betragen (§ 89b Abs. 2 HGB).
- Bei dem Modell eines Kommissionsagentenvertrages – wie er etwa bei „i-tunes" oder „amazon" anzutreffen ist – tritt die beauftragte Plattform zwar in eigenem Namen, jedoch auf Rechnung des Verlegers auf. Der Vertragsschluss erfolgt also im Verhältnis zwischen der Plattform und dem Endkunden. Wiederum kann der Verlag aufgrund seines Weisungsrechts recht stark die Vorgehensweise der Plattform (mit)bestimmen und so etwa auch Einfluss auf die Preisgestaltung nehmen. Ob bei dieser Art der vertraglichen Ausgestaltung ebenfalls das Risiko der Inanspruchnahme auf der Grundlage eines Handelsvertreter-Ausgleichs gemäß § 89b HGB besteht, ist umstritten und von der Rechtsprechung derzeit noch nicht geklärt.
- Anders gelagert ist dagegen der sogenannte „Reseller- oder Wiederverkäufer-Vertrag". Hier liegen zwei nachgeschaltete Vertragsverhältnisse vor: Der Verlag überträgt die Nutzungsrechte an den Wiederverkäufer; dieser wiederum verkauft das E-Book in eigenem Namen und auf eigene Rechnung an den Endkunden. Somit trägt der Wiederverkäufer auch die volle wirtschaftliche und rechtliche Verantwortlichkeit sowie das Zahlungsausfall-Risiko des Endkunden. Allerdings gibt der Verleger mit dem Abschluss eines solchen Reseller-Vertrages seine „Hoheit über das E-Book" weitestgehend auf und hat somit einen erheblichen Kontrollverlust zu verzeichnen.

Selbstverständlich gibt es auch eine Vielzahl von Mischformen der vorstehend erwähnten Vertragstypen. Im Ergebnis muss stets in Ansehung der konkreten Situation des Verlages entschieden werden, welcher Vertriebsweg auf welcher juristischen Grundlage im Einzelfall der vorteilhafteste ist.

Wahl der Vertragsform entscheidend für die Höhe der Vergütung im Verhältnis zum Autor

Zudem ist die Frage, in welcher Form die Rechte der Plattform eingeräumt werden, auch entscheidend für die Höhe der an den E-Book-Autor zu zahlenden Vergütung. Wie unter vorstehender Ziffer 9.3.3. dargelegt wurde, sieht der Tarif der VG Wort zu § 137l UrhG unterschiedliche Vergütungshöhen für eine eigene Verwertung (10 bis 20 Prozent des Nettoverlagserlöses) des Verlages und für eine Lizenzierung an Dritte (50 bis 60 Prozent des Nettoverlagserlöses) vor. Somit macht es also einen großen Unterschied, ob bei der Rechteeinräumung durch die vertragliche Gestaltung eine eigene Verwertung des Verlages oder eine Lizenzierung an die Plattform stattfindet.

Beispielfall

Der Autor X hat im Jahr 1985 ein belletristisches Buch verfasst, welches der Verlag Y seinerzeit in Printform verlegt hatte. Vertreibt nun der Verlag Y das E-Book dieses Werkes dergestalt über eine Plattform, dass ihm die Dienstleistung der Plattform noch als eine eigene Auswertungshandlung zugerechnet wird – was in aller Regel der Fall sein wird –, so erhalten nach dem VG Wort-Tarif von dem Nettoverlagserlös der Verlag Y 80 bis 83 % und der Autor X 17 bis 20 %. Wäre die gewählte rechtliche Konstruktion dagegen ausnahmsweise als eine Lizenzierung einzustufen, so würden der Verlag Y 40 % und der Autor X 60 % erhalten. Neben dem tatsächlich Praktizierten können also auch durch die Wahl der vertraglichen Ausgestaltung bereits folgenreiche Weichenstellungen für die Honorierung vorgenommen werden!

Strategie:
Bei der Wahl des passenden Plattformvertrages sind insbesondere die beiden folgenden Punkte von zentraler Bedeutung und unbedingt zu beachten:
- **möglicher Handelsvertreterausgleich nach Vertragsbeendigung**
- **Auswirkung der Frage „eigene Verwertung" oder „Lizenzierung" auf die Höhe der Vergütung!**

Der vorstehend erwähnte Tarif der VG Wort gilt zwar unmittelbar nur für „zuvor in gedruckter Form verlegte Sprachwerke". In der Praxis ist aber zu beobachten, dass derartige Festlegungen einer „angemessenen Vergütung" in einem Tarifwerk einer Verwertungsgesellschaft große Indizwirkung auch für solche E-Books haben, die nicht zuvor in gedruckter Form verlegt worden sind. Es ist daher unbedingt empfehlenswert, bei der Rechteeinräumung gegenüber einer Plattform – neben der Wahl des passenden Vertragswerks und der daraus resultierenden „Handelsvertreter-Thematik" – besonderes Augenmerk auf die Frage „eigene Verwertung" oder „Lizenzierung" zu legen.

8.4 Enhanced E-Books

Neuland ist für die meisten Verlage nach wie vor das sogenannte enhanced E-Book, also das um multimediale Inhalte und interaktive Funktionen „erweiterte" E-Book. Hier müssen die Verlage umdenken und neue Wege finden im Hinblick auf Entwicklung, Produktion und Vertrieb der Produkte.

8.4.1 Entwicklung und Vertrieb

Auch wenn Grundlage eines enhanced E-books üblicherweise ein traditionelles Buch ist, so stehen der Text und sein Autor bei einem Multimediaprodukt nicht mehr im Mittelpunkt. Es geht darum, unterschiedliche mediale Inhalte von Texten über Videos, Hörsequenzen, Musik, interaktive Grafiken und Illustrationen bis hin zu Games in didaktisch sinnvoller und/oder unterhaltender Weise zu kombinieren und z. B. auch mit Inhalten des WorldWideWeb und den sozialen Netzwerken zu verlinken. Schlüsselfigur ist daher bei der Herstellung eines enhanced E-Books derjenige, der die Inhalte auswählt oder entwickelt und dann die Anordnung und die Art der Verknüpfung dieser einzelnen Inhalte festlegt. Man kann diese Person(en) in ihrer urheberrechtlichen Funktion als Herausgeber, Regisseur oder sogar auch als Multimedia- und Informationsarchitekten bezeichnen. Sicher ist jedenfalls, dass es sich hierbei regelmäßig um eine kreative und damit schöpferische Tätigkeit handelt, die ein Urheberrecht an dem enhanced E-Book als (Multimedia-)Sammelwerk (§ 4 UrhG, siehe dazu oben, Ziff. 2.1.1.4) begründen kann.

Die Entwicklung von enhanced E-Books steht erst am Anfang und erfolgt nicht selten nach der „trial and error" Methode, das heißt die Produkte müssen in ihren einzelnen Entwicklungsstufen immer wieder von der Zielgruppe getestet und dann optimiert werden. Das dauert und kann teuer werden.

Vorreiter sind hier die Bildungsverlage, die sich z. B. mit der Initiative „Digitale Schulbücher" das Ziel gesetzt haben, enhanced E-Books und andere digitale und multimediale Produkte in die Schulen und auf die Whiteboards der Klassenzimmer zu bringen. Auch alle sonstigen Sachbücher und Ratgeber bieten sich für die Anreicherung mit multimedialen Inhalten geradezu an. Selbst belletristische Werke werden zunehmend in Form von enhanced E-Books angeboten. Wer findet es nicht spannend, das Schicksal des Protagonisten im Roman mit zu bestimmen, Romanfiguren selbst zu visualisieren oder ihnen eine Stimme zu verleihen?

Merke:
Der Markt für die enhanced E-Books steht erst am Anfang. Verlage müssen neue Strukturen, Funktionen und Arbeitsabläufe schaffen, um Produkte von Qualität und mit wirtschaftlichem Potential zu entwickeln. Das kostet Zeit und Geld.

Neben der Produktentwicklung steckt aber auch der Vertrieb erst in den Kinderschuhen. Mit der Etablierung der Smartphones, Tablets und E-Reader haben sich zwar Endgeräte auf dem Markt etabliert, die enhanced E-Books in (mehr oder weniger) idealer Form darstellen und auch für unterwegs nutzbar machen. Es fehlt hier aber noch die richtige Vermittlung an den Verbraucher. Wo sucht bzw. findet der Verbraucher enhanced E-Books? Bei den E-Books auf den gängigen Buch-Plattformen oder bei den Hörbuch- oder Videoanbietern? Bei den Computerspieleanbietern? Die meisten Multimediaprodukte werden derzeit als sogenannte Apps (Applications) angeboten, und zwar in unüberschaubaren Mengen in „schlecht sortierten" App-Stores. Apps sind in der Regel extrem günstig und dienen oft nur als praktischer Zugang zu Verkaufsangeboten, der Werbung oder einfach nur der Kundenbindung. In diesem Umfeld lassen sich qualitativ hochwertige und entsprechend auch preislich deutlich höhere enhanced E-Books nur schwer vermarkten und vertreiben.

8.4.2 Rechteerwerb und Rechteinhaber

In rechtlicher Hinsicht stellt ein enhanced E-Book dann ein urheberechtlich geschütztes Sammelwerk dar, wenn es sich dabei um eine Ansammlung einzelner Werke, Daten oder anderer unabhängiger Element handelt, die aufgrund ihrer Auswahl oder Anordnung eine persönliche geistige Schöpfung sind. Dann ist das enhanced E-Book unbeschadet eines an den einzelnen Elementen gegebenenfalls bestehenden Schutzes wie ein selbständiges Werk geschützt (§ 4 UrhG) und Urheber ist eben derjenige, der die unabhängigen Elemente wie eben Texte, Fotos, Videos, Musik- und Audiobeiträge, Games oder Software auswählt und anordnet.

Selbstverständlich bedarf es aber auch einer rechtlichen Klärung eben dieser einzelnen Elemente, die regelmäßig selbst urheber- oder zumindest leistungsschutzrechtlich geschützte Werke darstellen. Sofern diese Elemente eines enhanced E-Books extra produziert werden, müssen entsprechende Verträge mit den dafür beauftragten Urhebern und/oder (Auftrags-)Produzenten abgeschlossen werden. Sofern man auf bereits bestehende Werke zurückgreift, müssen diese Werke von den Rechteinhabern lizenziert werden. Das gilt für die ggf. programmierte oder „eingekaufte" Software genauso wie für die medialen Inhalte. Der für die Produktion und Verwertung eines enhanced E-Books erforderliche Rechteumfang ist dabei ähnlich dem eines multimedialen Hörbuchs (siehe oben Ziffer 8.2.2.). Man braucht bestimmte Rechte für die Herstellung und weitere Rechte für die Verwertung des jeweiligen Werkes im enhanced E-Book:

Herstellung:
- das Recht zur Verwendung des Werkes zur Herstellung eines enhanced E-Books/Multimediaprodukts,
- das Recht zur Bearbeitung des Werkes (z. B. Aufteilung, Kürzung),
- das Recht, das Werk mit (interaktiven) Funktionen zu versehen und mit anderen Werken zu verbinden (erweitertes Bearbeitungs- und Werkverbindungsrecht).

Verwertung:
- sofern das enhanced E-Book auch auf einem Datenträger und nicht nur zum Download erscheinen soll: das Recht zur Vervielfältigung und Verbreitung auf beliebigen Datenträgern (z. B. CD, CD-ROM, DVD, Blu-ray, USB-Stick, Mikrochips),
- das Recht der öffentlichen Zugänglichmachung (§ 19a UrhG) einschließlich des Downloads unabhängig vom Übertragungsweg und Endgerät,
- das Recht zur Archivierung und Übernahme in elektronische Datenbanken und Datennetze,
- das Recht zu Vermietung und Verleih,
- das Recht zur öffentlichen Wiedergabe (z. B. auf Whiteboards),
- das Recht zur (ausschnittsweisen) Verwertung und zur Bewerbung des Produkts und ggf. auch des Verlages).

Strategie:
Auch hier gilt, dass die Rechte zur Herstellung und Verwertung nicht in exakt dieser Form in den diversen Verträgen geregelt sein müssen, aber sie müssen sich im Rechtekatalog des jeweiligen Vertrages in etwa wiederfinden.

Für eine umfassende Auswertung erforderlich ist weiterhin, dass die vorstehenden

Rechte als weltweite (wegen der Downloadmöglichkeit) sowie übertragbare bzw. sublizenzierbare Nutzungsrechte eingeräumt werden. Exklusivität muss zumindest im Hinblick auf die dem enhanced E-Book zugrunde liegenden wesentlichen Werke wie z.B. eine etwaige Buchvorlage gegeben sein, damit keine unmittelbaren Konkurrenzprodukte erscheinen können. Gerade die Inhalte, die das enhanced E-Book lediglich anreichern und zusätzlich unterhalten sollen wie Videoclips oder auch bekannte Musik wird der Verlag in der Regel nur nicht-exklusiv lizenzieren.

Die Produktion oder Lizenzierung von Videos, Musik oder gar Games ist für viele Verlage ungewohnt. Nachfolgend daher ein kurzer Überblick über die Rechteinhaber:

8.4.2.1 Film im E-Book

An der Produktion eines Filmes oder Videoclips sind oft eine Vielzahl von Urhebern und Leistungsschutzberechtigten beteiligt. Allen voran steht der Produzent, der als Filmhersteller ein eigenes Leistungsschutzrecht an dem Film hat (§ 94 UrhG, zu den Leistungsschutzrechten allgemein siehe auch Ziff. 2.1.2.). Er ist derjenige, der die Herstellung des Filmes wirtschaftlich und organisatorisch verantwortet. Als Filmschaffende sind dann sowohl eine Reihe von Urhebern beteiligt, je nach Art und Umfang des Filmes z.B. Regisseur, Kameramann, Cutter, Bühnenbildner, Maske, als auch Leistungsschutzberechtigte wie die Schauspieler, Sprecher, Tänzer, oder Musiker und Urheber sogenannter vorbestehender Werke wie Autoren (Buchvorlage, Drehbuch, Treatment, Storyboard o.ä.) und soweit Musik verwendet wird Komponisten und Textdichter.

Merke:
Erster Ansprechpartner für die Lizenzierung von Filmmaterial oder Videoclips ist der Filmhersteller (Produzent), da dieser regelmäßig über alle Nutzungsrechte verfügt.

Wer daher Filme selber produziert, der muss bei der Vertragsgestaltung sehr sorgfältig arbeiten und die Produktionen gut kalkulieren. Oder man beauftragt einen erfahrenen Filmproduzenten, der einem gegen Zahlung eines Pauschalbetrages die Produktion herstellt und alle Rechte an der Produktion überträgt (Auftragsproduktionsvertrag). In der Regel unproblematisch gestaltet sich auch die Lizenzierung von bereits bestehenden Filmen oder Videoclips. Denn auch wenn an einer Filmproduktion sehr viele Urheber und andere Rechteinhaber beteiligt sind, so liegen die umfassenden Nutzungsrechte doch meistens alleine beim Filmhersteller, also dem Produzenten. Die §§ 88, 89, 92 UrhG regeln insoweit eine Vermutung zugunsten des Filmherstellers. Urheber und Leistungsschutzberechtigte, die bei der Herstellung eines Filmes mitwirken, räumen dem Filmhersteller demnach in der Regel das ausschließliche Nutzungsrecht zur Verwertung des Filmes auf alle Nutzungsarten ein.

Strategie:
Um die Probleme der komplizierten Musikklärung zu vermeiden, kann man in der Praxis auch sogenannte Produktionsmusik verwenden, auf deren Angebot sich große Anbieter spezialisiert haben. Das ist zwar weniger bekannte Musik, die dafür aber bereits weitgehend geklärt ist und nur noch bei der GEMA angemeldet werden muss. Und wer es ganz einfach haben will, der kauft vollständig geklärte und sogar „GEMA-freie" Musik ein, die ganz gezielt von Komponisten komponiert wird, die nicht Mitglied in einer Verwertungsgesellschaft sind.

8.4.2.2 Musik im E-Book

Mit der Musik ist das so eine Sache. Kaum eine Werkkategorie ist so aufwendig und kompliziert in der rechtlichen Klärung wie sogenannte kommerzielle, also z.B. „aus dem Radio bekannte", Musik. Denn bei der Musik gibt es viele Rechteinhaber:

- Die Musikurheber: Das sind die Komponisten und Textdichter, die in der Regel Mitglied der Verwertungsgesellschaft GEMA (Gesellschaft für musikalische Aufführungs- und mechanische Vervielfältigungsrechte) sind und von dieser vertreten werden. Bestimmte Nutzungsrechte an den Kompositionen und den zugehörigen Musiktexten bekommt man daher in der Regel bei der GEMA.
- Der Musikverlag: Komponisten und Textdichter haben meistens einen Musikverlag, d.h. sie schließen einen Verlagsvertrag ab, wonach sich der Musikverlag (gemeinsam mit der GEMA) um die Verwertung der Kompositionen und Texte kümmert. Auch Musikverlage sind Mitglieder der GEMA, die dann einen Teil der Nutzungsrechte für die Musikurheber und auch für die Musikverleger wahrnimmt. Während Musikverleger traditioneller Weise in erster Linie den Druck von Noten und Texten betreiben (eine Verwertung, die heute oft in den

Hintergrund tritt), kümmert sich die GEMA vor allem um die Aufführungs- und mechanischen Vervielfältigungsrechte. Musikverlage sind darüber hinaus aber auch zuständig für das Bearbeitungsrecht, das Recht zur Verwendung der Kompositionen für Werbung und das sogenannte Filmherstellungsrecht (auch „Synchronisation-Recht" genannt). Letzteres braucht man immer dann, wenn man Musik mit Bildern verbinden will, also z. B. einen Film mit der Musik unterlegen möchte. Für dieses Recht muss man sich also an den Musikverlag wenden.
- Die Band: Musiker und Sänger sind ausübende Künstler und haben gemäß §73 ff. UrhG ein Leistungsschutzrecht an ihrer künstlerischen Darbietung. Sie können entscheiden, wer ihre Darbietung auf Bild- oder Tonträger aufnimmt und verwertet. Häufig ist eines der Bandmitglieder zugleich auch Komponist oder Textdichter und hat dann verschiedene Rechte (Urheber- und Leistungsschutzrechte).
- Der Tonträgerhersteller (auch Label genannt): Der Produzent des Tonträgers hat ein Leistungsschutzrecht an der Aufnahme (siehe dazu auch oben Ziff. 8.2.2.). In der Regel hat der Tonträgerhersteller die Band „unter Vertrag", d.h. er lässt sich von den Bandmitgliedern deren Leistungsschutzrecht übertragen. Wer also eine bestimmte Aufnahme verwenden will, ist beim Tonträgerhersteller an der richtigen Adresse.

Wenn ein Verlag also in seinem enhanced E-Book Musik verwenden will, dann sollte er ausreichend Geduld, Zeit und Geld einplanen.

Beispielfall

Ein Bildungsverlag plant für den Geschichtsunterricht ein enhanced E-Book mit einem Filmausschnitt von den Demonstrationen in den USA gegen den Vietnamkrieg. Der Verlag will den aus den USA lizenzierten Filmausschnitt mit dem Musiktitel „The End" von der Gruppe „The Doors" unterlegen.

Zunächst müssen die Rechteinhaber recherchiert werden. Der Titel wurde von mehreren Komponisten und Textdichtern geschafften (maßgeblich vom Sänger Jim Morrison). Deren Originalmusikverlag ist The Doors Music Company, der in Deutschland von einem sogenannten Sub-Verlag vertreten wird. Der Tonträger mit dem Lied ist bei dem Label Elektra Records erschienen, das wiederum zur Warner Music Group gehört.

Dann müssen die Nutzungsrechte angefragt werden: Zunächst sollte sich der Verlag um das Filmherstellungsrecht kümmern, d.h. die Erlaubnis einholen, dass der Filmausschnitt mit der Komposition unterlegt werden darf. Diese Anfrage erfolgt beim deutschen Sub-Verlag, der die Anfrage regelmäßig an den Originalverlag in den USA weiterleitet. Weiterhin muss der Verlag die Rechte zur Verwendung der Tonaufnahme anfragen, wofür er sich hier an die Warner Music Group Germany wenden muss. Schließlich muss die Verwendung der Musik auf dem enhanced E-Book auch noch bei der GEMA/GVL angemeldet und lizenziert werden. Verträge mit den verschiedenen Lizenzgebern sollten aber erst abgeschlossen werden, wenn von allen Rechteinhabern Zusagen vorliegen und die Lizenzgebühren verhandelt wurden. Denn sollte auch nur einer der Lizenzgeber absagen oder „nicht erschwinglich" sein, dann muss der Verlag auf einen anderen Titel ausweichen und das Spiel beginnt von vorne.

8.4.2.3 Games im E-Book

Schließlich noch ein kurzer Einblick in die Welt der Computerprogramme und -spiele. Auch hier gibt es branchentypische Strukturen und damit Ansprechpartner, wenn man das E-Book mit einer bestimmten Software gestalten oder z. B. mit einem Computerspiel anreichern will.

Computerprogramme sind urheberrechtlich geschützte Werke im Sinne des §2 Abs. 1 Nr. 1 in Verbindung mit den §69 a ff. UrhG, wenn es sich bei dem Programm um das Ergebnis einer persönlichen geistigen Schöpfung des Urhebers handelt. Vom

Urheber bzw. jeweiligen Rechteinhaber sind dann entsprechende Nutzungsrechte an dem Programm zu erwerben.

Auch einem Computerspiel liegt ein Computerprogramm zugrunde. Das ist jedoch aus urheberrechtlicher Sicht nicht das einzige Werk, das für ein Computerspiel geschaffen wird. Auch für ein Computerspiel braucht man in der Regel Texte, Grafiken, Musik, Filme, etc. Den Produzenten eines Computerspiels nennt man in der Games-Branche Developer. Der Developer ist verantwortlich für die Organisation und Herstellung des Computerspiels. Er beschäftigt regelmäßig eine ganze Reihe von Entwicklern, Programmieren, Grafikdesignern, Textern und eben ggf. auch Komponisten, die als einzelne Urheber an der Herstellung des Computerspiels beteiligt sind.

Bei „großen" Computerspielen wird die Produktion vom sogenannten Publisher beauftragt. Der Publisher gliedert die Herstellung des Computerspiels als Auftragsproduktion an den Developer aus. Der Publisher finanziert die Produktion und wertet sie dann auch umfassend aus. Er trägt damit das wirtschaftliche Risiko – ähnlich wie im Buchverlag der Verleger im Verhältnis zu seinem Autor. Der Developer wird für die Produktion des Computerspiels entweder pauschal vergütet oder von Anfang an oder nach Verrechnung der Produktions- und weiterer Kosten an den aus der Verwertung des Computerspiels erzielten Erlösen prozentual beteiligt.

Strategie:
Es gibt eine Vielzahl sogenannter freier Computerspiele, die lizenzfrei genutzt werden dürfen. Hier ist allerdings Vorsicht geboten. Man muss genau prüfen, unter welcher „Open Source"-Lizenz das jeweilige Spiel der Allgemeinheit zur Verfügung gestellt wird. Manchmal ist nur der Quellcode frei, manchmal sind es auch die (grafischen) Inhalte und manchmal ist die kommerzielle Nutzung nicht erlaubt.

Im Kleinen funktioniert das beim enhanced E-Book ähnlich. Der Verlag kann die Entwicklung eines maßgeschneiderten Spiels entweder selbst in Auftrag geben oder er macht sich auf die Suche nach einem bereits am Markt etablierten Computerspiel und lizenziert dies vom Publisher. Auch hier bringen einen allerdings die Kosten oft schnell zurück auf den Boden der Realität. Die Entwicklung oder Lizenzierung von optisch ansprechenden und vielschichtigen Computerspielen ist teuer und im Rahmen eines enhanced E-Books wird das Computerspiel eher eine Nebenrolle spielen.

9 Verwertungsgesellschaften

Eine wichtige Rolle im Bereich des Rechtehandels, des Rechtemanagements, der Rechtewahrnehmung und der Rechtedurchsetzung spielen die Verwertungsgesellschaften. Verwertungsgesellschaften sind privatrechtlich organisierte Zusammenschlüsse von Urhebern und Verlagen (oder anderen Verwertern) nach dem sogenannten „Urheberrechtswahrnehmungsgesetz“ (UrhWahrnG). Die Verwertungsgesellschaften unterliegen einer staatlichen Aufsicht und benötigen eine Zulassung. Bestimmte Ansprüche nach dem Urheberrechtsgesetz können nur von Verwertungsgesellschaften geltend gemacht werden. Das bedeutet, dass hier dem einzelnen Urheber die Wahrnehmung, also auch die Anspruchsstellung, gegenüber einem Nutzer verwehrt ist. Darum kümmert sich die Verwertungsgesellschaft, und zwar nicht nur für die Urheber. Auch Verlage profitieren von der Tätigkeit der Verwertungsgesellschaften, wenn sie einen Wahrnehmungsvertrag mit ihr abgeschlossen haben. Das System lässt sich grafisch folgendermaßen darstellen, hier am Beispiel der VG Wort:

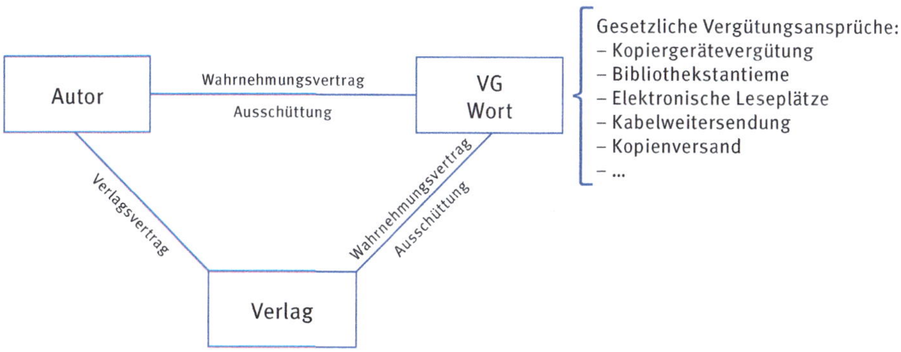

Abb. 14: – System Verwertungsgesellschaft

Es zeigt sich, dass Verwertungsgesellschaften vor allem dann ins Spiel kommen, wenn es um die Wahrnehmung von Ansprüchen aus den Schrankenbestimmungen der §§ 44a ff. UrhG – also um die „Zweitverwertung“ von Verlagserzeugnissen – geht (dazu ausführlich in Kapitel 2.7.). Hier fungieren Verwertungsgesellschaften also als solche Institutionen, die einem Verlag zusätzliche Einnahmen bescheren, etwa wenn es um Tantiemen für die Schulbuch- oder die Pressespiegel-Nutzung geht.

Merke:
Verwertungsgesellschaften können Verlagen zusätzliche Einnahmen bescheren, aber auch Entgelte für Drittnutzungen verlangen!

Auf der anderen Seite kann die Tätigkeit von Verwertungsgesellschaften auch dazu führen, dass Verlage für bestimmte von ihnen genutzte Inhalte „zur Kasse gebeten werden“ – zum Beispiel dann, wenn Fotos, Abbildungen, Texte oder Kunstwerke Dritter in den Verlagsprodukten verwendet werden.

Die (potentielle) Rolle einer Verwertungsgesellschaft ist also bei jedwedem verlegerischen Handeln – zumindest ergänzend – mit in den Blick zu nehmen.

9.1 Was machen Verwertungsgesellschaften?

Merke:
Verwertungsgesellschaften nehmen in erster Linie Zweitverwertungsrechte wahr!

Verwertungsgesellschaften nehmen in erster Linie die sogenannten „Zweitverwertungsrechte“ in denjenigen Bereichen wahr, in denen eine Nutzung durch den einzelnen Urheber nur schwer zu kontrollieren ist. Diese, wenn auch vereinfachende und nicht ganz trennscharfe Zusammenfassung der Tätigkeit von Verwertungsgesellschaften zeigt, dass Verwertungsgesellschaften – von gewissen Ausnahmen abgesehen –

immer erst dann ins Spiel kommen, wenn die Erstverwertung eines urheberrechtlich geschützten Werkes bereits vollbracht ist.

Verwertungsgesellschaften nehmen also für eine bestimmte Gruppe von Urhebern (z. B. wissenschaftliche Textautoren und deren Verleger) in kollektiver Art und Weise die Rechte wahr. Dies – wie erwähnt – ganz maßgeblich in den Bereichen, in denen eine individuelle Überwachung der Werknutzung nicht möglich ist.

Beispielfall

So kann etwa ein Wissenschaftler nicht kontrollieren, in welchem Umfang sein Fachaufsatz in dem Intranet eines Universitätslehrstuhls eingespeist ist, ob dieser Fachaufsatz an elektronischen Leseplätzen in öffentlichen Bibliotheken wiedergegeben oder wie oft dieser schlichtweg in der Universitätsbibliothek kopiert wird.

Um dem Urheber für diese von ihm nicht zu kontrollierende Werknutzung dennoch eine Vergütung zukommen zulassen, sieht das Urheberrechtsgesetz in vielen Schrankenbestimmungen der §§ 44a ff. UrhG die Entrichtung einer angemessenen Vergütung durch den Nutzer vor, welche nur durch eine Verwertungsgesellschaft geltend gemacht werden kann. Dies schreibt der Gesetzestext dann ausdrücklich vor, wie etwa § 52a Abs. 4 UrhG zeigt:

§ 52a Öffentliche Zugänglichmachung für Unterricht und Forschung

(4) Für die öffentliche Zugänglichmachung nach Absatz 1 ist eine angemessene Vergütung zu zahlen. Der Anspruch kann nur durch eine Verwertungsgesellschaft geltend gemacht werden.

Um dieser Aufgabe der Geltendmachung einer angemessenen Vergütung nachzukommen, schließen die Verwertungsgesellschaften Verträge mit Nutzern und Nutzergruppen ab, stellen Tarife auf und ziehen die danach geschuldeten Entgelte ein. Sodann schütten sie die von ihnen vereinnahmten Gelder nach den jeweiligen Regelungen und Verteilungsschlüsseln an ihre Wahrnehmungsberechtigten aus.

Neben dieser Kernaufgabe der Überwachung der Werknutzung und der Einziehung der in den Verträgen und Tarifen festgelegten Entgelte sind die Verwertungsgesellschaften ebenfalls in der Verfolgung von Verstößen gegen Urheber- und Leistungsschutzrechte, der Einrichtung von Sozial- und Versorgungswerken für bedürftige Urheber und der Kulturförderung tätig. Das heißt, sie sind auch jenseits der unmittelbaren Geltendmachung von Ansprüchen für die von ihnen vertretenen Berufsgruppen tätig. Sie setzen sich für deren Belange ein, um einer möglichst ungestörten sowie finanziell und sozial tragfähigen Schaffung und Verwertung von kreativen Werken den Weg zu ebnen.

9.2 Welchen Verpflichtungen unterliegen Verwertungsgesellschaften?

Die Gründung und die Tätigkeit einer Verwertungsgesellschaft unterliegen der staatlichen Aufsicht; diese wird durch das Patentamt (DPMA) wahrgenommen (§ 18 UrhWahrnG). Daraus resultieren eine Reihe von besonderen Verpflichtungen einer Verwertungsgesellschaft, welche ein frei am Markt agierendes Unternehmen oder ein eingetragener Verein nicht zu beachten hat. Dies sind im Einzelnen:

- der Wahrnehmungszwang (§ 6 UrhWahrnG)
- die Auskunftspflicht (§ 10 UrhWahrnG)
- der Abschlusszwang (§ 11 UrhWahrnG)

In Abkehr von dem ansonsten im Zivilrecht geltenden Grundsatz der Privatautonomie – also der Freiheit, sich den Vertragspartner und den Vertragsinhalt frei auszusuchen –, wird durch den Wahrnehmungszwang, die Auskunftspflicht und den Abschlusszwang gewährleistet, dass Verwertungsgesellschaften in transparenter Weise und auf gesetzlicher Grundlage Nutzungsrechte wahrnehmen und jedermann zu angemessenen Bedingungen Lizenzen erteilen.

Wahrnehmungszwang

Der Wahrnehmungszwang verpflichtet eine Verwertungsgesellschaft, mit jedermann, der von seiner Tätigkeit und seiner Staatsangehörigkeit her grundsätzlich in den „Anwendungsbereich" der jeweiligen Verwertungsgesellschaft fällt, einen entsprechenden Wahrnehmungsvertrag zu schließen und seine Rechte und Ansprüche wahrzunehmen. Mit anderen Worten kann sich also eine Verwertungsgesellschaft – anders etwa als ein „normaler" eingetragener Verein – ihre Mitglieder nicht aussuchen, sondern bei Vorliegen bestimmter Voraussetzungen ist sie verpflichtet, jedermann bei sich aufzunehmen und sich um die Wahrnehmung seiner Rechte und Ansprüche zu kümmern.

---

§ 6 Wahrnehmungszwang

(1) Die Verwertungsgesellschaft ist verpflichtet, die zu ihrem Tätigkeitsbereich gehörenden Rechte und Ansprüche auf Verlangen der Berechtigten zu angemessenen Bedingungen wahrzunehmen, wenn diese Deutsche im Sinne des Grundgesetzes oder Staatsangehörige eines anderen Mitgliedstaates der Europäischen Union oder eines anderen Vertragsstaates des Abkommens über den Europäischen Wirtschaftsraum sind oder ihren Wohnsitz im Geltungsbereich dieses Gesetzes haben und eine wirksame Wahrnehmung der Rechte oder Ansprüche anders nicht möglich ist. Ist der Inhaber eines Unternehmens Berechtigter, so gilt die Verpflichtung gegenüber dem Unternehmen mit Sitz in einem Mitgliedstaat der Europäischen Union oder in einem Vertragsstaat des Abkommens über den Europäischen Wirtschaftsraum.

(2) ...

Auskunftspflicht

Um einen geordneten Handel mit Nutzungsrechten zu ermöglichen, unterliegen die Verwertungsgesellschaften weiterhin einem Auskunftsanspruch. Nach § 10 UrhWahrnG sind sie verpflichtet, jedermann auf schriftliches Verlangen Auskunft darüber zu geben, ob sie Nutzungsrechte an einem bestimmten Werk oder Rechte und Ansprüche eines bestimmten Urhebers wahrnehmen. Die Verwertungsgesellschaften stellen somit bei der Frage der Rechteklärung eine kompetente Anlaufstelle dar, um in rechtmäßiger Art und Weise und auf der Grundlage festgelegter Tarife Rechte für eine Zweitnutzung zu erwerben.

Merke:
Verwertungsgesellschaften stellen im Rahmen der Rechteklärung eine kompetente Anlaufstelle dar!

---

§ 10 Auskunftspflicht

Die Verwertungsgesellschaft ist verpflichtet, jedermann auf schriftliches Verlangen Auskunft darüber zu geben, ob sie Nutzungsrechte an einem bestimmten Werk oder bestimmte Einwilligungsrechte oder Vergütungsansprüche für einen Urheber oder Inhaber eines verwandten Schutzrechts wahrnimmt.

Abschlusszwang

Diese Wirkung wird dadurch erhöht, dass Verwertungsgesellschaften nach § 11 UrhWahrnG auch einem Abschlusszwang unterliegen. Danach sind sie gesetzlich verpflichtet, jedermann auf Verlangen hinsichtlich der von ihnen wahrgenommenen Rechte zu angemessenen Bedingungen Nutzungsrechte einzuräumen oder Einwilligungen zu erteilen. Abweichend von dem Grundsatz der Privatautonomie wird durch diesen Abschlusszwang also gewährleistet, dass Verwertungsgesellschaften jedermann zu gleichen, angemessenen Bedingungen Nutzungsrechte einräumen, sie also gewissermaßen als eine neutrale, jedermann offen stehende Anlaufstelle fungieren.

§ 11 Abschlusszwang

(1) Die Verwertungsgesellschaft ist verpflichtet, auf Grund der von ihr wahrgenommenen Rechte jedermann auf Verlangen zu angemessenen Bedingungen Nutzungsrechte einzuräumen.

(2) Kommt eine Einigung über die Höhe der Vergütung für die Einräumung der Nutzungsrechte nicht zustande, so gelten die Nutzungsrechte als eingeräumt, wenn die Vergütung in Höhe des vom Nutzer anerkannten Betrages an die Verwertungsgesellschaft gezahlt und in Höhe der darüber hinausgehenden Forderung der Verwertungsgesellschaft unter Vorbehalt an die Verwertungsgesellschaft gezahlt oder zu ihren Gunsten hinterlegt worden ist.

9.3 Welche Verwertungsgesellschaft ist bei internationalen Sachverhalten zuständig?

Nach dem sogenannten „Territorialitätsprinzip“, welches sowohl im Urheberrechtsgesetz als auch im Urheberrechtswahrnehmungsgesetz gilt, ist die Tätigkeit einer Verwertungsgesellschaft grundsätzlich auf ihr jeweiliges Sitzland beschränkt. Solange es um den Vertrieb von Büchern oder um Lesungen in einem bestimmten Staat geht, verursacht dies selten Probleme. Im Zeitalter des Internet mit seiner unkörperlichen Verwertung von urheberrechtlich geschützten Werken führt das Territorialitätsprinzip jedoch zu mitunter erheblichen Schwierigkeiten: Denn für eine Online-Verwertung ist grundsätzlich der Erwerb von Rechten für jedes einzelne Land erforderlich, von dem aus auf die Inhalte zugegriffen werden kann.

Merke:
Bei einer Onlinenutzung ist eine grenzüberschreitende Lizenzierung erforderlich. Der Lizenzumfang ist bei der Verwertungsgesellschaft genau zu erfragen!

Um eine grenzüberschreitende Lizenzierung zu ermöglichen, haben die Verwertungsgesellschaften sogenannte „Gegenseitigkeitsverträge“ mit ihren europäischen Schwestergesellschaften geschlossen, welche jeweils das gleiche Repertoire – also zum Beispiel Musik, Text oder bildende Kunst – wahrnehmen. Diese Gegenseitigkeitsverträge ermöglichen – teilweise auch über Europa hinausgehend – einen grenzüberschreitenden Rechteerwerb, der aber meistens nicht lückenlos weltweit erfolgt, so dass man sich hier als Verleger jeweils bei der lizenzierenden Verwertungsgesellschaft über den exakten Umfang informieren sollte. Dabei steht es einem deutschen Verlag grundsätzlich offen, ein benötigtes Recht auch etwa bei einer französischen oder spanischen Verwertungsgesellschaft zu erwerben. Wegen der Sprache, wegen etwaiger nationaler rechtlicher Besonderheiten und wegen der Nähe zum nationalen Repertoire und damit zusammenhängender möglicher weitergehender Rechteeinräumungen empfiehlt es sich jedoch grundsätzlich, die jeweils nationale Verwertungsgesellschaft zu kontaktieren.

Um dieses „Dilemma der zersplitterten Rechtewahrnehmung“ im digitalen Zeitalter zu beseitigen, gibt es zahlreiche Initiativen des europäischen Gesetzgebers sowie – auf freiwilliger Basis – der einzelnen Schwestergesellschaften eines bestimmten Repertoires, hier einer paneuropäischen bzw. multiterritorialen Lizenz den Weg zu ebnen. Im Rahmen sogenannter „One-Stop-Shops“ soll hier dem suchenden Rechteerwerber eine gemeinsame Anlaufstelle angeboten werden, über welche er dann die jeweiligen benötigten Lizenzen bei den hinter dem „One-Stop-Shop“ stehenden Verwertungsgesellschaften erwerben kann. Einen solchen „One-Stop-Shop“ stellt für den Bereich der bildenden Kunst etwa das Portal „OnLineArt“ (www.onlineart.info) dar, dem die deutsche Verwertungsgesellschaft Bild-Kunst angehört und über welches man weltweite Online-Lizenzen für Werke von mehr als 40.000 Künstlern erwerben kann.

9.4 Wann braucht man welche Verwertungsgesellschaft?

9.4.1 Verwertungsgesellschaft Wort

Die für den Textbereich vorrangige Verwertungsgesellschaft ist die Verwertungsgesellschaft Wort (VG Wort), welche 1958 als rechtsfähiger Verein kraft staatlicher Verleihung gegründet wurde und ihren Sitz in München hat. Mitglieder der VG Wort sind sowohl Autoren als auch Verleger. Es gibt insgesamt sechs Mitgliedergruppen:
1. Autoren und Übersetzer von schöngeistiger und dramatischer Literatur
2. Journalisten, Autoren und Übersetzer von Sachliteratur
3. Autoren und Übersetzer von wissenschaftlicher und Fachliteratur
4. Verleger von schöngeistigen Werken und von Sachliteratur
5. Bühnenverleger
6. Verleger von wissenschaftlichen Werken und Fachliteratur

Welche Rechte nimmt die VG Wort wahr?
Die VG Wort nimmt auf der Grundlage der mit ihren Mitgliedern abgeschlossenen Wahrnehmungsverträge die Rechte für diejenigen Nutzungen wahr, welche der Kontrolle des einzelnen Urhebers entzogen sind. Dieses sind etwa das „kleine Senderecht“ (10 Minuten Fernsehen, 15 Minuten Hörfunk), das Recht der Kabelweitersendung, die Fotokopiervergütung (Geräteabgabe, Betreibervergütung), die Bibliothekstantieme, die Schulbuchrechte, die Pressespiegelvergütung und andere. Der Umfang der Rechtewahrnehmung erstreckt sich auf die Bundesrepublik Deutschland. Allerdings hat die VG Wort, wie die übrigen Verwertungsgesellschaften auch, zahlreiche Gegenseitigkeitsverträge mit ausländischen Partnergesellschaften abgeschlossen, so dass sich ihr Tätigkeitsgebiet und das von ihr wahrgenommene Repertoire weit über die Grenzen der Bundesrepublik Deutschland erstreckt.

9.4.2 Verwertungsgesellschaft Bild-Kunst

Die Verwertungsgesellschaft Bild-Kunst (VG Bild-Kunst) wurde 1968 als rechtsfähiger Verein kraft staatlicher Verleihung gegründet und hat ihren Sitz in Bonn. Die VG Bild-Kunst kennt drei Berufsgruppen:
1. Bildende Künstler und deren Verleger
2. Fotografen, Bildjournalisten, Bildagenturen, Grafik- und Fotodesigner sowie deren Verleger
3. Filmproduzenten, Regisseure, Kameraleute, Cutter, Szenen- und Kostümbildner, Choreographen

Es zeigt sich also, dass in der VG Bild-Kunst eine sehr heterogene Mitgliederstruktur besteht, die vom bildenden Künstler über den Fotografen und den Grafikdesigner bis hin zum Filmproduzenten und zum Choreographen reicht.

Welche Rechte nimmt die VG Bild-Kunst wahr?
In der Berufsgruppe 1 der bildenden Künstler und ihrer Verleger werden die „typischen" Zweitverwertungsrechte wahrgenommen, wie etwa Reproduktionsrechte, Hörfunk, Fernsehen und Senderechte, Bibliothekstantieme, Schulbuchrechte, Fotokopiervergütung, Pressspiegelvergütung, Folgerechte und Multimedianutzungen.

Hinsichtlich der Berufsgruppe 2, maßgeblich der Fotografen und deren Verleger, nimmt die VG Bild-Kunst ebenfalls im Wesentlichen die vorgenannten Zweitverwertungsrechte wahr. Manche Fotografen-Urheber nutzen die VG Bild-Kunst jedoch auch als Bild-Agentur, indem sie ihr alle Nutzungsrechte auch für das Erstverwertungsrecht übertragen. Die VG Bild-Kunst hat dem unter anderem dadurch Rechnung getragen, dass sie auf ihrer Webseite www.bildkunst.de eine sehr übersichtliche und leicht zu recherchierende Liste der von ihr vertretenen Künstler sowie ihre Tarife für die verschiedenen Nutzungen führt.

In der Berufsgruppe 3 der Filmproduzenten sowie der übrigen an der Filmherstellung beteiligten Urheber, nimmt die VG Bild-Kunst in erster Linie die Videogeräteabgabe, die Videoleerkassettenvergütung, die Videovermietung, die Weitersendevergütung und ähnliche Rechte wahr.

Auch die VG Bild-Kunst ist durch eine Vielzahl von Gegenseitigkeitsverträgen mit Partnergesellschaften in der Europäischen Union, den USA, in Teilen Südamerikas und Australien verbunden und erweitert auf diese Weise den eigentlich auf die Bundesrepublik Deutschland ausgerichteten Umfang ihrer Rechtewahrnehmung.

9.4.3 Musik-Verwertungsgesellschaften

Im Bereich der musikalischen Nutzungsrechte sind die folgenden drei Verwertungsgesellschaften tätig:

1. Die GEMA, welche die Rechte der Komponisten und Textdichter sowie der Musikverlage wahrnimmt.
2. Die Gesellschaft zur Verwertung von Leistungsschutzrechten (GVL), welche die Rechte von Tonträgerherstellern und ausübenden Künstlern repräsentiert.
3. Die Verwertungsgesellschaft Musikedition, in welcher die Herausgeber und Verleger von Ausgaben musikalischer Werke sowie die Urheber und Verleger, deren musikalischen Werke für den Unterrichtsgebrauch vervielfältigt werden, organisiert sind.

Auch die Musik-Verwertungsgesellschaften nehmen zum einen die gesetzlichen Vergütungsansprüche (z.B. §§ 46, 47, 54, 77, 78, 86 UrhG) wahr und sind zum anderen im Bereich der Rechteeinräumung an Verwerter tätig (z.B. §§ 16, 17, 20, 77, 78 UrhG).

9.4.4 Film-Verwertungsgesellschaften

Im Bereich der Film-Verwertungsgesellschaften sind maßgeblich die folgenden Verwertungsgesellschaften tätig:

1. VFF Verwertungsgesellschaft der Film- und Fernsehschaffenden mbH (München)
2. VGF Verwertungsgesellschaft für Nutzungsberechtigte an Filmwerken mbH (Wiesbaden)
3. GÜFA Gesellschaft zur Übernahme und Wahrnehmung von Filmaufführungsrechten mbH (Düsseldorf)
4. VG Bild-Kunst (Bonn)
5. GWFF Gesellschaft zur Wahrnehmung von Film- und Fernsehrechten (München)

9.5 Wie nutzt man eine Verwertungsgesellschaft sinnvoll?

Aus der Sicht eines Verlages erscheint es sinnvoll, Verwertungsgesellschaften sowohl zur Wahrnehmung der eigenen Zweitverwertungsrechte zu nutzen, als auch sich ihre Dienste im Bereich der Rechteklärung zunutze zu machen. Es erscheint daher ratsam, dass sich jeder Verleger erkundigt, welche Verwertungsgesellschaft seine Rechte und damit seine Interessen in bestmöglicher Form wahrnimmt. Zum anderen ist es durchaus lohnenswert, sich im Rahmen der Rechteklärung mit den Lizenzierungsprozessen der einzelnen Verwertungsgesellschaften vertraut zu machen.

Strategie:
Verwertungsgesellschaften sollten als „Inkassostelle" für Zweitverwertungen sowie als Anlaufstelle bei Fragen der Rechteklärung genutzt werden!

Literatur

Dreier, Thomas/Schulze, Gernot: Urhebergesetz, Kommentar, 4. Aufl. 2013
Fromm, Friedrich/Nordemann, Wilhelm: Urheberrecht, Kommentar, 10. Auflage 2008
(11. Auflage soll im 4. Quartal 2013 erscheinen)
Loewenheim, Ulrich: Handbuch zum Urheberrecht, 2. Aufl. 2013
Rehbinder, Manfred: Urheberrecht, Lehrbuch, 16. Aufl. 2010
Schricker, Gerhard: Verlagsrecht, Kommentar, 3. Aufl. 2001
Schricker, Gerhard/Loewenheim, Ulrich: Urheberrecht, Kommentar, 4. Aufl. 2010
Schulze, Gernot: Meine Rechte als Urheber, 2. Aufl. 2009
Ulmer-Eilfort, Constanze/Obergfell, Eva: Verlagsrecht, Kommentar, 2013
Wegner, Konstantin/Wallenfels, Dieter/Kaboth, Daniel: Recht im Verlag, 2. Aufl. 2011

Internet-Links

Gebiet	Beschreibung	URL
Fortbildung	Akademie des Deutschen Buchhandels	http://www.buchakademie.de/
	Beck Akademie Seminare – Juristische Seminare des Beck Verlags	http://www.beck-seminare.de/
	FORUM Institut für Management GmbH	http://www.forum-institut.de/
Magazin	Publishing Perspectives – Branchemagazin mit Schwerpunkt Nachrichten und Meinungen aus der internationalen Verlagswelt (in Englisch)	http://publishingperspectives.com/
Studien	Arbeitsgemeinschaft Online Forschung (AGOF) des Online Vermarkterkreises (OVK) im BDVW – Aktuelle Marktforschungszahlen zu Internetnutzung, Nutzeranalysen, E-Commerce und Werbung	http://www.agof.de/
	Dritter Zwischenbericht (2013) der Enquete Kommission „Internet und digitale Gesellschaft" zum Thema Urheberrecht	http://dipbt.bundestag.de/dip21/btd/17/078/1707899.pdf
	Studie der Uni Hamburg zur Buchbranche	http://www.uni-hamburg.de/newsletter/Buchbranche-unter-Druck-Interview-mit-Michel-Clement-und-Tim-Prostka.html
	Studie zur digitalen Content Nutzung 2013	http://www.gvu.de/media/pdf/866.pdf
Verband	Börsenverein des Deutschen Buchhandels e.V.	http://www.boersenverein.de/de/portal/index.html
	Bundesverband des Versandhandels – Regelmäßige Informationen zur Entwicklung des E-Commerce	http://www.bvh.info/
	Verband Bildungsmedien e.V	http://www.bildungsmedien.de/
Zeitschriften	AfP - Zeitschrift für Medien- und Kommunikationsrecht	http://www.afp-medienrecht.de/
	Börsenblatt – Zeitschrift des Börsenvereins mit allen Informationen rund um die Buchbranche	http://www.boersenblatt.net/template/bb_tpl_home/
	Buchreport – Magazin der Buchbranche mit den Topsellerlisten im Buchbereich und regelmäßigen Statistiken zum Buchhandel und Verlagswesen	http://www.buchreport.de/
	Gewerblicher Rechtsschutz und Urheberrecht (GRUR)	http://www.grur.org/de.html
	Kommunikation und Recht	http://www.kommunikationundrecht.de/
	Medien und Recht	http://www.medien-recht.com/
	Zeitschrift für Urheber- und Medienrecht (ZUM)	http://www.urheberrecht.org/reviews/

Stichwortverzeichnis

Über die Autoren

Dr. Richard Hahn, Fachanwalt für Urheber- und Medienrecht. Studium der Rechtswissenschaften in München. Mitarbeit in verschiedenen Wirtschaftskanzleien in München und San Francisco. Tätigkeit als Online-Redakteur für einen internationalen Fachverlag in den Bereichen Wirtschaft, Politik und Recht. Seit 2000 bei Lausen Rechtsanwälte mit den Schwerpunkten Urheber-, Verlags-, Film- sowie Bild- und Persönlichkeitsrecht. Von 2003 – 2004 zudem Justiziar des Goethe-Instituts e.V., München, und von 2008 – 2012 Legal Secondment bei der Red Bull Media House GmbH, Österreich. Vortrags- und Referententätigkeit u.a. für die TU München und die Akademie des Deutschen Buchhandels.

Dr. Martin Schippan, Fachanwalt für Urheber- und Medienrecht. Studium der Rechtswissenschaften und Anglistik in Freiburg, Lausanne und München. Während des Studiums Hospitanzen und Tätigkeit als freier Journalist unter anderem für Badische Zeitung, FAZ und ZDF. Seit 1995 wissenschaftlicher Mitarbeiter am Institut für Urheber- und Medienrecht, München; dort Betreuung der Zeitschrift für Urheber- und Medienrecht (ZUM) sowie Ausbildung der Fachanwälte für Urheber- und Medienrecht. Seit 1997 als Gründungsmitglied bei Lausen Rechtsanwälte mit den Schwerpunkten Presse-, Verlags-, Urheber-, Software- und Internetrecht. Zahlreiche Veröffentlichungen und regelmäßige Vortrags- und Referententätigkeit, u.a. bei der Akademie des Deutschen Buchhandels.

Printed and bound by CPI Group (UK) Ltd, Croydon, CR0 4YY
05/10/2026
14975899-0001